抗日战争时期
细菌战与防疫战

张宪文 吕晶 —— 主编 　文献集

国家出版基金项目
NATIONAL PUBLICATION FOUNDATION

吕晶 陈中夏 汪沛 编

中国藏细菌战与卫生防疫档案
［四］

江苏人民出版社

图书在版编目(CIP)数据

中国藏细菌战与卫生防疫档案. 四 / 吕晶，陈中夏，汪沛编. -- 南京：江苏人民出版社，2025. 3.
(抗日战争时期细菌战与防疫战文献集 / 张宪文，吕晶主编). -- ISBN 978 - 7 - 214 - 29566 - 8

Ⅰ. K265.606

中国国家版本馆 CIP 数据核字第 20247ZN933 号

抗日战争时期细菌战与防疫战文献集

主　　编　张宪文　吕　晶

书　　　名　中国藏细菌战与卫生防疫档案(四)
编　　　者　吕　晶　陈中夏　汪　沛
责 任 编 辑　胡海弘
装 帧 设 计　刘莘莘
责 任 监 制　王　娟
出 版 发 行　江苏人民出版社
地　　　址　南京市湖南路 1 号 A 楼，邮编：210009
照　　　排　江苏凤凰制版有限公司
印　　　刷　苏州市越洋印刷有限公司
开　　　本　718 毫米×1000 毫米　1/16
印　　　张　21.25　插页 4
字　　　数　320 千字
版　　　次　2025 年 3 月第 1 版
印　　　次　2025 年 3 月第 1 次印刷
标 准 书 号　ISBN 978 - 7 - 214 - 29566 - 8
定　　　价　118.00 元

(江苏人民出版社图书凡印装错误可向承印厂调换)

国家社会科学基金抗日战争研究专项工程项目
2021年度国家出版基金资助项目
"十四五"国家重点出版物出版专项规划项目

总　序

　　人类使用生物武器的历史由来已久,古代战场上"疫病与战争"的关系对现代战争产生了深远的影响。20世纪以来,随着微生物学和医学等学科的长足发展,通过生物技术人为制造病菌,在军事上削弱并战胜敌军成为重要的战争手段。第二次世界大战时,德、日、美等国均开始研制和使用生物战剂。当时,主要以细菌、老鼠和昆虫为传播媒介。30年代起,日本违背国际公约,在中国东北等地组建细菌部队,针对我国平民实施大规模细菌战。为真实记录这段历史,南京大学牵头组织20余位海内外学者,承担了国家社科基金抗日战争研究专项工程之"日军细菌战海内外史料整理与研究"项目,经过多年艰苦工作,先期推出11卷"抗日战争时期细菌战与防疫战文献集"(简称"文献集")。

　　关于抗日战争时期的细菌战与防疫战,既有的研究基本以收集七三一等细菌部队的罪证为主,以之批判侵华日军细菌战暴行的残虐与反人类。在此基础之上,部分学者分别从社会学、心理学、医学、军事学等角度开展跨学科研究,有力地推动了该领域研究的发展。而日本对华细菌战的推行者,并不仅限于臭名昭著的七三一,还包括荣一六四四、甲一八五五、波八六〇四和冈九四二〇等细菌部队,形成了一个完整严密的研究与实战体系。

　　"文献集"以日本在二战期间发动细菌战为中心,全面发掘梳理战前、战时与战后各阶段所涉及的细菌战战略与战术思想、人体实验、细菌武器攻击,以及战后调查与审判的相关史料。"文献集"以中日两国史料为主,兼及苏联等相关国家或地区的史料，对已发现的重要史料尽可能完整地收录，辅以必要的简介和点评，最大程度地保持史料的原始面貌和可利用性。

"文献集"将细菌战研究置于全球视野之下，从多方视角进行实证分析探讨。一方面追踪七三一等细菌部队隐秘开展的活体实验，深入挖掘其所从事的日常业务，深刻理解军国主义时代日本医学的"双刃剑"性质；另一方面关注国民政府战时在卫生防疫方面的应对策略，以及中日双方开展的攻防战。同时，不能忽视战后美苏两国因各自利益所需，对战时日军在华细菌战罪行的隐匿与揭露，包括1949年末苏联组织军事法庭，针对日军在战争期间准备和使用细菌武器罪行的审判材料，以及美国基于对日军细菌战参与人员长达四年的问讯记录而形成的《桑德斯报告》《汤普森报告》《费尔报告》和《希尔报告》等第三方史料。

"文献集"立足于对日军在华细菌战核心部队、重要事件和关键问题等史实的具体呈现。此次出版的11卷由史料丛编和调研报告组成，其中史料丛编为"文献集"的主体部分，包括几个方面：（1）日本防卫省防卫研究所、国立公文书馆和战伤病者史料馆等机构所藏档案，亚洲历史资料中心的数字资料，以及各类非卖品文献、旧报刊、细菌部队老兵证言等资料；（2）受害国中国当时医疗卫生、传染病调查，以及受到细菌武器攻击后的应对情况方面的资料，考察选收中国大陆重要省份和台北"国史馆"、台北档案管理局的相关史料；（3）苏联时期及部分当代俄罗斯出版的关于细菌战、细菌武器、生化战历史和科学史专题的俄文史料及文献著作；（4）英国、澳大利亚等国家档案馆馆藏有关日本战争罪行的档案。

具体而言，中方史料主要包括日渐被学界关注的国民政府针对日军细菌武器攻击的调查与应对，涉及战时防疫联合办事处、中央卫生署、省卫生处、防疫委员会、医疗防疫队和军方防疫大队等一系列国民政府防疫机构以及中国红十字会总会的相关档案，还有60余种近代报刊中关于抗战前后细菌战与传染病知识的科普与传播、日军具体投放细菌行为的报道，以及战时各地疫情与防疫信息等方面的内容；此外，20世纪50年代新中国审判日本战犯，获得日军甲一八五五部队等部官兵回忆投放细菌及从事人体实验罪行的供词，这些战犯口述笔供中的细菌战相关情报，具有较高的史料价值。

日方史料围绕日本细菌战作战指挥系统、细菌战战略思想、在中国相关地区的细菌武器攻击、以往研究较少涉及的两支重要的细菌部队（荣一六四四部队和冈九四二〇部队）等核心问题，吸纳小川透、近食秀大、山内忠重等细菌部队军医发表的研究报告和学术论文，重新整理、翻译内海寿子、镰田信雄、三尾丰、千田英男、天野良治、沟渊俊美、鹤田兼敏、丸山茂等多名细菌部队老兵证言。其中细菌部队卫生防疫研究报告不仅揭示战时中国地区疫情传播的实相，也反映这些细菌部队的研究课题之侧重所在。尤其是从军事医学、微生物学角度去看，这几支细菌部队依据所在地区特点，"因地制宜"地开展相应研究，为后期作战做了较为充足的准备，由此不难窥见日军细菌战战略的意图和布局。

第三方史料，主要系统地介绍和引进苏联和俄罗斯有关生化战和细菌战的文献资料，包括苏联早期引进的细菌战研究著作、伯力审判材料、《真理报》所刊登关于伯力审判的内容、朝鲜战争中美军生化战报告及其与日本侵华生化战有关的材料、苏联和俄罗斯关于生化战的研究与引进成果、俄安全局档案分局2021年解密的日军生化战档案、俄国内对于解密材料的新闻报道等。这些资料呈现了苏联和俄罗斯在历史上与生化战和细菌战之间的关系，以及苏、俄军方及科学界对其认知、研究、防范的变化过程，为中国史学界提供了生化战和细菌战研究的另一视角。

"文献集"另一组成部分是课题组当下采集到的口述资料，即2018年前后在浙江衢州江山等县村对当地"烂脚老人"进行田野调查，形成的"日军细菌战创伤记忆口述调研实录"。依据老人证言和地方史志的对照，从时间序列和空间分布上分析，不难发现"烂脚病"的出现与日军细菌战之间有密切关联。在日军实施细菌战之前，衢州等地从未有过此病及相关记载，而在细菌战之后，此病在这些地区频繁出现，且出现病例最多的村落与日军曾经控制的浙赣铁路线高度重合。课题组保存了日本在华细菌战的底层受害者的声音，将受害者的个人记忆与文本文献有机结合，从而在证据链上达到最大程度的充分性、多样性和丰富性。

　　"文献集"得以顺利出版，首先感谢国家社科基金抗日战争研究专项工程和国家出版基金的支持，在编写和出版过程中得到抗日战争研究专项工程学术委员会各位专家的悉心指导，也感谢中央档案馆、中国第二历史档案馆和台北"国史馆"等合作单位的支持与帮助。课题组相信本系列图书的出版，或将有利于提升抗战时期细菌战与防疫战研究的深度与广度。

　　"文献集"全面揭露日本发动细菌战的罪行，并非为了渲染仇恨，而是为了维护人类尊严和世界和平，助力中华民族伟大复兴和人类命运共同体建设，以史为鉴，面向未来。兹值"文献集"出版前夕，爰申数语，敬以为序。

目　录

导　言

日军对华细菌战,是在战争结束近 80 年的今天仍留在中日两国面前亟待解决的历史问题之一。中日学者利用双方资料研究,取得了一些共识,同时也有相当的分歧,尤其是在中国某些地区疫情的突然爆发和蔓延究竟是自然因素引起还是日军使用细菌武器攻击所致等关键问题上,学者间的看法难以一致。除了日方尽可能公布日军防疫给水部队军方文件等核心史料,中方也需要提供更为丰富的民国时期卫生防疫方面的档案,以期多角度、多层次地认识这段历史。

抗战时期中国的疫病流行严重,各种疫病交叉流行,致死率甚高,有的疫病发生与具体战争行为密切关联,呈现典型的战时特征。造成疫情加剧的原因复杂而多元,一方面战争带来的饥馑造成民众抵抗力降低,生存环境恶化使得人们更加容易染疫,加之难民流徙和军队调动引起传染病大范围传播,各种疫情频发,可谓当时的大背景。另一方面,日本入侵给中国刚刚起步的现代卫生防疫体系建设带来巨大的破坏。地方割据,行政管理效力受减,加大了疫情防控的难度。但最为重要的因素则是,日军利用自然环境(如:气候、自然灾害、自然疫源地等)和社会环境(如:地方病、交通、城乡环境卫生等)作掩护实施细菌战,直接导致疫情大面积流行。抗战爆发前后,日军开始试验各种疫菌威力,伺机在战场上发动细菌战。进入相持阶段,鉴于细菌战具有杀伤力强大、成本低廉的特性,又兼具重创中国军民士气、降低中国军队战斗力、折损中国政府威信等多重效果,日军为打破战争僵局,调整作战策略,公然违反1925年《日内瓦议定书》规定,同时使用了细菌(生物)和毒气(化学)两种大规模杀伤性武器。各类毒菌的散播致使鼠疫、霍乱等疫病的致病菌肆意扩散,施用毒气更是带来严重致命的卫生问题,不仅威胁民众生命安全、耗损中国军队作战能力、扰乱中国社会秩序,更严重污染生态环境,导致传染病不断复发,影响延续至今。

以往细菌战研究以战争史视角为主,集中在日本侵略者实施细菌战史实和罪证的溯源考证,或从不同区域出发,或从不同传染病种入手,揭示了细菌战导致中国抗战时期疫病横行及其后果。

随着研究的推进,对日本侵华细菌战的研究不能只着眼于"受害研究"或地区性个案研究,还应看到在战争状态下,民国时期卫生防疫工作的整体概貌与公共卫生应急反应与发展轨迹。疾病在和平时期从港口或边境传入,而在抗战时期的某一天突然被空投细菌造成蔓延,是战时的一个新的且更大的威胁。国民政府在其统治区为对抗这种威胁,建立了发行《疫情旬报》等简报的"战时防疫联合办事处",以及中央的"卫生署"、地方的"省卫生处""防疫委员会""医疗防疫队",军方的"防疫大队"等一系列国民政府的防疫机构。当各省、市、县遭到日军细菌战攻击,地方卫生防疫机构发出预警、隔离病患开展救治,并设法围堵疫源,防止扩散。中央迅速派出相关专家组亲赴实地调查灾患缘起,掌控疫疠变化,防堵疫情扩散,优化了战时全国卫生防疫体系,在防范日军对华实施大规模细菌战时起到了重要作用,从而存续中国对日抗战的整体战力。而普通民众逐渐通过报刊、宣传画和普及性读物了解到细菌战的基础知识,防疫卫生的观念也得到进一步的传播。对细菌战内涵的进一步深化,拓宽了该研究领域的外延。

基于以上研究思路,我们对中国大陆及台湾地区的档案馆进行了资料摸排查阅和搜集整理工作。2016年以来,课题组成员先后走访了中央档案馆、中国第二历史档案馆、台北"国史馆"、台北档案管理局、台湾"中央研究院"近代史所档案馆、浙江省档案馆、吉林省档案馆、湖南省档案馆、福建省档案馆、江西省档案馆、广东省档案馆、广西壮族自治区档案馆、内蒙古自治区档案馆、贵州省档案馆、上海市档案馆、重庆市档案馆、广州市档案馆、贵阳市档案馆及浙江省内市县档案馆等二十余家档案部门，经历了档案馆在新冠疫情期间无法正常对外开放、各家档案馆开放进度和程度不同、档案利用政策调整等各种困难，在课题组全体同仁的努力下，终于编就五卷《中国藏细菌战与卫生防疫档案》。

《中国藏细菌战与卫生防疫档案》侧重 1937 年至 1945 年全国抗战期间的档案资料，但考虑到战时传染病潜伏的后发性，及战后继续开展法定传染病调查统计等因素，收录时间延伸至 1949 年，并吸纳日本侵华细菌战战犯在 20 世纪 50 年代接受中方调查的材料。五卷资料集中为档案馆藏民国档案和民国报刊，根据这批史料涉及的内容和性质，大致分为卫生防疫体系建立与行政管理、细菌战及各类传染病调查、疫情报告制度与传染病数据统计、传染病预防与疫病救治、细菌战知识科普与社会宣传等五个专题，全方位地展示在日军侵华过程中，进行细菌武器试验和实施攻击的情况下，中国从中央到地方的应对之策，医疗卫生专业人员、官员和民众，以及外籍专家深入调查、组织预防、开展救治的过程。包括了两岸存档机构藏有的行政院、军事委员会、卫生署、军医署、中国红十字会总会等部门下发的关于卫生防疫、细菌战调查、应对措施等方面的行政公文，中央、地方协力对抗细菌战的往来文件，日军遗留"特别移送"档案，关于"细菌武器"知识的科普报道，以及战后日本战犯有关所犯细菌战罪行的亲笔供词等。为了解日军细菌武器攻击下的实况、战时卫生机构的运作、战争因素对卫生防疫的影响、战时防疫联动机制对卫生防疫的促进及"细菌战"知识教育宣传提升民众卫生意识等问题提供了全面的资料。

本分卷为《中国藏细菌战与卫生防疫档案（四）》。史料时间自 1937 年起，至 1949 年止，覆盖了浙江、湖南、江西、福建、广东、广西、贵州、云南、安徽、东北等多个省份和地区，收录了中央与地方围绕预防救治所发生的往来行政公文，以及见诸报刊的各地疫情防治新闻报道，展现了这一时期国民政府在传染病预防和医疗救护中的多项工作计划及其实施情况，其中可见疫苗接种、传染源管理、病人救治等具体活动，体现出政府执政和民众执行的政令实效。这些资料有利于正确认识国民政府面对细菌战背景下的公共卫生需求变化,如何从前期的机构设置、制度建立,经过人员储备和医药管理等过程,到完成救治的历史过程,为当代应急疾控能力提升提供历史借鉴。

史料实证的前提是要有真实、可靠、翔实的史料做支撑。研究者从各个角度出发,尽可能获取研究所涉及的各类资料,以进行甄别和利用。编者则是多维度、全景式地去搜集、整理这些档案资料并选编成册,供学界应用。也希望这些档案史料的出版、流通,能够带来更多有关细菌战与防疫卫生等议题的深入研究。

凡　例

一、《中国藏细菌战与卫生防疫档案》（以下简称《中国档案》）共五卷，按不同专题分卷编排，收集、整理当时全国范围的档案、报刊等资料，依照原件录入，以浙江、湖南、江西、福建四省为主要范围。所选史料均在文后注明出处来源。

二、本《中国档案》采用规范简体字横排形式，尽量保持原文体例，但为兼顾当下阅读习惯与规范，对部分行文格式略作调整。

三、本《中国档案》尽可能忠于原本，对于因时代原因或作者语言习惯所形成的特定用词，如委靡（萎靡）、豫防（预防）、曝露（暴露）等，或表意不清但无从判断的，均保留原貌。对于无对应简体字或因原文所述内容要求须以其他字体形式出现者，仍沿用原字体。对于字迹漫漶但可大致确定者，径为校正。对于字迹模糊、破损以致无法辨认者，以□标示。

四、原文无标点或仅有简单句读者，一律改为新式标点。原文标点不当或与现代通行标点使用规范不符者，则对其作部分改动。

五、内文日期采用公元纪年。部分统计数字与函电文号、发文日期，改以阿拉伯数字呈现。

六、部分表格为配合排版，样式略有更动。部分附图、附表，原件即无。其中内容重复或与主题无关部分，编者则略加删节。

第一章　行政公文(1937—1945.8)

一、中央

卫生署署长金宝善关于防疫专款使用情形致行政院呈

(1941 年 11 月 29 日)

查本署前为派往迎接美国抗疟人员旅费及所调请赴滇人员暂时生活费用,呈请准由防疫专款项下支付一案,经奉钧院三十年十月二十九日勇会字第17094 号指令内开:"呈悉准予在该专款第二、三、四项内摒节匀支,并应迅将第一项器材费已交付数目及已购到器材各若干,又所派各项人员旅费、生活费,预计各需若干一并详细具报。嗣后并不得再请流用第一项器材费,除函请主计处查核准予备案,并分行审计、财政两部外,仰即遵照"等因。奉此,自当遵办,谨将本署动支本年防疫专款情形开列详单,呈请鉴核。谨呈

行政院

附订购防疫器材数量表一份、防疫专款实支数目表一份。

卫生署署长金宝善

防疫专款项下订购各种器材数量表

十一月二十五日

品名	数量
40c. c. 霍乱疫苗	23,500 瓶
40c. c. 霍乱伤寒混合疫苗	5,100 瓶
牛痘苗	39,300 打
白喉沉淀类毒素	1,000 瓶
白抗毒素（50 单位）	30 瓶
鼠疫苗	2,000 瓶
鼠疫血清	200,000c. c.
赤痢血清	50 瓶
破伤风抗毒素	1,000,000 单位
Sulfathiazole 0.5gm	40,000 粒
Sulfanilamide 0.3gm	100,000 粒

防疫专款各项预算与实支数目表

十一月二十五日

项目	预算数	已交数	待付数	备考
器材费	430,000.00	119,072.10	210,000.00	
宣传费	30,000.00	6,439.69	13,000.00	
旅运费	50,000.00	29,272.30	10,000.00	签奉孔副院长批
实地防疫费	50,000.00	15,100.00	4,800.00	准拨交贵阳卫生
训练防疫人员经费		120,000.00		人员训练所办理
合计	560,000.00	289,884.29	237,800.00	

（台北"国史馆"014－011105－0009）

简欋贵关于防疫专款使用情况致行政院会计处呈

（1941 年 12 月 15 日）

卫生署呈复：卅年度防疫专款五十六万元物支情形到院，正核办开。复据呈请制造鼠疫苗五万瓶由兰州、昆明两防疫处分制各二万五千瓶，共须价运七十万元，并称本年防疫款所余仅数万，其不足之款拟在三十一年度防疫款内支付等情；查卅一年度防疫专款概算，本院拟定只一百万元尚未奉核准,未能即据为定案,令该署还请开支三十一年度防疫款至近七十万元。万一明年再有其他疫症发生又收有何开支。据其呈内声述,委员长应有不必大量制造以免虚耗之误,似此微嫌稍多,即目前应订制鼠疫苗而各省应皆有防疫经费,共价款似可由该署商之发生鼠疫闽浙湘三省分担订购。又查该署所送卅年度防疫专款实支数目及订购各种器材数量两表皆系大略,情形无从明暸,实际且所列训练防疫人员经费十二万元,尚未据呈复并未转陈备案。而订购各种器材列表列有鼠疫苗二千瓶,鼠疫血清二十万 c. c. 未列价格栏,应无从计其订价,拟指令订制鼠疫苗,可在三十年度防疫专款内支付,万一不敷应由该署商之闽浙湘三省政府分担订购,所请在三十一年度防疫款内支付未便准予备案。当否乞核示。

简懴贵 谨签

(台北"国史馆" 014 - 011105 - 0009)

军委会委员长侍从室第二处关于制造鼠疫苗及化学药品并核准防制敌机散播鼠疫杆菌实施办法事宜的一组电文

(1941 年 11 月 30 日)

军医署卢署长、卫生署金署长钧鉴:

卫(30)戌渝字第 801730 号防戌养代电及附件均悉,兹分别核示如次:(一)制造鼠疫苗既据称不易保藏应用,自不必大量制造以免虚耗,希先呈行政院酌拨必需之制费。(二)拟制化学药品 Sulfathiazole 两吨、氰酸气十五吨及喷雾器一百五十套,准已分电行政院迅速向美定购。(三)所拟防制敌机散播鼠疫杆菌实施办法,准已分电抄行政院及本会办公厅审核通饬施行。以上各项希即遵照。

中

戌陷侍秘

行政院孔副院长勋鉴:

查敌寇屡在各地投掷鼠疫毒菌,迭据闽、浙、湘各省电报发生鼠疫,代验属实。经军医、卫生两署呈复,除调派医务人员、供应防疫器材药品赶施救治外,现各省份电请拨器药,拟准备疫苗约三十万瓶,总价国币三百七十八万元。如中央能拨款补助,当即于两个月内悉数制成,惟鼠疫血清制造难而价尤高,效用时间有限,不易于保藏,并拟改制化学药品 Sulfathiazole 两吨、氰酸气十五吨及喷雾器一百五十套。以上各种器材及运费拟请准予在美国租借法案内拨款向美购运。并拟具防制敌机散播鼠疫杆菌实施方案,呈请通饬各军旅防疫机关与各省市政府,以及负责防空机关转饬全国防空人员按照实施等情。前来查所陈:(一)制造鼠疫苗既据称不易保藏应用,自不必大量制造。除复令先呈行政院酌拨为需之制造费外,希于呈到时酌于必需准备数量之费用核拨俾济急需。(二)所拟准备化学药品 Sulfathiazole 两吨、氰酸气十五吨及喷雾器一百五十套一节应准照办,即请迅速向美照数定购,赶运济用为盼。(三)所拟防制敌机散播鼠疫杆菌实施办法除分交本会办公厅外,即请审核通饬施行为盼。

中

戌陷侍秘

本会办公厅商主任:

查近来敌机送在各地投掷鼠疫杆菌,经饬据军医、卫生两署呈复,除调派医务人员并供应及准备防疫器材、药品赶施救治外,谨拟具防制敌机散播鼠疫实施办法,呈请通饬各军旅防疫机关与各省市政府,以及负责防空机关转饬全国防空人员按照实施等情前来;除分转行政院外,合亟将原实施办法随文转发,即希审核通饬施行为盼。

中

戌陷侍秘

(台北"国史馆"001 - 134223 - 00001 - 000)

卫生署署长金宝善关于分期制备鼠疫苗及不足之款拟在
1942 年度防疫款内支付案致行政院呈

(1941 年 12 月 10 日)

案查闽浙湘省先后发现鼠疫并据报敌机散布鼠疫杆菌,经会同军医署拟据防治实施办法电奉委员长蒋十一月三十日侍秘字第 10300 号代电核示如下:"(一)制造鼠疫苗既据称不易保藏应用,自不必大量制造以免虚耗,希先行呈行政院酌拨必需之制造费。(二)拟制化学药品 Sulfathiazole 两吨、氰酸气十五吨、喷雾器一百五十套,准已分电行政院迅速向美定购。(三)所拟防制敌机散布鼠疫杆菌实施办法,准已分电行政院及本会办公厅审核通饬施行。以上各项希即遵照"等因。关于制备鼠疫疫苗一层,兹拟先饬兰州、西北防疫处及昆明中央防疫处各制四十公撮装鼠疫苗二万五千瓶,合计五万瓶,限定两个月制齐,分别运交重庆、贵阳等地以备随时应用。此项鼠疫苗五万瓶需价运费七十万之谱,惟本年度防疫专款除已支用暨应付其他订品价运费外,所余仅数万元,其不足之款拟即在三十一年度防疫款内支付。奉电前因,除分电中央、西北两防疫处订制外,理合备文呈请鉴核备案,实为公便。谨呈

行政院

卫生署署长金宝善

(台北"国史馆" 014 - 011105 - 0009)

关于制造鼠疫苗及各项防疫经费案之往来文书

(1941 年 11—12 月)

签呈

(1941 年 12 月 22 日)

制造鼠疫苗所需价运各费,准先将卅年度防疫专款支配余额拨用,该项余额旧有若干应即查明报核。惟该项鼠疫苗将来系免费发用亦系取价发用,若系取价发用则价运各费将来仍可收回,收回后自应缴解国库。为此,应由防疫专款下拨用之款系供暂时周转之用,与消耗性质之支出不同。而周转基金之设定处理又与普通基金有异,与其由卫生署拨款向中央、西北两防疫处订制鼠疫苗存储重庆、贵阳两处,以备卫生机关价领应用,仍为先实两防疫处周转资金,饬其增加产量以备卫生机关购用。另据卫生署呈请增

拨中央、西北两防疫处营业资金各六十万元以供周转之用（另有签请附后）似可与本案并付财政部、卫生署会同审查。

倘拨付制造鼠疫苗之价运费纯属普通支出（即免费发用），则所请在卅一年度防疫专款内支用部份，自应由卫生署于卅一年度预算成立后，统筹分配呈核，为此项专款核定预算数较小，则订制鼠疫苗之数量势须酌减，且委产并有不必大量制造以免虚耗之指示，原拟制造五万瓶自未能预为确定。（卅一年度防疫专款，卫生署请列三百万元，财专会拟仍照卅年度预算列五十六万元。）

又与本年度防疫专款有关之案，尚有贵阳公共卫生干部人员训练所经费（思 26960）、卫生实验院贵阳部份迁移费及重庆部份迁移概算案（忠 26963）、防疫专款及花柳病防治所追减概算案（忠 28382）、义乌发生鼠疫请饬拨防疫专款余额案（忠 31619），均亟待解决，拟并付审查以请悬案，当否请核示。

再据卫生署另文（忠 31925）呈报防疫专款预算及已支待付各款数目表，已支待付共为 527,684.29 元，尚余 323,015.71 元未分配，除订购器材附有数量表外，其余各项均无附表或说明，为请将派员迎接美国抗疟团所需旅费及我方参与人员在工作开始为之生活费（参考忠 25556、33375）为数约若干，是否包括在旅费已支及待付数内亦无说明，拟并予查询。

罗理　谨签

行政院会计处签呈
（1941 年 12 月 6 日）

查中央、西北两防疫处自廿九年改用营业会计以后，兹未拨给资本或流动资金，其购运材料与一切制造费用，概由其营业收入项下自行筹付周转。前准主计处缄送会同请查该两处历年收支情形报告，应以其流动资金不敷支付能力为欠充员，兹据卫生署转呈该两处历廿八、九两年及本年八月底止财务概数，请予各拨营业资金六十万元前来。经查其本年资产负债概况，资产方面除固定资产以外，均以应收账款及预付费用占其大部且皆应收军医署之账款居办。负债方面经中央防疫处列有预收款项，所称制成品因运送各地与种种手续问题，必经相当时日方能收到货款，正感资金短缺，尚属实情。以现时物价之激增,倘欲其所制为种痘苗、疫苗血清源之供应,似有拨给营运资金之需要,是否可行为各拨数类,拟提请院会核定。

余壮东　谨签

会签

(1941 年 11 月 15 日)

本年度即将终了,所请增拨两处资金,似可饬将卅一年度营业概算呈核再议,拟并同卫生署请拨用防疫专款制造鼠疫苗得交付审查。

理

(台北"国史馆"014 - 011105 - 0009)

卫生署署长金宝善关于中央、西北防疫处历年财务概况并请鉴核准拨发防疫经费致行政院呈

(1941 年 12 月 2 日)

案据中央防疫处处长汤飞凡、西北防疫处处长杨永年会签呈称:"查本处等呈办生物学制品制造各种疫苗、血清痘苗为供应前后方军民预防传染疫症与医疗疾病之用。虽奉令按照公营事业制度处理,讵迄未奉拨资本或流动资金,所有事业部份员工薪资生活补助费、米贴以及购运材料与一切制造用费概由营业收入项下自行筹付。数年以来惨淡经营,粗具规模。更鉴于是项生物学制品事业对于抗战力量关系至为重要,爰不避艰难,集中人力、物力并挪资金尽力赶制大量痘苗、疫苗血清,以应钧署与所属卫生机关及军医署为军民实施防疫与医疗之需。抗战四年以来,前方部队与后方各地绝少疫症发现于斯,足证防疫工作已具有相当成效。顾以迩来物价步涨,流动资金所需筹码激增,从前有十万元可以周转者,今则非百万元不能应付兼之。此后防疫工作将普遍推展,所需疫苗、痘苗之数量益巨,设备方面尚须扩充。制造原料与器材为国产所无,必须向国外采购者,按现时交通情形暨国际局势,尤应预为大量购储以免匮乏。而本两处,一在昆明、一在兰州,制成之品因运送各地与种种手续等问题,必经相当时日方能收得货款。职

是之故,需款甚巨,本处等现俱感资金短缺,周转困难。前奉行政院会同主计处审计部派员莅处清查时,各委员亦认为必须增拨资金方克有济。上述情形,早蒙亮詧为拟,恳请俯赐转请拨给本两处营业资金各六十万元,俾事业得以顺利扩充,防疫制品得以源源供应,理合缮具财务概况会同呈请鉴核,准予转请照拨,实为公便"等情。经核确属需要,理合检同各该处财务概况备文转呈,仰祈鉴核亲遵。谨呈

行政院

附呈中央、西北防疫处历年财务概况各一份。

卫生署长金宝善

中央防疫处历年财务概况

(甲)收支概况

(一)二十八年度(本年度经费收支系按公有事业之会计事务处理)

收支概况	预算数	决算数	追加数	说明
事业收入	148,716.00	148,716.00	82,820.07	本年度事业收入超收数奉令按实际收入追加,尚未核定
事业支出	148,716.00	148,699.78	71,971.54	本年度扩充制造实奉令按实支数追加,由本年度超收项下垫支,尚未核定

(二)二十九年度(本年度起奉令按营业会计处理)

损益概算	金额	说明
营业收入	439,613.45	
营业支出	381,213.45	本年度起奉令开始营业会计,当时会计事务无人主持,致传票账目未齐,尚难上列营业支出,系估计数
盈余	58,400.00	系估计数

（三）三十年度(截至三十年八月三十一日止)

损益概算	金额	说明
营业收入	591,793.03	
营业支出	457,585.07	

（乙）资产负债概况(截至三十年八月三十一日止)

（一）资产

科目	金额	说明
固定资产	363,425.41	由二十八年度转入之资本支出 327,425.41 元(经清查有案)及二十九年度由盈余拨入之增资支出 36,000 元,合计如上数
现金	214,865.88	
应收账款	590,650.23	三十年度计 525,684.21 元,部份为军医署账款,以前年度计 64,966.02 元,合计如上数
预付款项	261,466.00	大部为订购材料费,并包括代垫款、备用金及各项购支
合计	1,430,407.52	

（二）负债

科目	金额	说明
固定负债	363,425.41	由二十八年度转入之政府资本 327,425.41 元(经清查有案)及二十九年度由盈余拨款入之增资支出 36,000 元,合计如上数
营业周转金	172,471.95	由二十八年度转入之应收账款材料及制品盘存等共计 100,367.28 元及历年事业费抄之 72,104.77 元,合计如上数(经清查有案)
应付款项	130,475.05	由二十八年度转入之应付未付款 17,336.18 元、二十八年度扩充制造费 71,971.54 元及二十八年度奉准之建筑设备费余额 41,167.33 元,合计如上数(经清查有案)
短期政府垫款	34,137.03	系历年事业费及经常费结余应解缴国库款(经清查有案)

续表

科目	金额	说明
其他短期借款	220,000.00	由军医署借款 120,000 元、卫生署借款 100,000 元,合计如上数
预收款项	351,131.06	系预收贷款
保管款	1,159.00	经清查有案
存入保证金	1,000.00	经清查有案
上年度盈余	22,400.00	由上年度估计数除拨固增资支出 36,000 元外尚余如上数
本年度未结盈余	134,208.03	
合计	1,430,407.52	

（丙）历年概算数

年度	概算数收入	概算数支出	说明
二十八年度	148,716.00	148,716.00	已奉令核定并送决算
二十九年度	280,400.00	242,000.00	已奉令核定
三十年度	800,000.00	686,000.00	尚未核定

中央防疫处处长汤飞凡、会计员陈介眉

西北防疫处历年财务概况

（甲）收支概况

（一）二十八年度（本处自本年度起办理制造,按公有事业之会计事务处理）

收支概况	预算数	实际收支数	追加数	说明
事业收入	190,236.00	242,815.41	52,579.41	本年度超收抄之奉令按实际呈请追加,尚未奉核定
事业支出	179,134.00	329,725.00	50,601.10	

（二）二十九度（本年度起奉令按营业会计处理）

损益概算	金额	说明
营业收入	527,035.24	
营业支出	471,863.28	
盈余	54,171.96	

（三）三十年度（截至三十年八月三十一日止）

损益概算	金额	说明
营业收入	108,157.40	惟尚有各制造所、牧场等收支报告未到及有预付暂付款等手续未齐未曾转账者均未计入，合应说明
营业支出	545,122.95	

（乙）资产负债概况（截至三十年八月三十一日止）

（一）资产

科目	金额	说明
固定资产	250,357.60	
现金	1,968.33	
银行往来存款	239.23	
押金	3,489.00	
零用金	7,886.84	发往各制造所、牧场、料器厂等备用
应收账款	197,945.15	军医署等
垫付政府机关款	35,515.50	
暂付款	76,254.37	
预付费用	286,307.60	订购原料器材等预付款
预付牧场工程款	75,000.00	
预付成都制造所计续工程款	25,000.00	
合计	960,191.62	

(二) 负债

科目	金额	说明
银行透支	161,447.01	
短期借款	33,048.72	
应付账款	1,390.18	
应付费用	12,451.98	
代收款	8,249.61	
暂收款	108,088.06	
折旧准备	4,939.79	
历年盈余	95,541.82	
本年度未结损益	535,034.45	
合计	960,191.62	

(丙) 历年概算数

年度	概算数收入	概算数支出	说明
二十八年度	190.236.00	179,134.00	公有事业概算
二十九年度	485,000.00	439,000.00	公有事业概算
三十年度	1,500,000.00	1,440,00.00	同上

西北防疫处处长杨永平、会计员张子青

(台北"国史馆"014-011105-0009)

卫生署署长金宝善关于成立中央卫生实验院及搬迁费用等事宜致行政院呈

(1941年12月24日)

案查本署前转呈中央卫生实验院迁移费概算一案,奉钧院勇会字17312号指令饬查明迁移情形及各费用途等因,当经时转饬查报在案。兹据该院本年十二月十五日呈称:"查前公共卫生人员训练所系奉令于本年四月一日与前卫生实验处改并成立中央卫生实验院,并奉钧署本年一月三日卅总字第24号训令应于三十年度内迁渝办理卫生研究实验及训练等事宜。迁渝职工及其家属约计五十余人,此外图书仪器、药品约计八吨,分装一百六十余箱,需大小卡车运送至少七次,每次运输至少应派押运员一人,司机助手各一人,总计往返需要十四人押运。该项运输工具原拟雇用商车,唯近因运输统制加严,雇用商车不易,现已据筑院部呈报将旧有卡车 0464 号及 1059 号七座车各一辆(原雇有司机二人)加以修理,备购汽油自行运送。原列汽车费二万七千元,拟改充汽车修理及购汽油之需。至装箱工人材料系因旧有木箱不敷装置,尚需添作新木箱约八十个,每个平均约四十余元,连同稻草、洋钉搬运人工等合需如列数。其重庆部分即前卫生实验处亦须购置木箱、稻草雇工装置运往歌乐山、大天池本院新址,预算雇车费或购油费约五千余元,又由马路旁运至大天池之扛夫费约二千元、装箱工料费一千元。至所谓贵阳卫生干部人员训练所,系本院今年九月初新设立之附属训练机关,与本院贵阳部份迁渝事无关,奉令前因理合具文呈覆,仰祈鉴核"等情。据此,理合备文呈请鉴核。谨呈

行政院

卫生署署长金宝善

(台北"国史馆"014－011105－0009)

卫生署署长金宝善关于编拟防治鼠疫临时费概算致行政院呈

(1941 年 12 月 31 日)

查本署于本年十一月二十一日以卅防字 16500 号呈请钧院拨款补助赶制防治鼠疫应用药品一案,经奉钧院秘书处本年十二月九日勇陆字第 19589 号函以奉谕:"关于制造鼠疫苗即准备化学药品各节应由该署就必要数量赶速制造并造具预算呈核"等因,到署自当遵办。兹谨编拟本署防治鼠疫临时费概算一份呈请鉴核,敬祈俯准;再查案内所列拟购鼠疫苗为三十万瓶、鼠疫血清为一万瓶,现拟分期订购,第一期先订鼠疫苗十万瓶、鼠疫血清三千瓶以应急需,其余之三分之一拟视将来需要情形再行斟酌为一期或两期继续订购。谨先陈明并祈鉴察为祷。谨呈

行政院

附呈三十一年度追加防治鼠疫临时费概算一份。

卫生署署长金宝善

卫生署三十一年度追加防治鼠疫临时费概算

科目	概算数	说明
第一款 卫生署防治鼠疫临时费	4,005,000.00	查本年来闽浙粤赣各省鼠疫猖獗,尤以此次常德鼠疫流行传播堪虑。近者太平洋战事突起,交通阻断,所有国际友邦以及海外侨胞所捐赠之器材已再难源源输入。诚恐将来所需尤多,故事前必须有适当准备,以免临渴掘井之虞。爰经拟就今后最低所需防治鼠疫苗、药品数量及需用款项,业经呈请,钧院准予就必要数量赶速制造并造具预算呈核在案,理合编拟概算,敬请鉴核。
第一项 药品费	4,005,000.00	
第一目 鼠疫苗	3,780,000.00	拟向本署中央、西北两防疫处订购鼠疫苗三十万瓶(每瓶四十公撮可供四百八十万人预防注射用),每瓶以十二元六角计算,三十万瓶共计三百七十万元,合计如上数。
第二目 鼠疫血清	225,000.00	查鼠疫血清因制造繁难,效用时间有限,应用上颇感不便,原拟改用化学应用药品 Sulfathiazole。现因国外来源顿缺,而国内所属数量亦极有限,故不得不应用鼠疫血清,以资治疗。兹拟向本署中央防疫处订购鼠疫血清一万瓶(每瓶四十公撮,可供二千人治疗之用),每瓶以二十元五角计,一万瓶共计二十二万五千元,合计如上数。

编制机关:卫生署署长金宝善、会计主任龚树森

(台北"国史馆"014-011105-0009)

卫生署署长金宝善关于防治鼠疫临时费追加概算案致行政院呈

(1942 年 2 月 28 日)

查本署前为防治各地鼠疫请求追加防疫经费一案,经拟具概算呈送钧院,兹奉本年二月十二日顺会字 2502 号指令节开:"案经交付审查,准照审查意见办理。"遵查审查意见第一项首段饬查三十年度防疫专款余额究有若干;次段以原概算列数过巨,惟各地鼠疫既随时有发生之可能,拟准另增一百五十万元,除三十一年度岁出总概算卫生支出列有统筹药械运输费专款五百万元,拟即移用一百万元外,再追加五十万元等因。奉此,自当遵办;查

上年度防疫专款项下曾以十五万元向中央、西北两防疫处订购鼠疫苗。兹将开支情形列表附呈至本年度应支防治鼠疫经费,共为一百五十万元,除在统筹药械运输专款项下拨用之一百万元已编入该项分配预算内另案呈送核定外,其余五十万元拟请照数准予追加以应事需,理合检同追加概算五份,备文呈请鉴核施行。谨呈

　　行政院

　　计呈送本署三十年度防疫专款实际支付表一件、三十一年度防治鼠疫临时费追加概算五份。

卫生署署长金宝善

三十年度防疫专款实际支付表

	预算数	实支数	余额
第一款 卫生署防疫专款	440,000.00		
第一项 防疫器材费	360,000.00		
第一目 器械	20,000.00	37,000.00	
第二目 药品	340,000.00	332,334.54	2,665.46
第二项 防疫宣传费	20,000.00		
第一目 印刷费	15,000.00	9,988.60	5,011.40
第二目 其他	5,000.00	11,227.07	6,227.07
第三项 旅运费	40,000.00		
第一目 器材运输费	28,000.00	1,876.80	26,123.20
第二目 防疫人员旅费	12,000.00	22,062.95	10,062.95
第四项 实地防疫费	30,000.00		
第一目 俸给费	10,000.00	400.00	9,600.00
第二目 办公费	10,000.00	24,770.00	14,770.00
合计	440,000.00	439,659.96	40.34

卫生署三十一年度防治鼠疫临时费追加概算

三十一年一月一日起至十二月三十一日止

科目	本年度概算数	备考
第一款 卫生署防治鼠疫临时费	500,000.00	查本署所防治各地鼠疫流行拟购备各项防治药品以应需要，经呈奉行政院函准追加经费五十万元，理合编具概算，敬祈鉴核
第一项 药品费	500,000.00	
第一目 鼠疫苗血清等药品费	500,000.00	

编制机关：卫生署署长金宝善、会计主任龚树森

（台北"国史馆"014－011105－0009）

卫生署署长金宝善关于统筹药械运输用费专款分配预算案致行政院呈

（1942 年 4 月 21 日）

查本署本年度统筹药械运输费专款，业奉核定全年计五百万元，嗣奉钧院本年二月十二日顺会字第 2502 号指令，关于本署另案呈请为防治鼠疫所需制造疫苗费用，准由统筹药械运输用费专款项下移用一百万元等因在案。兹谨遵前令合编分配预算八份，理合备文呈请鉴核。谨呈

行政院

计呈本署三十一年度统筹药械运输用费专款分配预算八份。

卫生署署长金宝善

卫生署三十一年度统筹药械运输用费专款分配预算

三十一年一月一日至三十一年十二月卅一日

科目	全年预算数	第一期分配数 一月至三月	第二、三、四期 各期分配数	备考
第一款 卫生署统筹运输费专款	4,000,000.00	1,000,000.00	1,000,000.00	据收美国红十字会捐赠医药材料所需运输用费即在统筹款内匀支，合并注明。

续表

科目	全年预算数	第一期分配数 一月至三月	第二、三、四期 各期分配数	备考
第一项 车辆购置 及修理费	1,000,000.00	250,000.00	150,000.00	
第一目 车辆及 零件	600,000.00	150,000.00	150,000.00	购置运输车辆零件,约需如上数。
第二目 修理用具	400,000.00	100,000.00	100,000.00	修理运输车辆等用具,约需如上数。
第二项 建筑费	800,000.00	200,000.00	200,000.00	
第一目 站房库房 建筑及修理费	800,000.00	200,000.00	200,000.00	重庆、昆明等建筑库房、车房等,约需如上数。
第三项 运输费	2,000,000.00	500,000.00	500,000.00	
第一目 运输用费	2,000,000.00	500,000.00	500,000.00	雇用商车,购油料,押运保管人员,运输工人及司机等□□旅费禄支等,共约需如上数。
第四项 预备费	200,000.00	50,000.00	50,000.00	
第一目 预备费	200,000.00	50,000.00	50,000.00	
第二款 制造鼠疫 血清价运各费	1,000,000.00	1,000,000.00		
第一项 制造鼠疫 血清价运各费	1,000,000.00	1,000,000.00		
第一目 制造鼠疫 血清价运各费	1,000,000.00	1,000,000.00		

说明:

一、查本署本年度统筹药械运输用费等款预算共奉核定五百万元,嗣奉行政院本年二月十三日顺会字第2502号指令,关于审查本署呈请拨用防疫专款制造鼠疫苗一案,审查会议纪录第一项尾节开:"各地鼠疫既有随时发生之可能,疫苗之预为制备确有需要,拟准由统筹药械运输用费专款五百万元内移用一百万元以为制造鼠疫苗所需价运各费"等因有案。兹遵前令,将本预算分为两款列支。

二、查本项分配预算第一款系作四期分配;第二款因是项药品需要急甚,需提前购备原料赶制,应请一次拨给以应要需。

编制机关:卫生署署长金宝善、会计主任龚树森

(台北"国史馆"014-011105-0009)

陆军霍乱预防接种实施办法

(1944 年)

第一　陆军霍乱预防接种依本办法办理之。

第二　受接种人员：

甲、凡陆军军事机关学校部队工厂或其他军事机关单位之官佐学员生士兵伕役公役及其他军用人员或雇员均须施行霍乱预防接种。

乙、健康不良者如驻地已有霍乱患者发现经高级军医之决定后仍予接种。

丙、有下列情形之一者不得接种：

(子)体温在常度以上者或患有任何急性传染病者须俟其健康恢复后方得注射。

(丑)军属妇女在经期内及怀孕达五个月者。

(寅)有心脏肾脏脚气等慢性病者，但当霍乱流行时仍可施行小量疫苗分别注射。

第三　接种类别及时期

甲、入伍接种　凡官兵初次参加军役之时期，若适在秋夏两季内，则均须于开始服役后之两星期内施行霍乱预防接种。如入伍期在冬春，则延至夏初与其他官兵例常接种同时举行，仍称为入伍接种。

乙、例常接种　全体官兵应于每年夏初施行霍乱预防接种。

丙、紧急接种　凡官兵个人团体于夏秋两季参加作战或因远程之行军或旅行时，除在前四个月内曾经接种者可免种之外，均须于出动前施行霍乱预防接种。必要时，并可与伤寒紧急接种同时举行。又如遇霍乱流行，凡在前四个月内未经接种者均须举行紧急接种。

第四　疫苗选择及保藏　霍乱疫苗每公撮含霍乱弧菌六十万万个，除军政部发给者外，其未经呈准有案者概不采用，该项疫苗务须保藏于地窖或暗室内。

第五　接种分量　每次接种均须注射霍乱疫苗一公撮，一次注射完毕。

第六　接种方法及反应　参照陆军伤寒预防接种实施办法第六、第七两条办理之。

第七 纪录及报告

甲、接种纪录册 各机关部队之高级军医须负责将每届霍乱接种照规定格式用普通十行纸订成纪录册(部队以连为单位)送呈该主管官备查。

乙、接种统计报告表 各机关部队之最高级主管官于每届接种完毕后须于一个月内照规定格式用普通十行纸填造统计报告表一份(不另备文)迳送军政部军医署。

第八 请发霍乱疫苗须知 部队机关等请发疫苗时须将实有官兵总人数填送核发机关核发。

(《军医杂志》,1944年第7—8期,第42页)

陆军鼠疫预防接种实施办法

(1944年)

第一 陆军鼠疫预防接种依本办法办理之。

第二 受接种人员:

甲、凡在鼠疫疫区内及其附近之陆军军事机关学校部队工厂或其他军事机关单位之官佐学员生士兵夫役工徒及其他军用人员或雇员均须施行鼠疫预防接种。

乙、健康不良者除经高级军医之决定可以免种者外均予接种。

丙、有下列情形之一者不得接种:

(子)体温在常度以上或患有任何急性传染病者须俟其健康恢复后方得注射。

(丑)军属妇女在经期内及怀孕达五个月者。

(寅)有心脏肾脏脚气等慢性病者,但曾有鼠疫流行地区如在短期内继续发现多数死鼠或已有鼠疫患者发现仍可施行小量疫苗分剂注射。

第三 接种类别及时期

甲、入伍接种 在曾有或已有鼠疫流行地区内之官兵凡初次参加军役时适在秋冬或春之各该季内,则均须于开始服役后之两星期内施行鼠疫预防接种,谓之入伍接种。

乙、例常接种　在曾有鼠疫流行地区内之全体官兵应于每年秋初施行鼠疫预防接种,称为例常接种。

丙、紧急接种　如遇鼠疫发现,则疫区内之官兵凡在前四个月内未经接种者均须接种,称为紧急接种。又凡官兵个人或团体于秋冬或春之各该季内前经或途经曾有或已有之鼠疫地区内,均须于出动前施行接种,亦为紧急接种。

第四　疫苗选择及保藏　鼠疫疫苗每公撮含鼠疫杆菌三十亿个,除由军政部发给者外,其未经呈准有案者概不采用,该项疫苗务须保藏于地窖或暗室内。

第五　接种分量　每人每届接种须用疫苗 2.5 公撮分三次注射,每次隔一星期,至少要隔五日,至多不得过十四日。第一次注射 0.5 公撮,第二次及第三次均各 1 公撮。如时间必须缩短,可共分两次注射,初次 1 公撮,第二次 1.5 公撮。

第六　接种方法及反应　参照陆军伤寒预防接种实施办法第六、第七两条办理之。

第七　纪录及报告　接种纪录册及统计报告表参照陆军伤寒预防接种实施办法第八条办理之。

第八　请发鼠疫疫苗须知　部队机关等请发疫苗时须将实有官兵总人数及须接种人数填送核发机关核发。

(《军医杂志》,1944 年第 7—8 期,第 42—46 页)

二、浙江

卫生署关于浙江上空掷下鼠疫杆菌案致外交部函

(1940 年 12 月 24 日)

外交部勋鉴:

本年十二月十六日欧(29)第 5736 号铣代电以奉委员长代电关于敌机于

浙江上空掷下鼠疫杆菌一案,似应将颗粒状物加以分析,属查照见复等由敬悉,查本署亦奉到军事委员会本年十二月十三日亥元侍秘渝代电,案同前由本署经于十二月二十日会同军医署并邀请国联防疫专家伯力士博士(Dr. Pollitzer)等举行紧急会议,经已拟具防制敌机散播鼠疫菌实施方案(技术部份)。除已将所拟方案具电呈军事委员会外,兹随电检送该方案一份,即希督照为荷。

卫生署防亥敬

附一份。

防制敌机散播鼠疫菌实施方案(卫生技术部份)

一、调查

根据浙境情报,暴敌似有采用违背人道的细菌兵器之可能,应即由卫生署、军医署、中国红十字会总会救护总队部等机关派员会同国联医官前往详查,俟确切证实后即行发表对外宣传,但同时应积极准备各种防治办法。

二、制备预防用鼠疫疫苗

(一)卫生署应饬中央及西北两疫处立即开始制造鼠疫疫苗以供各方面之采用。

(二)卫生、军医两署于可能范围内备相当数量之疫苗分存各地。

(三)由红十字会总会向国外大量募集,以补救国内制备力量之不足。

三、制备治疗用鼠疫血清

查中央、西北两防疫处现未制造是项血清,其制造费时,成本亦昂,应着手逐渐出品,由卫生、军医两署分发储备。红会方面更应向国外募集,俾早得实用与多量储备。

四、充实检验设备

(一)关于各地方细菌检验设备之充实,由卫生署办理。

(二)关于军政部各防疫队细菌检验设备之充实,由军医署办理。

五、准备杀鼠灭蚤注射消毒等器材

由卫生署、军医署及红十字会总会救护总队部等机关从速购存下列各种器材。

（一）衹举办毒饵杀鼠方法仅适用于未有鼠疫流行之地方，其已经流行之地应用氰酸气以便同时灭蚤，故碳酸钡及氰酸气均应大量购备。

（二）防治鼠疫工作人员应用之防蚤服装，如特种面罩、手套、长靴等。

（三）其他器材，如消毒用药注射器等。

六、人员准备

除各省地方主管卫生机关应有专员负责处理应付细菌兵器之各种技术外，卫生署之医疗防疫队、军政部之防疫队及红会总会救护总队均应有是项专门人员以便随时派遣。

七、印发刊物

（一）由卫生署卫生实验处卫生教育系即编关于鼠疫之通俗刊物分交卫生署、军医署即发。

（二）战时防疫联合办事处已请国联医官伯力士博士编成《鼠疫防治实施办法》，应即译成中文，分交卫生署、军医署及红会总会救护队印发，以供防疫人员之用。

八、研究工作

（一）由卫生、军医两署指定人员研究细菌兵器之防制方法，并应通力合作以赴事功。

（二）关于防制鼠疫之环境，卫生部分亦应指派人员从速拟定方案。

（三）由卫生署卫生实验处化学药物系注意调查毒杀鼠灭蚤药品之原料并研究其制造。

九、制订章则

（一）防制暴敌散播病原菌办法。

（二）敌机所散播者经证明为鼠疫菌或蚤类时之紧急处置办法。

（三）厉行疫情报告，依照战时防疫联合办事处规定之各初站于发现鼠疫病人第一例时应即电告。

十、筹拨经费

（一）卫生署、军医署各就防制敌人应用细菌兵器各种所需经费请拨专款。

（二）各省地方应尽可能酌拨防制细菌兵器各种设施之经费。

（台北档案管理局 B5018230601/0029/803/0824）

浙江省订定处置鼠疫办法

（1941 年）

宁波鼠疫扑灭后,现已蔓延至衢县、平阳等处。浙省府为防微杜渐起见,特订定紧急处置办法,要点如下:(一)各县应切实遵照浙省鼠疫疫情报告办法报告疫情,不得延迟,如有迁延情形,因而贻误防疫工作者,须受严重处分。(二)各县应于疫病发现之日,立即组织防疫委员会,以当地党政军警卫生各机关为委员,县政为主任委员,下分县务、封锁、隔离治疗、环境、卫生、检疫、预防注射、宣传征募、给养理葬等组。（三）发现鼠疫之地点,应于一定区域内划定为疫区,迅速严密封锁,并赶办隔离消毒等项工作。(四)疫区内应设隔离病舍甲部,凡系本病患者一律均须迁入治疗,另就适当地点设置隔离病舍乙部及丙部,凡在疫区内所发现之病人一律迁入隔离病舍乙部,同区内之人民应一律迁入隔离病舍丙部,不遵办者均得由政府强制之。(五)隔离病舍乙部之嫌疑病人,如系本病病患,立即移送甲部隔离病舍,丙部所隔离者,发本病如有本疑病或为确实之嫌疑病患者,应即分别改送甲部或乙部,其留验经过七天后,并未发现病疾者,得给予放行证,令其出舍。(六)隔离病舍各部站防鼠灭蚤消毒事宜,应严厉执行。(七)如疫区内人民有逃避在外者,应责成乡镇保甲长严密调查,并由组织搜索,另行通告人民自动向防疫委员会报告,务须将是项逃逸人民分别追回,与以隔离,如有死亡在外者,应即赶速消毒,并施行一切必要之处置。(八)疫区四周应划定警戒区域,其范围由防疫委员会临时决定。

（《新中医刊》,1941 年第 3 卷第 6 期,第 33 页）

卫生署署长金宝善关于浙江衢县鼠疫再度流行情形及
制定防制办法事宜致蒋介石电

（1941 年 4 月 11 日）

军事委员会委员长蒋钧鉴:

查本署前据浙江省卫生处处长陈万里三月十八日电称:"据报衢县发现

疑似鼠疫,已派员前往防治检验。"

　　嗣并据福建省卫生处处长陆涤寰三月二十三日电称:"浙衢发生疑似鼠疫,奉第三战区顾司令长官电令职于梗日(廿三日)率同技术人员前往验治,详俟另报。"后复特据军政部第四防疫分队长齐树功三月廿六日衢县来电称:"衢县疑似鼠疫,经镜验动物试验等手续证实,自三月五日迄今(二十六日)已死三十九人。疫情日益严重扩大,今日(廿六日)死七人。"四月一日据福建省卫生处长陆涤寰三月廿三日于衢县来电称:"衢疫由检验标本动物试验及剖解死鼠,已发现鼠疫菌,似可确定为腺鼠疫。同行技术人员分检验、调查、灭鼠工程等组工作。一面训练当地卫生人员能单独工作,现疫势稍减。"本月二日据浙江省卫生处处长陈万里四月一日于衢县来电称:"衢县鼠疫检查报告暨万里前往视察情形,均另文航寄。"现又据福建省卫生处处长陆涤寰本月五日来电:"衢县鼠疫自三月五日至四月四日由尸体确定二十四人,类似三十九人。鼠疫检验一一五头,内中发现鼠疫菌五头,蚤捕三二五头,正分类中。氰化钙及硫磺消毒一〇二所"各等情;本署鉴于此次衢县再度发生鼠疫疫情严重,经即决定措施办法:

　　(一)关于人员方面,已调派本署专员前国联防疫专家伯力士博士(Dr. Pollitzer)、本署医疗防疫队第二路大队长周振、医疗防疫队第十七队全队人员及福建省卫生处第三科科长柯主光等分别赶往衢县协助工作,同时并电嘱福建省卫生处陆涤寰暂留衢县协助主持工作。

　　(二)医药器材之协助,本署前承美国医药助华会捐赠二十三万五千人用量之鼠疫疫苗及杀鼠剂之氰酸气两吨,现均运抵香港,已电托香港美国红十字会代为航运至粤,待运往浙。此外并由美国医药助华会捐赠之鼠疫治疗用化学药品 Sulfathiazole 一批,现正运途中,俟将来运到,即设法运浙应用。

　　(三)防疫技术之指导,本署专员伯力士博士已编有《鼠疫防治实施办法》,业已印就,即可分发应用。

　　(四)宣传工作,本署中央卫生实验院卫生推广组编竣《可怕的鼠疫》一种,即可付印分发。

复查此次衢县发生鼠疫,本署为求周密防堵、迅速扑灭起见,特饬由战时防疫联合办事处赶速会同军医署后方勤务部及中国红十字会总会救护总队遣派代表协商妥善办法,迅速防止。兹据该处呈称:"关于浙江衢县再度发生鼠疫一案,经于本月三日举行紧急会议,已推具《浙江衢县鼠疫再度流行防制办法》,呈请鉴核施行"等情;查该处所拟防制办法内有关于本署应办事项,均已一一办理在案。所有衢县疫情俟续据情报再行奉陈外,谨先随电检奉《浙江衢县鼠疫再度流行防制办法》一份,呈请鉴核为祷。

卫生署署长金宝善叩防卯真印

浙江衢县鼠疫再度流行防制办法

一、人员

查衢县防制鼠疫人员除已有浙江全省卫生处处长陈万里就地主持,及顾司令长官电调赴该地协助之福建全省卫生处处长陆涤寰暨军政部第二防疫大队大队长刘经邦、第四防疫分队齐树功、卫生署医疗防疫队第十七队方俊晶等相当人员外,现再决定由卫生署派遣前国联防疫专家、现任卫生署专员伯力士博士,及医疗防疫队第二路大队长周振前往该地协助防制。中国红十字会总会救护总队如有适当人员可以抽派时,亦应抽派前往协助。

二、组织

查衢县现各方机关人员纷集,如均各不相谋,则防制反不易周密,似应即就地组织一联合办事机关指挥处理,并公推一员为主任委员负责主持。

三、器材

(1)鼠疫疫苗:查预防用之鼠疫疫苗,美国医药助华会已捐赠卫生署二十二万五千人用量,现存香港;军医署前定有十万人用量,现存贵阳一千瓶、衡阳五百瓶,已运往江山及上饶八百四十瓶;卫生署现存重庆五百瓶、贵阳一千五百瓶,可应目前急需,但仍需继续补充。现军医署又再订购十万人用量。

(2)鼠疫血清:查治疗用血清,卫生署去年已向中央防疫处订购两万公撮,可供一千病例治疗之用量。

(3)治疗用化学药品:

（甲）Sulfathiazole，美国医药助华会已捐赠一批，现在途中。

（乙）Sulfanilamide 及 Sulfadimidine 现军医署、卫生署及中国红十字总会救援总队均有存品，亦可为治疗之用。

（4）杀鼠毒剂：杀鼠用之氰酸气美国医药助华会已捐有两吨，现在香港。

四、运输

查现存香港之药品疫苗，已由卫生署金署长、军医署卢署长、中国红十字会总会救护总队林总队长联各电请美国红十字会住港办事处用飞机将上项药品运送南雄，再由红十字会总会救护队部派汽车转运浙、赣、闽三省，应由卫生署担任汽油费三千元，不足之数由红十字会担任。

在贵阳、衡阳之疫苗及其他用品可交由伯力士博士及周大队长带往衢县，其由重庆至衡阳段须用之汽车、汽油由卫生署担任；衡阳至鹰潭段需用之汽油，因卫生署汽油缺乏，拟请后方勤务部拨发一百加仑（衡鹰段全程九百三十余公里）；鹰潭至衢县可用火车运输。

五、刊物

（1）供技术人员参考用之小册。前由战时防疫联合办事处请伯力士博士编著《鼠疫防治实施办法》（防疫必携第三种），已由战时防疫联合办事处审定译竣，现已印就，即可分发应用。

（2）供宣传民众唤起对鼠疫注意之通俗刊物。前日战时防疫联合办事处委托卫生署实验处卫生教育系编制《可怕的鼠疫》一种，现亦编竣，即可请各合组机关采用分发。

（台北档案管理局 B5018230601/0029/803/0824）

军委会办公厅关于浙江衢县鼠疫再度流行防制办法案致卫生署金署长电

（1941 年 4 月 18 日）

卫生署金署长勋鉴：

卅防字第 5015 号卯真代电暨附件均悉，特复

军事委员会办四二（巧）印

（台北档案管理局 B5018230601/0029/803/0824）

卫生署署长金宝善关于续报衢县鼠疫最近情形致行政院院长等呈

（1941 年 6 月 1 日）

行政院院长蒋、副院长孔钧鉴：

本署三十年四月三十日卅防 6202 号防卯陷密代电续报衢县鼠疫疫情一案谅邀钧詧，谨将据战时防疫联合办事处呈报最近衢县鼠疫疫情各节，再续电陈如下：

（一）军政部第四防疫分队四月十二日电称："衢县鼠疫三月五日至三十一日死亡经镜验确定者一八人，近日死亡大减，疫势渐平。"

（二）军政部第二防疫大队刘队长经邦五月二十九日自衢县来电称："奉派协助防治衢县鼠疫，经赴上饶与第三战区司令长官部接洽计划防疫检验工作，俭（二十八）日抵衢。"又该大队长六月二日电称："1. 衢县鼠疫先后发现三例，均死亡。自五月十七日后，迄未续发。2. 此间改善防疫机构省会组织临时防疫处有鲁行政专员兼任处长，浙江省卫生处处长陈万里兼副处长，正积极筹备进行中。3. 军政部第四防疫分队自四月一日起开始灭鼠工程，已完成七百户。本大队第二支队全部调衢担任预防注射消毒等工作。"

（三）军政部第四防疫分队六月二十一日电称："衢县十八日发现肺鼠疫一例，十九日又发生一例，已局部封锁，各项防治办法同时进行。"

（四）军政部第二防疫大队刘大队长经邦六月十八日电称："六月十五日与卫生署医疗防疫队第四大队周大队长振及第三战区卫生处杨处长济民会商防治事宜。今晨发现肺鼠疫一例，业经伯力士博士（本署外籍专员 Dr. Pollitzer，现派在衢县协助防治鼠疫工作）检验证实，现已会商紧急处理办法。"

此外，关于江西上饶方面，最近亦发生鼠疫，据本署医疗防疫队第四大队周大队长振六月十二日自上饶来电称："上饶文（十二日）死鼠疫一例，各种涂片经振亲验两极染色杆菌甚多。"并据战时防疫联合办事处转据第三兵站总监部卫生处巴马健电称："上饶中心卫生院已虞（七日）发现鼠疫第一病例，文（十二）日死亡，经该院鉴定确实，又上饶杨家湖发现二人已死亡，以上三人均自衢县迁众。"等情，除已电饬伯力士专员及周振大队长等加紧协助防疫,迅予扑灭,并电浙、赣各省卫生主管机关切实注意防治防堵外,复查年来各地时告发生鼠疫,防治人员至感缺乏。本署鉴于事实上之需要,特拟就浙、闽、赣三省防治鼠疫人员调训见习暂行办法,成立鼠疫防治实施见习班则由周大队长振主持,其事由伯力士专员协同指导工作。此项见习班设置之目的,一方面为加强衢县防疫人员力量;一方面为便各队员由工作中获得学习机会及实地经验兼能增加防治鼠疫技术人员之数量。兹已将此项办法发交浙、闽、赣三省卫生处饬即派员前往衢县参加见习,并发电粤、桂、湘各省卫生处即斟酌情形于必要时亦可派员参加各在案,谨随电呈浙、闽、赣三省防治鼠疫人员调训见习暂行办法一份,敬祈鉴察为祷。

　　　　　　　　　　　　　　　　卫生署署长金宝善叩防巳东印
　　附一件。

　　　　　　　浙、闽、赣三省防治鼠疫人员调训见习暂行办法

　　(1)本办法以调训浙、闽、赣三省(以下简称三省)之与防疫有关人员驰往鼠疫流行区域参加实地工作、见习防治鼠疫方法为目的,定名为鼠疫防治实地见习班(但必要时,闽、浙、赣以外各省亦得派员前往见习)。

　　(2)调训之人数按各地情形之需要,由各省卫生处酌派,暂时规定每省二人至三人。

　　(3)见习时间暂定三个月,必要时得临时延长或补短。

　　(4)见习地点暂定为浙江衢县,如有其他地方鼠疫发现时,得视临时需要情形,随同主要防治人员迁往见习。

　　(5)技能方面以能预防治疗及环境卫生之改良,并能应行急变,指导疫区民众共同防治为原则。

　　(6)见习科目:

　　(甲)防鼠工程

　　(乙)灭鼠灭蚤方法

　　(丙)鼠疫之细菌学的及生物学的检验技术

　　(丁)治疗概要

（戊）隔离检疫大纲

（7）见习人员来往旅费以及在见习时内之薪金暨膳宿杂费等等,概由原保送机关担任发给。见习时,因协助地方实施防治所需之旅运杂费,由本署防疫专款补助之。

（8）见习人员应尽先选送优秀份子,俾结业后能作师资训练其他人员。

（9）见习人员在见习期间应将每日工作按日记录,结业时汇集成册以作异日参考并报告原送机关。

（10）见习班设主任一人负责统筹见习班课程及各有关事项,暂由本署医疗防疫大队长兼任之。

（11）训练之教师必要时得临时聘请各地卫生处于防治鼠疫经验丰富者参加指导。

（12）见习班所需要之器材购置及杂支由卫生署筹拨五千元,不敷之数由地方防疫经费项下开支,其预算数目另订之。

（13）本办法如有未尽事项得临时修改。

（14）本办法自公布之日施行。

（台北"国史馆"014-011105-0009）

黄绍竑关于拟具防治衢县鼠疫实施办法致行政院院长电

（1941 年 6 月 13 日）

重庆行政院院长蒋钧鉴:

查本府以衢县地处冲要,此次发现鼠疫区域又复零星散漫,为统一事权俾防疫工作推展顺利起见,经拟具防治衢县鼠疫实施办法,提由本府委员会第 1201 次会议决议通过,除分电饬遵外,理合抄同实施办法电祈鉴核备案。

职黄绍竑叩地清马印

附实施办法一份。

防治衢县鼠疫实施办法

一、浙江省政府以衢县地处冲要,此次发现鼠疫区域又复零星散漫,为切实防治起见,除法令已有规定须严厉执行外,责成各有关行政及卫生机关以最大努力处理防治,特订定本办法。

二、设置衢县临时防疫处(以下简称防疫处),置处长、副处长各一人,由浙江省政府指定第五区行政督察专员为处长,浙江省卫生处高级职员一人为副处长。其组织及办事细则由处长副处长斟酌实际情形拟订呈请省政府核备。

三、防疫处为谋防疫工作推展便利起见,对于驻衢中央及省、县各机关均有指挥之权。

四、凡已成立之临时防疫组织应俟防疫处成立后一律改组或裁撤,所有应行改组之防疫机构,其组织办法由防疫处另订之。

五、所需防疫工作人员除就省卫生处当地各派机关公、私立医院诊所以及中央派驻衢县医疗防疫队所调用外,并得由防疫处依照组织规程任用之。

六、本办法所需防治经费由省库交给之。

七、本办法经浙江省政府委员会通过并呈请行政院备案。

(台北"国史馆"014－011105－0009)

卫生署署长金宝善关于报送防治衢县鼠疫工作进度表致蒋介石呈

(1941 年 8 月 15 日)

军事委员会蒋钧鉴:

查本署于本年四月十一日以卅防 5015 号防卯真代电,又同三十日以卅防 6202 号防卯陷代电及七月一日以卅防 9478 号防巳东代电连续呈报钧会,关于衢县再度发生鼠疫疫情各在案。兹据浙江省卫生处处长陈万里本年七月五日卫三松字第 371 号呈称:"案查衢县第二次流行鼠疫,本处为谋健全防疫机构,增强防治工作效率,并期迅速扑灭疫势起见,经拟订防治衢县鼠疫实施办法呈奉浙江省政府核准施行并呈报在案。本处长于五月二十八日、六月十八日先后两次到县督导防治,所有自六月上旬起以至同月下旬为止,是项防治工作进度兹为汇列报告备文呈送,仰祈鉴核备查"等情。谨随电抄呈浙江省卫生处处长陈万里所呈防治衢县鼠疫工作进度一件,敬祈鉴察。

卫生署署长金宝善叩防未删印

防治衢县鼠疫工作进度

一、计已进行者

(一)临时防疫处成立。

(二)全城分二十区依次推进灭鼠工程,即由军政部第四防疫分队,每日分五组出发封闭鼠穴以及拆除天花板、地板等工作。

(三)由军政部第二防疫支队担任全城挨户普遍预防注射工作。

(四)隔离医院已经开始收容患者,由县卫生院院长兼任院长,并由红会医疗队副队长驻院诊治及为新药(Sulfathiazole)治疗之实验。

(五)留验所业已改善组织,另迁地址亦已开始收容。

(六)依照行政区域八个联保分派医护人员逐日访问各户,以期发见早期病人,即由本省临时第二防疫队队员担任。

(七)检验患者及类似患者,并于检验鼠类,由伯力士专员主持,本省临时第二防疫队派员协助。

(八)训练当地学生担任街头、化妆表演,由本省临时第二防疫队主持。

(九)各部分统计数字由本省临时第二防疫队主办。

(十)延聘当地人士及各区领袖组织防疫会议。

(十一)发生肺鼠疫区域予以封锁。

二、正在进行者

(一)严密疫情报告正在设法改善。

(二)新建房屋之防鼠设备以及保护食物方法正在拟订办法中。

(三)全灭清洁事宜正在商订办法。

(四)断绝铁路交通及设立检疫站事正在审议中。

(台北档案管理局 B5018230601/0029/803/0824)

卫生署署长金宝善关于衢县防治鼠疫工作进度案致行政院呈

（1941 年 8 月 15 日）

行政院院长蒋、副院长孔钧鉴：

　　查本署于本年四月十一日以卅防 5015 号防卯真代电，又同三十日以卅防 6202 号防卯陷代电及七月一日以卅防 9478 号防巳东代电连续呈报钧院，关于衢县再度发生鼠疫疫情各在案。兹据浙江省卫生处处长陈万里本年七月五日卫三松字第 371 号呈称："案查衢县第二次流行鼠疫，本处为谋健全防疫机构，增强防治工作效率，并期迅速扑灭疫势起见，经拟订防治衢县鼠疫实施办法呈奉浙江省政府核准施行并呈报在案。本处长于五月二十八日、六月十八日先后两次到县督导防治，所有自六月上旬起以至同月下旬为止，是项防治工作进度兹为汇列报告备文呈送，仰祈鉴核备查"等情。谨随电抄呈浙江省卫生处处长陈万里所呈防治衢县鼠疫工作进度一件，敬祈鉴察。

卫生署署长金宝善叩防未删印

（台北"国史馆" 014－011105－0009）

军政部部长何应钦关于顾祝同补送各方报告鼠疫经过及防治情形致蒋介石电

（1941 年 9 月 8 日）

重庆军事委员会委员长蒋钧鉴：

　　前奉钧会三十年一月六日办四渝（二）麻代电，以据桂林办公厅李主任电报敌机飞袭金华散放鼠疫菌，饬迅饬军医署核议预防办法具报等因；奉此，当经遵办并于本年一月二十三日以医卫（30）子渝字 800156 号子梗医卫代电呈复在案。旋奉三十年一月三十日办四渝军字 5841 号训令为抄发第三战区顾司令长官补送各方报告关于鼠疫经过情形各附件，饬转饬军医署研究预防办法具报等因；遵经再饬该署办理具报。兹据该署报称，谨将遵办情形分陈如下：

　　（一）派员查报浙江鼠疫情形

　　本署前于二十九年十一月据报敌机在浙江金华散放鼠疫杆菌，当经电饬第二防疫大队详细检查具报，并与卫生署会商处置办法。更于二十九年十二月会同卫生署派容主任教官启荣等偕同国联防疫专家叶墨博士前往浙江实地考察并协助防治,业经先后呈报有案。本年二月据容启荣呈报浙江鼠疫流行概况及敌机散放鼠疫未能确证情形,六月复据容启荣缮呈浙江鼠疫调查报告书前来,关于敌机散放鼠疫杆菌一节,据原报告略称不敢否认鄞、衢两县鼠疫与敌机投掷异物之关系,惟因敌机所投麦粒栗蚤及黄色颗粒等,或未经检查有无掺混其他异物,或未行动物试验,经四十余日后始举行动物试验,结果阴性,我方未获得科学的实证等语。是此,浙境鼠疫流行是否由于敌机散放鼠疫杆菌所致,尚未能确加断定。

(二)防治办法

(1)本署于二十九年十一月据报衢县等处发生鼠疫及敌机散放鼠疫杆菌,除与卫生署会商处治办法,电饬第二防疫大队检验具报外,并饬该队及第四防疫分队会同地方卫生机关统筹防治,对于驻军尤须竭力预防传染。十二月二十日会同卫生署举行紧急会议,订防制敌机散播鼠疫菌实施方案。嗣据容启荣第一次报告浙江鼠疫流行概况及敌机散放鼠疫菌未能确证情形,而衢县鼠疫又再度发生,复于四月三日会同卫生署议订浙江衢县鼠疫再度流行防制办法,均经先后分别施行。

(2)关于防疫器材之准备:除各防疫队细菌检验设备分饬充实外,鼠疫疫苗共购到五千五百瓶,自本年二月起,陆续运往第三战区应用。治疗用之Sulfanilamide、Sulfadimidine以储存大量备用,杀鼠用之碳酸钡亦经向国外订购。

(3)国联防疫专家伯力士博士编著之《鼠疫防治实施办法》,经本署铅印一万本,已分发各部队机关运用。

(4)浙境鼠疫虽仅流行民间,本署为求军民防疫切实合作起见,始终与卫生署密切连络,一切措施随时会同商洽。依照共同之目标,各就主管范围负责进行,以收分工合作之效。本部驻在第三战区之各防疫队亦与地方卫生机关不分畛域,一致努力。

(三)最近防治情形

二十九年浙境发见鼠疫并经证实者,计有庆元、鄞县、衢县等处,除庆、鄞两地鼠疫三十年均未继续发生外，谨将衢县鼠疫最近防治情形略陈如下：

（1）人员：除浙江省卫生处处长陈万里、福建省卫生处处长陆涤寰已亲往主持，卫生署已派国联防疫专家伯力士博士、医疗大队长周振及医疗防疫队第十七队人员前往防治外，并由本部第二防疫大队及第四防疫分队切实协防。第四防疫分队已成立灭鼠工程队，第五队担任灭鼠及消毒工作。

（2）组织：已由前往衢县军民防疫人员及地方政府组织衢县临时防疫处，下设总务、检验、工程三科，负责推行一切防治事宜。

（3）工作：衢县全城民众三万余人施行预防注射者已超过半数，灭鼠工程已全部完成，并已设立隔离所、留验所各一处。

（4）疫情：衢县自本年三月五日起，再度发现鼠疫后，截至本年五月上旬止，该县民众计共死亡一一五人，现在疫势已衰，军队方面迄未据报发生鼠疫。

以上三项，理合报请鉴核等情。附呈防制敌机散播鼠疫菌实施方案、浙江衢县鼠疫再度流行防制办法暨鼠疫防治实施方法及容启荣调查报告书各一份到部，理合检同原附各件据情呈转鉴核。

军政部部长何应钦申齐医卫渝

（台北档案管理局 B5018230601/0029/803/0824）

卫生署署长金宝善关于浙江义乌、金华两地鼠疫疫情及防治经过致蒋介石呈

（1941 年 11 月 15 日）

军事委员会委员长蒋钧鉴：

查本署于本年十一月五日以卅防 15468 号防戍微代电呈报浙江衢县、义乌两地鼠疫疫情及防治经过一案计邀钧鉴，谨再就各方所获义乌及金华两地鼠疫疫情续陈如下：

（一）本署医疗防疫队总队部十月二十五日电称："顷据本部第十六队电报义乌鼠疫删前死十二人，正极力扑灭中。"

（二）浙江省卫生处处长陈万里十月二十三日卫六三方字第 1894 号酉9923 礼方代电称："查义乌发生鼠疫后，处长为求明了疫区实际情形并其策

动义乌附近各县共同防范起见,当经于十月十五日率同本处科长王毓榛技正、方植民技佐、魏月仙本处省会卫生事务所主任、医师陈世昌等出发至义乌、金华、兰溪、浦江等县视察,并指导一切防治工作,及在金华、兰溪两县各开防制鼠疫卫生展览会,历时七日,于同月二十日返省。"所有各该县视察及指导经过情形,兹扼要报告如次:

(1)义乌疫区为该县城区北门街一带稠城镇第十三保,全保人口计有二五九人。据卫生院调查所得,最初发展之鼠疫病人为北街第六号居民,名为郦寇明,男性,年龄二十四岁,浙赣铁路义乌站卖票员,于十月二日发病,六日死达。人数截至十五日止计有十一人。十六、十七日均无新病人发现,惟死鼠经检验阳性者仍陆续有发见。全保人数除已死亡十一人并留验者五人外,余于该县举行隔绝疫区交通以前迁避在外,已严饬该县府责成保长务须将迁避在外之人数详细调查登记,并饬于十七日晚举行全城户口密查,期能发觉一有疫区居民迁徙而来者即予追回留验。一面并将原有隔绝交通之区域向外扩大,重行划定区域,隔绝交通以示严密。灭鼠工程分三组于十七日起从新划定区域,自外向疫区进行工作,预防注射亦已普遍实施,并派员指导中学生担任宣传工作,处长到县后出席该县防疫委员会会议一次,指示如何健全机构、如何联系工作,以为当前关于防疫上之必要措施等等,并曾召集全城保长谈话。现在该县担任防疫技术上工作之单位,除本处由技正柯主光率领之临时第二防疫队一部份人员暨该县卫生院人员外,尚有钧署第四医疗防疫大队过工程师基同、第十六医疗防疫队人员、军政部第四防疫分队人员等。

(2)在金华参加第四区专员公署召集之防疫会议一次,召集城区医师谈话一次,并向城区保甲长暨三民主义青年团服务队人员谈话各一次,指示该县应迅即筹款设置隔离病舍及留验所。所有人员编制暨设备标准均已由处订定交县遵办,不日即可设置完成。该县二十日举行全城清洁检查并指导该县须有医师参加工作,期能一发现鼠疫之疑似病人,即予隔离及施行其他必要之工作。又指定该县福音医院派检验员一人至义乌见习鼠疫之检验工作,极短期间内见习完毕回县,再另由本处派检验员一人帮同检验城区所有收集之死鼠。万一如有染疫之鼠可获早期发现,并及早开展防治工作,以杜蔓延。如宣传工作,本处曾假该县县政府于十七、十八两日举行卫生展览会,参观者数千人。

（3）十九日在兰溪由该县县长召开该县防疫委员会会议并邀集当地医师谈话,处长出席指导一切,诸如筹集防疫经费、设置隔离病舍、留验所,举行全城清洁运动,收买死鼠、检验鼠类,健全防疫机构等工作,均有决议,短期内即可实施。当日,本处卫生展览会即在该县举行,民众极为注意,一日间参观者即有二十人。

（4）浦江于十八日由该县县长召开全县防疫会议,本处方技正出席指导,确筹防疫经费,筹设隔离病舍及留验所,组织疫情报告网,推动环境卫生据点宣传工作,派医随时盼查病例等诸类工作。该县各界深感鼠疫之严重性,均当表接受,短期内务可一一实施,并祈鉴核。

（三）十一月八日据本署医疗防疫队总队部呈阅,医疗防疫队第十六队查称:"义乌六日发现鼠疫。"

（四）浙江省卫生处处长陈万里十一月六日电称:"义乌疫情截至微（五日）止,疫死十八人,治愈三人,金华、方岩均已进行死鼠检验。本省保安处电敌由沪运疫菌至杭有转运浙东散放企图。"

（五）十一月十日据本署医疗防疫总队部转报:"医防第十六队调义乌工作,于十月十四日到达。"

（六）浙江省卫生处陈处长万里十一月八日电称:"据报金华发现疫鼠,已派柯技正商洽防范"各等情,除分别严饬浙江省卫生处及本署医疗防疫队切实与军政部防疫大队合作,竭力防堵扑灭并续发大量防治器材外,谨电呈敬祈鉴察。

卫生署署长金宝善防戍删印

（台北档案管理局 B5018230601/0029/803/0824）

卫生署署长金宝善关于续陈义乌鼠疫情形并请拨经费事宜致行政院呈

（1941 年 11 月 26 日）

行政院院长蒋、副院长孔钧鉴:

顷奉钧院三十年十一月十九日勇陆字第 17997 号寒六代电以浙江衢县

鼠疫已延至义乌,应饬转知加紧防治并将办理情形随时具报等因。奉此查关于本署防治义乌鼠疫情形截至本年十一月十五日以前所获疫情各节,业经于本年十一月十五日以卅防字第 16036 号防戍删代电密报钧院在案,谨将所获各方疫情续陈如次:

(一)据本署医疗防疫队总队部本年十一月十五日渝二字第 1088 号转呈第十六队队长林伯璋十月二十日报告称:"本队于十四日到达义乌,十五日开始工作。据查本月二日先有火车站职员郦寇明突感急性疾病,六日即死。复查五日靠近火车站北门一带之六十九号、四十四号等住户共计患者十人均告死亡。十一月经伯力士(本署外籍专员,派往浙江协助防疫工作)将检验物检查,结果确断为鼠疫。十三日离十五里许之乡村死一人,十三日北门附近又死一人,至今未有续发。惟死鼠常有发现且有扩大疫区之势,经检验,结果多数均系疫鼠,该县已于十二日成立一防疫委员会,系县长亲自主持,且将北门一带严密封锁。本队及过工程师到达后即积极预防注射及灭鼠灭蚤等工作,省方并派柯主光来义,浙江省卫生处陈处长亦于十六日抵义视察,军政部亦派员在此协助,伯力士于十八日亦已到达。此间工作,本队工作迄今二十日为止,经注射者已有一千六百人"等情;复据该总队同日渝二字第 1110 号代电转据第四路大队部过工程师基同十月二十日电称:"最近义乌鼠疫在九月底发现死鼠首例,病人在十月八日发现至二十日止,共死十一人。二十四日续发现五例,内败血型一例、腺疫一例、疑似三例,死四例、一例病危。疫区现已封锁,并组队在疫区内折毁天栅、地板,毁灭鼠巢,并于二十四日已开始用氰化钙灭鼠,分为十区,预计二十天完毕。全城实行大扫除及清洁检查、预防注射,火车已未在义乌靠站"等情。

(二)据战时防疫联合办事处呈阅军政部第四防疫分队十一月二日电称:"义乌鼠疫十月二十四日死二人,二十八日死一人,检验均阳性,七月车站发现疫鼠一头等语入。据伯力士专员报告,截至十月二十四传染共达二十二人,均严重。"以上疫情已由战时防疫联合办事处通报各有关机关注意防范,除另由本署加发大量防治器材并转饬加紧防治勿任蔓延,及将办理情形随时报署再行转陈外，谨电钧鉴。

卫生署署长金宝善叩防戌寝印

（台北"国史馆"014－011105－0009）

关于核转卫生署编送 1941 年度浙江衢县等县防疫经费概算案之往来文书

（1941—1942 年）

令财政部：

前奉委员长三十年七月侍秘川字第 8144 号蒸代电饬拨浙江衢县等地防治鼠疫经费二十万元等因，当以急字 394 号紧急命令饬库照数汇拨第三战区司令长官部转发应用在案。兹据卫生署三十年二月十三日呈补编追加概算，前来核案尚符，除令知财政部应指复外，相应抄检同各件函请分行主计处应指复外，合行检发原件令仰知照此令查核办理，此致

国民政府主计处

三月四日

令卫生署：

三十一年二月十三日卅一计字第 2525 号呈，另备编三十年度浙江衢县等县防疫经费概算由呈件钧悉，已分转主计处及财政部，此令。

行政院会计处签呈

查核定防疫专款概算列为四项：

（一）器材费四十三万元；

（二）宣传费三万元；

（三）旅运费五万元；

（四）实地防疫费五万元；

共为五十六万元。

前据卫生署呈请关于派定容启荣等数员迎接美国抗疟团旅费及调聘赴滇卫生人员暂时生活费用，由防疫专款项下支付。当指令准在该专款二、三、四项内撙节匀支，及饬迅将第一项器材费已支付数目及已购到器材各若

干详细具报。嗣后不得再请流用第一项器材费,并函主计处转陈备案。

续据该署呈请追减防疫专款十二万元办理贵阳卫生干部人员训练所,并由该署签呈副院座奉批"可",经已饬其将所请追减未列明之项目即查明列报,再凭核办在案。

现在该署防戍寝代电以衢县鼠疫已延至义乌请饬拨防疫专款尚未发之一十六万元等情;查已奉核定之法案,财政部尚留十六万元未拨,或别有原因,拨交财部查明核办具报并指复。当否乞核示。

简○○　谨签

十二月三日

行政院笺

卫生署请饬拨防疫专款尚未拨发之十六万元外,应如签由该署遵照前令呈复,再行饬拨,惟此项防治工作需款急切,可否一面饬令遵照前令办理,一面拨款济用之处仍请会计处核办。

行政院会计处签呈

查核定防疫专款概算列为四项:

(一)器材费四十三万元;

(二)宣传费三万元;

(三)旅运费五万元;

(四)实地防疫费五万元;

共为五十六万元。

前据卫生署呈请关于派定容启荣等数员迎接美国抗疟团旅费及调聘赴滇卫生人员暂时生活费用,由防疫专款项下支付。当指令准在该专款二、三、四项内撙节匀支,及饬迅将第一项器材费已支付数目及已购到器材各若干详细具报。嗣后不得再请流用第一项器材费,并函主计处转陈备案。

续据该署呈请追减防疫专款十二万元办理贵阳卫生干部人员训练所,经已饬其将所请追减未列明之项目即查明列报,并遵照勇会字 17094 及 17311 两号指令一并详复各在案。

　　现在该署以浙江衢县鼠疫已延至义乌,请饬拨防疫专款尚未发之一十六万元。但前既领到四十万元,究竟如何开支,似应由该署遵照前令详呈后再行饬拨,仍乞贵科酌核。此复

　　第六科

会计处第二科启

十一月廿八日

(台北"国史馆"014-011105-0009)

《瑞安县政府公报》关于积极预防鼠疫、注射预防针的报道

(1944年)

　　本省云和、龙泉等处先后生鼠疫以来,疫势迄未消杀,最近且沿瓯江东下,永嘉城内亦已发现疫鼠,据鼠疫专家伯力士之预测,瓯江区域在今春均有发生鼠疫之可能。本县毗邻永嘉,交通便利,甚易侵入,县府为谋积极预防计,除依照八区防疫会议所决定发动筹募防疫经费一百万元,并动员医药人员从事预防注射及普遍宣传外,并于本月廿一日利用□历年□,在城区各镇同时举行清洁大检查,由县府及各机关分派大批人员会同邻保长,挨户检查,其成绩分甲乙丙丁四种,凡列入甲等者酌予奖励,丁等者即予惩处。

　　又讯:本县卫生院前为预防鼠疫,特拨款购鼠,凡送鼠一只,即发奖券一张,俟收满一千号时定期公开抽签开奖,头奖五百元,二奖三百元,三奖二百元等,等情汇志本报。兹因该院为鼓励捕鼠兴趣,加强预防效果起见,特再拨款二千元作为奖励金,嗣后送鼠一只,除发奖券外,再发法币二元云。

　　又讯:卫生院近已筹到鼠疫疫苗预防针,供应各界注射,惟因成本不同,分为甲乙二种,甲种收费八十元,注射二次,乙种收费二十元,注射三次,均每星期一次云。

(《瑞安县政府公报》,1944年第33期,第6页)

浙江省政府主席黄绍竑关于追加该省防疫费致行政院呈

(1944年5月18日)

重庆行政院蒋钧鉴:

　　案查本省追加防疫费暨省会临时防疫委员会及省立医院扩充装修费,

前经电奉钧院卅二年亥寒庆四电共准追加二百万元,其支配数目并经于三十三年寅支强电报请核备在案;是项追加经费概算兹已依照实际情形核实编竣,理合备文电送,仰祈鉴核迅赐准予备案。

浙江省政府主席黄绍竑叩辰强(巧)印

附呈概算十份。

浙江省追加防疫费二百万元经费概算书

科目	概算数	说明
第一款 防疫经费	2,000,000	行政院三十二年亥寒庆四电加本省请拨防疫经费与省会临时防疫委员会经费、省立医院扩充装修费共准追加如上数
第一项 省会临时防疫委员会经费	688,000	依三十二年十至十二月份经费并入卫生支出临时部分卫生业务费内防疫费项下支报
第一目 本省经费	36,000	
第二目 防疫工作队经费	396,000	
第三目 检疫站经费	9,000	
第四目 隔离病院经费	117,000	
第五目 留验所经费	63,000	
第六目 防蚤服装费	36,000	
第七目 调查研究费	31,000	卫生署专员伯力士博士自闽来浙各线调查研究往返旅费等
第二项 防疫人员训练班经费	193,000	每期□二期合计如上数
第三项 省会传染病院经费	204,000	三十三年一至十二月份经费
第四项 省会临时防疫大队经费	160,000	三十三年一至十二月份经费
第五项 医疗防疫队增设第一二工作队经费	300,000	
第六项 防疫药械及用旅杂费	165,000	
第七项 留验人及病人膳食费	40,000	

续表

科目	概算数	说明
第八项 碧湖防疫费	100,000	行政院子齐渝四电核定在防疫经费内开支
第九项 医疗防疫队迁移费	20,000	行政院子齐渝四电核定在防疫经费内开支
第十项 警察训练所迁移费	15,000	行政院子齐渝四电核定在防疫经费内开支
第十一项 省立法院云和分院扩充装修费	116,000	
合计	2,000,000	

（台北"国史馆"014－011105－0029）

浙江省卫生处关于举办防疫人员训练班使用经费事宜致行政院呈

（1944 年 6 月 13 日）

案据卫生处三十三年五月二十六日寰字第 650 号呈称:"查本省近年以来各种急性传染病流行不断,各县防疫工作又多由于事项工作人员之缺乏而不能开展尽利。本处虽曾设数防疫人员训练班,但以奉核定经费有限,仅举办两期即行中辍,就质量上言尚未能满足需要。兹拟动用本年度新兴事业费项下之训练经费继续举办防疫人员训练一期,是否可行,理合造具训练计划要点暨概算书备文呈送,仰祈鉴核示遵。"等情并附件。据此,查本年度新兴事业费项下之训练经费分配卫生部分,前奉钧电核准追加十万元,据请动用事项经费继续举办防疫人员训练班一期,经核尚属需要;所送计划要点及概算书亦尚无不合,拟准照办,除指令外,理合检同原附件各件备文呈报,仰祈鉴核备案指令祗遵。谨呈

行政院

计附呈浙江省卫生处举办防疫人员训练计划要点暨概算书各一份。

浙江省政府主席黄绍竑

浙江省卫生处举办防疫人员训练计划要点

一、学员以各县卫生院现任护士或卫生稽查或相当职务之人员为对象,

由省卫生处核定调训,其名额暂定为二十名。

二、训练设备就卫生处前所设置之防疫人员训练班原有设备应用之。

三、训练期限定为二个月。

四、训练课程偏重于九种法定传染病、回归热、疟疾等防治方法以及与环境卫生工作有关之各项应用技术。

五、学员之主食、副食以及往返川旅费应自备或由原服务机关供给。

六、师资由卫生处长就卫生处暨所属机关职员中尽量指定兼充为原则,必要时得聘请专任教官二人派用事务。

七、学员结业考试成绩及格由省卫生处核发结业证书并饬仍回原机关服务。

浙江省卫生处防疫人员训练班三十三年度岁出概算书

经常门 临时部份

科目	概算数	说明
第一款 防疫人员训练班经费	80,000.00	训练及筹备期间各为两个月,实习及办理结束期间为一个月,共计五个月;是项经费实奉行政院本年丑佳渝四电核准在本省新兴事业费内开支。
第一项 俸给费	59,400.00	
第一目 薪金	3,600.00	会计员一人月支 160 元;办事员二人平均每各 100 元,五个月记 1,800,又训练及实习期间增加专任教师二人平均每各支 240 元;书记二人平均月各支 60 元,三个月计 1,800 元,合计如上数。
第二目 修金	1,500.00	兼任教师授课 300 小时,每小时 5 元计算合计如上数。
第三目 生活补助费	14,400.00	教职员七人基本数月支 400 元,加成数照薪俸额十股,其中会计员一人;办事员二人支五个月,计基本数 6,000 元,四成数 1,800 元及教师及书记各二人支三个月计基本数 4,800 元加成数 1,800 元,共计如上数。
第四目 工资	1,560.00	勤工七人平均月各支 60 元,内三人为二个月计 360 元;四人为五个月计 1,200 元,合计如上数。

续表

科目	概算数	说明
第五目 食米代金	38,340.00	教职员七人月各领米一石(内四人为三个月、三人为五个月),勤工七人月领米六斗(内三人为二个月、四人为五个月)共领米四十二石六斗共计九十元计算,合计如上数。
第二款 □□	10,000.00	
第一目 □□	2,000.00	
第二目 邮电	200.00	
第三目 消耗	1,400.00	
第四目 印刷	1,000.00	
第五目 租赋	400.00	
第六目 旅运	3,000.00	
第七目 什支	1,000.00	
第三款 购置费	2,320.00	
第一目 器具	2,000.00	
第二目 图书	320.00	
第四款 特别费	8,280.00	
第一目 兼任教师伙食费	3,600.00	兼任教师自云和至临溪上课,平均每月二人,每人每日以30元计算,六月共1,800元,二个月计如上数。
第二目 勤工伙食津贴	4,680.00	勤工七人平均月各支180元,三人为二个月,计支1,080元;四人为五个月,计支3,600,合计如上数。

(台北"国史馆"014-011105-0029)

浙江省政府主席黄绍竑关于追加防疫经费案致行政院呈

(1945年8月6日)

重庆行政院钧鉴:

　　案奉钧院巳阳兴四电,核准追加本省本年度防疫费三百万元并饬编造分配预算呈核等因,奉经饬据本省卫生处编送前来经核无误,理合检具是项预算五份,电请鉴核准予备案,并乞示遵。

浙江省政府主席黄绍竑叩未鱼 20305 综

计呈送三十四年追加防疫经费三百万元岁出预算书五份。

浙江省三十四年度追加防疫经费三百万元岁出概算书(分配表同)

经常门　临时部份

科目	追加预算数	分配数		说明
		第一期	第二期	
第一款 浙江省卅四年度追加防疫经费	3,000,000	2,448,000	552,000	行政院已阳丑四电核准追加
第一项 卫生处防疫费	1,000,000	840,000	160,000	
第一目 购置防疫疫苗药械及材料费	930,000	780,000	150,000	统筹购贮以备分发之用
第二目 防疫用药包装邮运等费	70,000	60,000	10,000	购发防疫用品前需包装□□□□
第二款 第一医疗防疫队防疫费	390,000	324,000	66,000	
第一目 充寔防疫设备费	240,000	210,000	30,000	添置有关防疫设备等费
第二目 添购消毒材料费	60,000	54,000	6,000	
第三目 派员协导各县防疫工作经费	90,000	60,000	30,000	赴各县协导防疫工作人员川旅宣传等费
第三款 第二医疗防疫队防疫费	390,000	324,000	66,000	
第一目 充寔防疫设备费	240,000	210,000	30,000	添置有关防疫设备等费
第二目 添购消毒材料费	60,000	54,000	6,000	
第三目 派员协导各县防疫工作经费	90,000	60,000	30,000	赴各县协导防疫工作人员川旅宣传等费
第四款 浙西卫生事务所防疫费	238,400	180,000	58,400	

续表

科目	追加预算数	分配数		说明
		第一期	第二期	
第一目 充寔防疫设备费	150,000	130,000	20,000	添置有关防疫设备等费
第二目 添购消毒材料费	30,000	20,000	10,000	
第三目 派员协导各县防疫工作经费	58,400	30,000	28,400	赴各县协导防疫工作人员川旅宣传等费
第五款 省立第二医院兼办传染病人免费住院经费	918,600	780,000	201,600	省府委员会第1399次会议决议应追加防疫费内开支
第一目 膳食费	180,000	100,000	80,000	经常供给免费病人膳食等费
第二目 医疗药品	540,000	500,000	40,000	添购免费病人医疗药品等费
第三目 特别费	261,600	180,000	81,600	薪炭值应津贴殓埋费及其他支出等费
合计	3,000,000	2,448,000	552,000	

（台北"国史馆"014-011105-0029）

三、湖南

军政部军医署署长卢致德、卫生署署长金宝善关于防治常德鼠疫情形、拟具防制敌机散播鼠菌实施办法事宜致蒋介石电

（1941年11月22日）

军事委员会委员长蒋钧鉴：

　　查此次湘省常德发生鼠疫一案，兹经据各方所报疫情，以三十年十一月四日上午五时半至六时敌机一架在常德低空投散谷麦及絮状破物，经公安局搜集将麦送交广德医院以生理食盐水浸渍，经远心沉淀镜检发现少数疑似鼠疫杆菌。复经红十字会第二中队会同以腹水培养二十四小时镜检，方现少量两极染色短形杆菌。十二日已发现民众鼠疫患者一人，在广德医院

隔离病室疗治，十三日死亡。经血片检查及尸体解剖，将脾脏抽出液以寒天培养，均发现鼠疫杆菌。十四日于前死者之邻居又发现患者一位，同日并检查尸体一具，分别以血片、鼠蹊淋巴液、肝脏抽出液镜检发现同样杆菌(以上疫情系摘要中国红十字会总会救护总队第二中队、二十集团军总司令部、湖南省政府、湖南卫生处等处截至本年十一月十九日止来电)。关于本案，前经卫生署于本年十一月十八日以卅防字第16133号戌巧密代电呈报在案。顷本军医署奉军政部交下钧座感令一享伟代电，又本卫生署奉钧座三十年十一月十九日侍秘字第10123号戌侍秘代电均敬悉，兹谨将卫生署、军医署两署与有关各方面最近处理防治常德鼠疫情形，及拟具防制敌机散播鼠疫杆菌实施办法各点分陈如下：

（甲）关于防疫人员之调动

1. 卫生署方面派有医疗防疫队第二大队部大队长石茂年已于本月十六日离芷江前往常德协助工作。此外医疗防疫队第十四队全队人员亦于本月十六日到达元陵，正候车开往常德。

2. 军医署方面已派第四防疫大队第一中队于本月十六日由黔江开往常德并已电饬现驻长沙之第九大队迅派一中队赴常德协同工作。

3. 中国红十字会总会救护总队现在常德工作者已有第二中队全队人员。

4. 第六战区司令长官部卫生处处长兼该战区兵站卫生处处长陈立楷已于十一月十四日到达常德督导防治工作。

5. 电调军政部战时卫生人员训练所防疫学组主任施正信、检验学组主任兼中国红十字会总会救护总队部指导员陈文贵及浙江省卫生处技正柯主光赶往常德协助调查及防治工作。

6. 电饬湖南省卫生处处长张维即速会同第六战区司令长官部卫生处长兼兵站总监部卫生处处长陈立楷以及各有关人员负责组织临时防疫联合办事处加紧防治，以一事权而利工作。

7. 卫生署通电各省市地方机关转饬所属一体注意，严密防范。

（乙）关于防疫器材之供应

1. 由卫生署、军医署共发鼠疫苗九百瓶、鼠疫血清一百五十瓶及治疗鼠疫用之化学药品 Sulfathiazole 一万三千粒。此外,并各继续准备大量防治器材以应急需,又令电饬中国红十字会总会救护总队部作同样之准备。综计以上所准备之器材数量,只能供应一时之用。现各省纷纷来电请拨器药,诚恐将来所需尤多,故事前须有事当准备,以免临渴掘井之虞。兹拟就今后所需之鼠疫苗约三十万瓶,足供四百八十万人预防注射之用,以上三十万瓶鼠疫苗总价值国币三百七十八万元。如中央即能拨款补助,当即电饬卫生署中央、西北两防疫处尽于两个月内悉数制成。再鼠疫血清因制造繁难而价尤高,效用时间有限,且不易于保藏应用上,颇感不便,现拟改用化学药 Sul-fathiazole,此项药品最低需准备两吨,足供五万病例治疗之用,又氰酸气十五吨及喷雾器一百五十套。以上各种器材及运费拟请准予在美国租借法案内拨款向美国购运,或转请美国红十字会与以捐助,以利防疫工作。

(丙)拟具防制敌机散播鼠疫杆菌实施办法,兹为防范敌机在其他各地同样散播毒菌起见,特拟就防制敌机散播鼠疫杆菌实施办法一份,以资防范。

谨抄正随电呈阅,敬祈鉴核通饬各军旅防疫机关与各省市政府,以及负责防空机关转饬全国防空人员案照实施,以防敌人实行细菌战之毒计为祷。

军政部军医署署长卢致德

卫生署署长金宝善同叩

防戌养印

(台北"国史馆" 001 - 134223 - 00001 - 000)

陈布雷关于常德鼠疫情形及拟具防制敌机散播鼠菌实施办法之呈

(1941 年 11 月 24 日)

报告防治常德鼠疫情形、拟具防制敌机散播鼠菌实施办法,请鉴核。

戌皓侍秘代电敬悉,兹谨将最近处理防治情形及拟具防制敌机散播鼠疫杆菌实施办法分陈如下:

(甲)关于防疫人员之调动

1. 卫生署方面派有医疗防疫队前往常德协助工作。

2. 军医署方面已派防疫队赴常德协助工作。

3. 中国红十字会总会救护总队在常德工作者有第二中队全队人员。

4. 第六战区司令长官部卫生处处长陈立楷到常德督导防治。

5. 电调军政部战时卫生人员训练所防疫学组主任施正信、检验学组主任陈文贵及浙江省卫生处技正柯主光赶往协助防治。

6. 电饬湘卫生处处长张维组织临时防疫联合办事处加紧防治。

7. 卫生署通电各省市地方机关饬属注意防范。

（乙）关于防疫器材之供应

1. 由卫生署、军医署共发鼠疫苗九百瓶、鼠疫血清一百五十瓶及治疗鼠疫用之化学药品一万三千粒并继续准备大量防治器材以应急需。现各省纷电请拨器药,拟准备鼠疫苗约三十万瓶,足供四百八十万人预防注射之用,总价值国币三百七十八万元。如中央能拨款补助,当即于两个月内悉数制成。再鼠疫血清因制造繁难,而价尤高,效用时间有限,且不易于保藏,并拟改制化学药品 Sulfathiazole 两吨、氰酸气十五吨及喷雾器一百五十套。以上各种器材及运费拟请准予在美国租借法案内拨款向美国购运,或转请美国红十字会与以捐助。

(丙)拟具防制敌机散播鼠疫杆菌实施办法随电呈阅,敬祈鉴核通饬各军旅防疫机关与各省市政府,以及负责防空机关转饬全国防空人员案照实施。(附件留处候调)

拟办:

谨按:此事系前据薛主席电敌机散播疫菌情形,经交卫生、军医两署查核实情及拟议防护办法据复如上。

1. 制造鼠疫苗既据称不易保藏应用,自不必大量制造以免虚耗公帑。拟令饬先呈行政院酌拨必需之制造费。

2. 化学药品 Sulfathiazole 两吨、氰酸气十五吨及喷雾器一百五十套拟准交行政院迅速向美定购。

3. 防制敌机散播鼠疫杆菌实施办法拟准交军委会、行政院通饬施行。

（台北"国史馆"001‐134223‐00001‐000）

湖南省政府主席薛岳关于常德鼠疫发生经过及防治情形致蒋介石呈

（1941 年 12 月 31 日）

案准卫生署金署长防一戌陷电以奉钧座手令。常德鼠疫应切实防治详报等因，转属查照办理等由到府，自应遵办。兹谨将本案发生经过，及本府防治情形分呈于左：

甲、鼠疫发生之经过

一、敌机一架于十一月戌支晨五时，在常德桃源一带低飞散播谷米、小麦、红色小粒布条、军毡小条等物，以常德鸡鹅巷、关庙街等处散落最多。经常德县警察局检送常德卫生院，由该院会同该县美侨设立之广德医院以显微镜检验，发现类似鼠疫杆菌。

二、十一月十二日常德广德医院诊室一十二岁之蔡姓女孩，据云十一夜起发病高热、神志不清。经该院抽血液涂片检验发现类似鼠疫杆菌。患者十三日晨八时死亡，下午尸体解剖并作细菌培养检验，亦发现同样杆菌。

三、十三日复有聂述生者，住关庙街，男性，五十八岁，赴广德医院求诊，腹股沟淋巴腺肿大，抽淋巴腺检验发现类似鼠疫杆菌，病者当晚死亡。次日该院又接红十字会第二中队自德山送来淋巴腺液涂片，经染色检验亦发现同样杆菌。

四、自十一月十日起至同月十九日止，常德共发现患者十五人，死亡者十二人，其中四人作尸体解剖均发现鼠疫杆菌。

五、自十一月二十日以后病例尚少，但至二十四日晚常德关庙街居民龚超胜，男性，年二十八岁，忽患急病身死。经军政部战时卫生人员训练所检验学组主任兼中国红十字会救护总队部指导员陈文贵医师以培养及动物试验，均证明确系鼠疫身死，至此常德鼠疫遂得确实证明。

六、统计常德鼠疫自十一月十日起至同月二十四日止，共发现患者二十一人，内死亡者十五人，经镜检化验者五人均系当地居民。

乙、本府防治情形

一、本府接获各方报告及广德医院检验，证实确系鼠疫杆菌之消息后，当经：（一）电呈钧座暨孔副院长、何总长、六战区司令长官陈、九战区司令长官薛报告,并分电军政部、军医署及赣粤川黔粤桂诸省府查照。(二)电卫生署请迅派专家携药械前往防治。(三)电常德第四战区欧专员及郑县长督饬武装封锁疫区,并举办交通检疫,设置隔离病院。(四)分电各县注意防范,并指示紧急处置办法四项。(五)分电邻近县份举办检疫工作。(六)饬省卫生处:(1)派该处主任技正邓一韪、工程师刘厚坤、卫生稽查长梅朝章、检疫员李承材携带储备之鼠疫血清疫苗及各种药品、器材赶往防治。(2)续加购鼠疫血清及疫苗等药械。(3)汇款应付紧急开支。(4)加紧防治宣传,扩大杀鼠灭蚤运动。(5)速调巡回卫生工作队前往常德增员协防。

接获各方关于细菌学专家陈文贵鉴定证实确系鼠疫之消息后,认为真相大明事态严重,而敌人阴谋灭我种族散播毒菌实施细菌战之毒计亦已明确。复经电呈钧座及中央各长官、六九战区长官报告并分电各方宣露敌寇暴行;电请卫生署统筹防治机构,指派专家主持以一事权,并请拨巨款及大量药械常川驻湘指导;一命令饬省卫生处处长张维携带最近订购寄到之鼠疫血清疫苗等药械驰复常德指导防治,为周密预防计并订定防御鼠疫实施办法十项分发各县张贴共同遵守。

本案发展情形俟接得报告随时续呈。

以上常德发生鼠疫经过及本府防治情形,理合缕呈察核,伏候核示祗遵。谨呈

军事委员会委员长蒋

湖南省政府主席薛岳

(台北"国史馆"001－134223－00001－000)

湖南省政府主席薛岳关于常德、桃源鼠疫概况及防疫经费事宜致蒋介石等呈

(1942年6月18日)

重庆委员长蒋、军政部长何:

密,常德鼠疫遵奉训示督饬防治,期早消灭。近承卫生、军医两署会派防疫处长容启荣来湘,经派卫生处长张维陪同驰往视导疫区颇为辽阔,常德染疫之鼠几遍全城,春季死二十九人,桃源莫林乡继后发现腺鼠疫,旬日间

死七人。当经派队防治,暂虽已告肃清,难免不再爆发,详情另文呈报容处长暨各专家讨论。金以本府前呈防御鼠疫七十万零二千六百元经费概算不敷甚巨,拟请俯允追增加为一百二十万元,并先予紧急支付四十万元以应迫切需要,计划概算容另核。谨电呈明,伏乞示遵。

湖南省政府主席薛岳叩来府财计卫三删

(台北"国史馆"001-134223-00001-000)

四、江西

江西省政府主席曹浩森关于补编该省 1943 年度防疫计划及经费事宜致行政院院长呈

(1943 年 11 月 23 日)

案奉钧院申敬庆四电,以本省零都等县防疫经费准在该省本年度战时特别预备金项下动支二十万元,仰即补编计划概算呈核等因。奉此,查该项计划概算钧经编造完竣。惟查本省战时特别预备金业已支用殆尽,万难挹注,而本省光泽县又已于十月十三日发生真性鼠疫,迭据报告死亡情事十分严重,防治刻不容缓,而地方财力有限,诚恐一旦流传蔓延堪虞,拟请准予另拨防疫经费二十万元以应急需。除另电项目呈请外,理合备文连同三十二年防疫计划及概算书各二份,呈请鉴核示遵。谨呈

行政院院长蒋

计呈送三十二年度防疫计划二份。

江西省政府主席曹浩森

江西省三十二年度防疫计划
壹、叙言

本年夏初,鉴于客岁霍乱流行本省达十八县之多,死亡枕藉。爰一面积极准备订定霍乱预防实施办法,通令省县卫生机关、各级医疗机构团体遵照施行;一面联络邻省卫生机关交换疫情报告,俾得早期作有效之防堵。四月间广东东莞县首先发现霍乱,本省大庾及赣县为该省出入粤省之要冲,比即

令大庾县设检疫站,并由防疫经费项下购买霍乱疫苗,免费分发各县应用,俾不致霍乱疫病流入本省。直至七月初,尚未发现霍乱病例,不期广东米价陡涨,粤境居民相率移来就食,本省入境各孔道饥民络绎于途,而小路入境者亦复不少,固是防疫病难期周密。于是霍乱病例首先发现者为赣县,继之雩都、会昌、泰和、吉安等县次第蔓延,而赣西及赣北一带本年并未发现此种病例。至鼠疫在本省本年度虽未发现,惟闽之邵武、建阳、浦城以及浙之庆元一带尚在流行,而本省光泽、铅山、庆丰、上饶等县距离闽浙疫区均颇接近,商运频繁、交通利便,随时有波染可能,不得不预为戒备。至于流行性脑脊髓膜炎、白喉等病,本省去年曾有流行,本年入秋以来,天气亢旱、雨量稀少,仍恐难免不再发生。本省职责所在,亦不能不预为之备,是以各项防疫设备均须长期实施,足以维护人民安全,增进民族健康。防疫对象固不仅霍乱、鼠疫二者已也。

贰、工作计划

甲、治疗方面

疫病发生之处在人口稠密县份设置临时隔离病院;人口较稀县份设置隔离所。泰和方面交由省立医院负责办理。

乙、预防方面

(一)普及预防注射,除按保甲挨户实施预防注射外,并于冲要地点实施□头预防注射。

(二)设检疫站,于水陆交通地点设检疫站实施检疫,并发给检疫证,无证之旅客不得购买车、船票或入境。

丙、环境卫生方面

(一)厉行饮用水及厕所之消毒。

(二)积极灭蝇。

(三)举行清洁大扫除。

(四)取缔清凉饮、食物冷盘及剖开售卖之瓜果。

丁、宣传方面

(一)印制防治鼠疫、防治霍乱及防治白喉、脑脊髓膜炎等小册分发各机关团体及住户。

（二）散发传单。

（三）张贴标语。

（四）举行演讲。

（五）举行预防运动倡导周。

叁、人员器材及经费

为节省人力、财力起见,照下列各项措施施行:

甲、人员方面:视疫情之轻重,先尽各县卫生机关防治,疫情较重县份则由本处派防疫队前往协助,并派员视察督导。

乙、器材方面:凡举行各项防疫设施,如增设病院、检疫站等,尽先由各县自行准备。关于疫苗、药品、器械则由卫生处在防疫经费项下拨款购买储备,必要时分发供应。

丙、经费方面:除由各县自行筹措外,其派遣防疫人员之旅费、药品器材之购置费、运输费、消毒费、宣传印刷费合并计之,较预算员列之防疫经费七万七千元,不敷甚巨。兹经呈准行政院追加防疫经费二十万元,其分配如下:

（一）药械费十二万元。

（二）消毒费二万元。

（三）旅运费四万元。

（四）计支(包括邮电费)二万元。

（台北"国史馆"014－011105－0006）

五、福建

上海兴安会馆董事长王屏南等关于成立闽南鼠疫防救委员会及速派治疫专员进行救治致国民政府等机构的电文

（1937 年）

闽南各县自发生鼠疫以来,死亡人数已达千余,本埠晋惠会馆、兴安会馆、泉漳会馆鉴于疫疠之猖獗,认为苟非迅速予以扑灭,则前途诚属不堪设想,爰于四月二十三日晚七时,假座大东门肇嘉路兴安会馆,召开紧急会议,讨论防救鼠疫办法。当即成立闽南鼠疫防救委员会,推举陈澄、萧碧川、吴祖贤、王屏南、陈抱一、杨同曾等为委员,除由陈澄草拟《预防鼠疫根本清除鼠疫意见书》,分发各界,以作防救鼠疫之参考外,并当即电请国民政府、军事委员会、行政院、卫生署、福建省政府,迅派治疫专员,飞往闽南各县疫区,实行施救。兹觅得该电文如下:"闽南鼠疫蔓延,人民遭殃枕藉,迩日噩耗愈闻扩大,非迅谋有效救治防止办法,无以善后。急电呼吁,恳迅派治疫专家,备带大量救疫药物,飞往闽南各县施救,治标治本,同时并进,扑灭鼠疫,期于旦夕,拯此闽民,以安国族,无任迫切待命之至。旅沪晋惠会馆主席陈澄、上海兴安会馆董事长王屏南、泉漳会馆长杨同曾,暨旅沪闽南全体同乡同叩敬。"

(《光华医药杂志》,1937 年第 4 卷第 7 期,第 45 页)

福建全省鼠疫防疫计划

（1937 年）

杨永年

查闽南沿海一带,自一八九四年香港鼠疫流行爆发后,不久即输进厦门,遂藉民船之往来,而侵入沿海各口。在一八九六至一九一〇年,即迄民国初年止,每年鼠疫继续流行,彼时民众及医师,尚均未能明了疫病之真相,而世人于模糊中死去者,不知凡几。迨一九〇五年,西人马士敦教会医师,始正式发表漳浦、永春之鼠疫流行。欧战后,福州教会医院,竟因鼠疫流行之剧烈,传染外籍医师护士三名。其疫势之凶猛,及社会未能明了鼠疫之盲目情形,由此可概见一端。本省河流错杂,交通颇便,盘踞海口之疫或顺流而上,沿九龙江之漳州、南靖而达龙岩,或沿晋江之南安、安溪蔓及永春,或沿闽江由福州、闽清害及延平。至于闽西之永定、上杭,似顺粤之梅龙江由汕头、潮州而来,此外沿海各县如莆田、惠安、福清、同安等处,均各有河流通海,其早已被传染,殆无疑义。即沿海沿河之各地,传染最早。距水路较远、河川之最上游各地,因交通之不便,传染亦迟也。鼠疫侵入一地，在流行之初数年，疫势烈而死亡率高，若经若干年连续之流行，因鼠族之享得相当免疫性，而疫势亦随之衰减，而流行变为消长性。如本年闽南之流行，据观察所得，似非偶然，亦不过消长性流行中之一阶段而已。内地各处县份，因交通不便，传染较迟，如松溪、政和，在鼠疫侵入厦门后三十余年，始被传染。故消长性不大，每年得有连续剧烈之流行也。

本省鼠疫流行之过程，既如上述，则本省鼠疫之防疫的方策，除采用先进国已研究之种种方法外，据本省过去两年，在龙岩及闽北防疫所之实验，其最要者首宜灌输防疫常识于民众，同时举行灭鼠防鼠及预防注射。如政府、人民通力合作，能以持久不懈，则鼠疫根源，自易铲除。惟目前际此若斯广大之疫区，各处纷纷告急之秋，此项根本防疫工作，因人员、财力及时日之不足，殊不易同时举办，祗能权衡轻重，以求事半功倍也。兹就最近实地视察各地之情形，略为分述如左：

福清沿海半岛之地势，高处各村，病二七七，死一二〇，城中近日亦连日发生病人数名，疫势颇为严重。莆田第四区平海、笏石等乡，及第三区黄石，各死亡十数名，由医生纪录视之，显似鼠疫，虽县城尚属平靖，将来亦有发生病人之虑。仙游发生较迟，东南一带，散在发生，在城中已经医生目睹者三名，西门外十数名。惠安三区之山腰峰尾各地，死亡不下三百余人，疫势炽烈，在各疫区中为最甚，居民恐慌，达于极点。第二区东园、白奇及洪山一带，虽过去死亡祗卅余人，但日来陆续发现，仍有蔓延趋势。查惠安一带，丘岭绵亘，土质沙性，县民多种甘薯为常食，鼠族因得其良好食物，繁殖特盛，此或为每年鼠疫流行不断之主因。晋江县属，直至四月底止，发生尚少，惟城内人口繁众，房屋密集，将来一旦鼠蚤跳梁，鼠疫之蔓延，当非他处可比，其严重性，更较任何地方为大。且晋江为闽南交通之中心，公路分歧，商业辐辏，一旦病人发生，其蔓延范围，亦必较任何地方为广。厦门亦地近晋江，交通频繁，事关国际防疫，吾人尤宜注意者。近日以来，城内各处陆续有病人发生，此时若不急施扑灭，恐死亡骤增，疫势蔓延，其为患将不知伊于胡底也！永春、德化等处据教会医师实地视察，迄今止有散发性之病人发现，至于沙县、泰宁以及最南之海澄、漳浦、诏安,虽实地视察尚未完毕,据报告推测之,约不外一种散发性流行。此外确知有流行之县份如上杭、永定、南靖、龙岩、漳平、南平、顺昌、建瓯、建阳、松溪、政和等县,除防疫所所在地之龙岩城、建瓯城、政和城以外,上列各县之乡区均有散发性鼠疫病人,此等病区,由附近防疫所,尚可酌量情形,随机处置,想不致过度蔓延也。以上各县据实地调查及各方报告观之,自本年初起至五月止,至少已有二千以上之病人,及超半数之死亡。肺鼠疫之发生极少,百分之九十以上为腺鼠疫,就腺鼠疫之本体性质观察,上列之病人数及死亡数,虽比较他种急性传染病流行病死之数目为小,但在腺鼠疫流行仅三四月之期间,发生数目竟达二千以上之病人,诚属极严重问题。况其蔓延范围之广泛,尤属难于预防,所以为讨论将来鼠疫之防疫计划,此时殊应举办彻底的实地调查之必要,同时对于严重地域,尤宜及早设立永久防疫机关,除实地极力进行防疫工作外,并宜大规模训练防疫人员,以备各地鼠疫流行时,可有专门人才,实地从事于防疫工作也。

关于本年鼠疫防治之具体进行办法,按上述鼠疫流行情形观之,似宜在闽南之重要中心区域如晋江,设立防疫总所及实地执行防疫之机关,即闽南防疫所。另在其他重要疫区如福清、惠安设防疫分所,次要疫区如莆田、仙游设防疫队,更在闽南防疫所下,设游动防疫组,以便随时应闽南各地之需要,而派赴疫区办理临时防疫事宜。似此则防疫系统确定,则各地之疫势情报,得有汇集之所,而指挥工作方针,亦可在一致目标下进行。至于闽北防疫所,仍应继续,务使次第推动其防疫工作,渐及附近各县。原有之龙岩防疫所,亦应扩大为闽西防疫所,如此则庶几可将广泛之疫区,由四面团团包围,使之次第缩小,能以达到推行根本防疫工作。如果人力、财力,均能逐年增加,则鼠疫自可随年减少,或许五十年来为祸损害数十万无辜生灵之鼠疫,得有绝迹于福建省之一日也。

福建全省防疫总所组织系统一览表

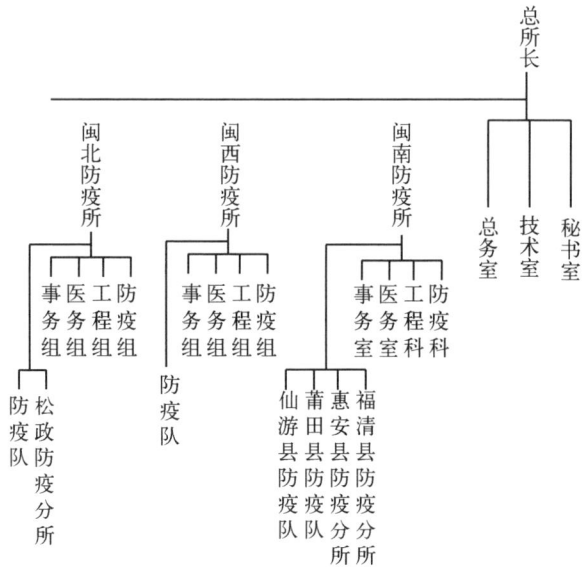

总所长

闽北防疫所　闽西防疫所　闽南防疫所　总务室　技术室　秘书室

闽北防疫所：事务组　医务组　工程组　防疫组 —— 防疫队　松政防疫分所

闽西防疫所：事务组　医务组　工程组　防疫组 —— 防疫队

闽南防疫所：事务室　医务室　工程科　防疫科 —— 仙游县防疫队　莆田县防疫队　惠安县防疫分所　福清县防疫分所

福建全省防疫总所之组织系统

　　福建全省防疫总所设于泉州，直属省政府，划本省为闽南、闽西、闽北三疫区，在各疫区之中心地点，置防疫所。闽南防疫所设泉州，负责闽侯、长乐、闽清、永泰、福清、莆田、仙游、德化、永春、惠安、安溪、晋江、南安、同安、龙溪、长泰、海澄、漳浦、云霄、诏安等二十县之鼠疫防疫事宜；并在福清、惠安各设分所，莆田、仙游各设防疫队。闽西防疫所设龙岩，负责南靖、龙岩、永定、上杭、武平、连城、长汀、漳平、华安、永安、宁化、清流、明溪等十三县。闽北防疫所设建瓯，负责南平、古田、顺昌、将乐、泰宁、建宁、邵武、建瓯、建阳、崇安、浦城、松溪、政和、屏南、沙县、尤溪等十六县份之鼠疫防疫事宜，并另在政和设松政防疫分所，专理该二县附近之鼠疫防疫。

　　自廿六年七月一日起，所有以前核定之鼠疫防疫机关及经费预算均撤消，而按新计划新预算施行之。

　　自廿六年五月一日起，闽北防疫所附属之同安、莆田二防疫队事宜，改由闽南防疫所接办，原有经费拨归闽北防疫所作为预备费。

一、福建全省防疫总所(设泉州)

第一条 福建全省防疫总所,置总所长一人,由省政府商请中央派员兼充,承省政府之命,综理本省鼠疫防疫事宜,及监督所属机关职员。

第二条 福建全省防疫总所置秘书室,掌理总所之监印、核稿,及收集编纂各防疫所之防疫报告。

第三条 福建全省防疫总所置技术室,掌理防疫计划、调查、研究,及训练宣传等事项。

第四条 福建全省防疫总所置总务室,掌理总所及各防疫所之会计庶务、编造预算报销决算,及不属他室之一切总务事宜。

第五条 福建全省防疫总所置秘书一员,荐任,承总所长之命办理秘书室所属及总所长交办之事宜。

第六条 福建全省防疫总所置专员一员,聘任,承总所长之命,办理技术室所属事宜,及视察各防疫所防疫工作。

第七条 福建全省防疫总所置总务主任一员,承总所长之命掌理总务室所属各项事宜。

第八条 福建全省防疫总所置技正四至六人,荐任待遇,技士六至十人,委任,技佐十二至二十人,内八人得为委任待遇,办理防疫上技术事宜。

第九条 福建全省防疫总所置事务员八人,委任待遇,雇员若干人。

二、闽南防疫所(设泉州)

第一条 闽南防疫所,置所长一人,由总所长兼;或由省政府,遴派专人;承总所长之命,综理全所、各分所及防疫队之事务,及监督所属职员。

第二条 闽南防疫所,置防疫科,掌理调查、统计、检验、研究、防疫、宣传,及鼠族、蚤类研究等事宜。

第三条 闽南防疫所,置工程科,掌理灭鼠、防鼠建筑、改良环境卫生,及气象气候测定事宜。

第四条 闽南防疫所,置事务室,掌理收发、文牍、会计、庶务、编造预算、报销及不属他科之总务事宜。

第五条 闽南防疫所,置医务室,掌理医疗、救济、预防、注射、检疫、隔离等事宜。

第六条　闽南防疫所置科长二人，荐任，得由中央派员，或总所技正兼充；主任二人，委任，得由总所技士，事务员兼充，承所长之命，分掌各科室之应办事宜。

第七条　闽南防疫所，置卫生稽查长一人，以总所技士兼充；卫生稽查员六至十二人，得以总所技佐兼充。

第八条　闽南防疫所，置雇员若干人，得由总所雇员兼充，分派为办事员、书记、技术生、练习生、绘图员、打字员等职。

第九条　闽南防疫所，得置防疫组若干组，各组置组长一人，以总所技士或技佐兼充。

第十条　闽南防疫所，得置工程队队长、副队长各一人，以总所技佐兼充，分队长若干人，以总所技佐或雇员兼充。队员四十至一百人，招考高小卒业或初中学生，经训练后补充之。

第十一条　闽南防疫所，得随时招考夫役若干人。

（附属机关）

甲、福清防疫分所

（1）置主任一人，由总所技正兼充，承闽南防疫所所长之命，掌理分所一切事宜。

（2）福清防疫分所，置医师、卫生稽查长、工程队队长各一员，得以总所技士或技佐兼充。

（3）福清防疫分所，置雇员二至四人，得派为办事员、书记、技术生等职。

（4）福清防疫分所，得置工程队员若干人。

（5）福清防疫分所，得随时招募夫役若干人。

乙、惠安防疫分所

（1）置主任一人，由总所技正兼充，承闽南防疫所所长之命，掌理分所一切事宜。

（2）惠安防疫分所，置医师、卫生稽查长、工程队长，得以总所技士或技佐兼充。

（3）惠安防疫分所,置雇员二至四人,得派为办事员、书记、技术生等职。

（4）惠安防疫分所,得置工程队员若干人。

（5）惠安防疫分所,得随时招募夫役若干人。

三、闽西防疫所　设龙岩(系原有龙岩防疫所改组　由二十七年一月一日起施行)

第一条　闽西防疫所,置所长一人,由总所技正兼充;承总所长之命,综理本所及附属机关之事务,及监督所属职员。

第二条　闽西防疫所,置防疫组,掌理调查、统计、检验、研究、防疫、宣传,及鼠族、蚤类研究等事宜。

第三条　闽西防疫所,置工程组,掌理灭鼠、防鼠建筑、改良环境卫生,及气象气候测定等事宜。

第四条　闽西防疫所置事务组,掌理文牍、会计、庶务、编造预算、报销及不属他组之总务事宜。

第五条　闽西防疫所置医务组,掌理医疗、救济、预防、注射、检疫、隔离等事宜。

第六条　闽西防疫所,置主任四人,得以总所技士、技佐、事务员,或雇员兼充,承所长之命,分掌各组之应办事宜。

第七条　闽西防疫所,置卫生稽查长一人,得以总所技佐兼充;卫生稽查员一至二人,技术员一至二人,得以总所技佐兼充。

第八条　闽西防疫所,得置雇员若干人,分派为办事员、书记、技术生等职。

第九条　闽西防疫所,得置防疫队,分派所属县份,办理防疫事宜。

第十条　闽西防疫所,得置工程队员若干人。

第十一条　闽西防疫所,得随时招募夫役若干人。

四、闽北防疫所　设建瓯(由二十六年七月一日起施行)

第一条　闽北防疫所,置所长一人,由总所技正兼充,承总所长之命,综理本所及附属机关之一切事宜,及监督所属职员。

第二条　闽北防疫所,置防疫组,掌理调查、统计、检验、研究、防疫、宣传,及鼠族、蚤类研究等事宜。

第三条　闽北防疫所,置工程组,掌理灭鼠、防鼠建筑、改良环境卫生,及气象、气候测定等事宜。

第四条　闽北防疫所,置事务组,掌理文牍、会计、庶务、编造预算、报销,及不属他组之总务事宜。

第五条　闽北防疫所,置医务组,掌理医疗、救济、预防、注射、检疫、隔离等事宜。

第六条　闽北防疫所置主任四人,得由总所技士、技佐、事务员,或雇员兼充,承所长之命,分掌各组之应办事宜。

第七条　闽北防疫所,置卫生稽查长一人,得以总所技佐兼充;卫生稽查员一至二人,技术员一至二人,得以总所技佐或雇员兼充。

第八条　闽北防疫所,得置雇员若干人,分派为办事员、书记、技术生等职。

第九条　闽北防疫所,得置防疫队,分派所属县份办理防疫事宜。

第十条　闽北防疫所,得置工程队员若干人。

第十一条　闽北防疫所,得随时招募夫役若干人。

(附属机关)

甲、松政防疫分所(设政和)

(1)置主任一人,得由总所技佐兼充,承闽北防疫所所长之命,办理分所一切事宜。

(2)松政防疫分所,得置医师、卫生稽查员各一员,得由总所技佐兼充。

(3)松政防疫分所,得置雇员二人。

(4)松政防疫分所,得置工程队员若干人。

(5)松政防疫分所,得随时雇用夫役若干人。

福建全省防疫总所二十五年度防疫临时费概算书

支出临时门

科目	廿四年度 审定数	廿五年度拟编数		备考
第一款 福建全省 防疫总所开办费		31,800	00	

续表

科目	廿四年度审定数	廿五年度拟编数		备考
第一项 修缮费		3,500	00	
第一目 修理房舍		3,500	00	修理晋江总所,福清、惠安两分所,及莆仙二防疫队房舍,约如上数。
第二项 购置费		11,300	00	
第一目 普通器具		1,500	00	晋江总所,闽南、闽西防疫所,福清、惠安分所,及莆仙防疫队购置家具费,约如上数。
第二目 技术器具		3,000	00	幻灯机、写真机、打字机、胶皮靴、手电灯、防疫衣具、幻灯片及一切器具、器皿、杂件,共约如上数。
第三目 机械		6,000	00	打气筒、打鼠机、测温测湿机、显微镜,检验器械,治疗器械等,共约如上数。
第四目 汽车		800	00	为各地防疫工作运输人员及药械用。
第三项 特别费		17,000	00	
第一目 印刷		1,200	00	宣传标语、卫生小册、防疫表格,共约如上数。
第二目 药品		8,000	00	灭鼠药、消毒药、治疗药,共约如上数。
第三目 旅运费		4,800	00	由京及闽北防疫所,调用人员40余人,旅费及□运,药品器械用费,约如上数。
第四目 其他		3,000	00	临时雇工,及一切零星杂费,约如上数。

福建全省防疫总所二十五年度五、六两月份经常费概算书

支出经常门

科目	廿五年度五六两月份拟编数		备考
第一款 福建全省防疫总所经费			

科 目	廿五年度五六两月份拟编数		备考
第一项 俸给费	13,880	00	
第一目 俸给	3,320	00	总所长一员,由中央派员兼充,不支薪;秘书一名,月支180元;专员由中央派员兼充,不支薪;技正二人,月各支160元;技士四人,内二人,月各支100元,二人月各支60元;技佐11人,内二人月各支60元,一人月支50元,六人月各支45元,二人月各支30元;总务主任一人,月支160元;事务员一人,月支60元;雇员四人,月支30元。
第二目 工饷	3,310	00	工程队员70人,内六人月各支18元,22人月各支16元,42人月各支15元;勤务二人,月各支13元;司机一人,月支35元;夫役50人,月各支10元。
第二项 办公费	1,790	00	
第一目 文具	120	00	每月约60元,共约如上数。
第二目 邮电	150	00	每月约75元,共约如上数。
第三目 印刷	120	00	每月约60元,共约如上数。
第四目 消耗	300	00	每月约150元,共约如上数。
第五目 旅运费	800	00	每月约400元,共约如上数。
第六目 房租	300	00	每月约150元,共约如上数。
第七目 杂支	300	00	每月约150元,共约如上数。
第三项 购置费	2,660	00	
第一目 器具	500	00	每月约250元,共约如上数。
第二目 器械	200	00	每月约100元,共约如上数。
第三目 服装	760	00	队员工作衣、制服150套,600元;卫生稽查制服10套,160元。
第四目 药品材料	1,200	00	每月600元,共约如上数。
第四项 特别费	2,800	00	
第一目 检验消毒费	1,200	00	每月600元,共约如上数。

科目	廿五年度五六两月份拟编数		备考
第二目 特别办公费	1,000	00	每月500元,总所长及聘任专员,不支薪,支特别费共约如上数。
第三目 其他	600	00	每月约300元,共约如上数。

福建全省防疫总所二十六年度防疫临时费概算书

支出临时门

科目	廿五年度审定数		廿六年度拟编数		备考
第一款 防疫临时费			10,000	00	
第一项 疫苗费			10,000	00	
第一目 鼠疫苗					鼠疫苗一万五千瓶,共如上数。
第二目 其他疫苗			11,300	00	各项疫苗2,000瓶,如上数。

福建全省防疫总所二十六年度经常费概算书

支出经常门

科目	廿六年度拟编数		备考
第一款 防疫总所经费	109,052	00	
第一项 俸给费	77,352	00	
第一目 俸给	43,764	00	总所长一员,由中央派员兼充,不支薪;闽南防疫所长一员,月支400元;闽西闽北防疫所所长各一员,各支技正薪160元;秘书一员,月支180元;专员一员,由中央派员兼充,不支薪;技正二员,月各支160元,分兼防疫分所主任。总务主任一员,月支160元;防疫队主任四员,内一员名誉职,不支薪,三员以技士兼充,月各支120元;技士四员,内一员月支100元,三员月支60元;技佐委任待遇者八员,内二员,月各支55元,四员月各支50元,二员月各支45元;八员雇员技佐,内六员月各支42元,二员月各支40元;事务员七名,内一名月支100元,二名月各支80元,三名月各支60元,一名月支50元;雇员12名,内四名月各支40元,三名月各支35元,三名月各支30元,二名月各支25元。

科目	廿六年度拟编数		备考
第二目 工饷	33,588	00	工程队员100人,内20人月各支18元,20人月各支17元,20人月各支16元,40人月各支15元;夫役100人,每人月各支10元;勤务12人,月各支12元;司机一名,月支35元。
第二项 办公费	13,440	00	
第一目 文具	720	00	每月约60元,共约如上数。
第二目 邮电	960	00	每月约80元,共约如上数。
第三目 消耗	2,400	00	每月约200元,共约如上数。
第四目 印刷及广告	960	00	每月约80元,共约如上数。
第五目 旅运费	4,800	00	每月约400元,共约如上数。
第六目 房租及修缮	1,800	00	每月约150元,共约如上数。
第七目 杂支	1,800	00	每月约150元,共约如上数。
第三项 购置费	8,760	00	
第一目 器具	960	00	每月约60元,共约如上数。
第二目 器械	1,800	00	每月约150元,共约如上数。
第三目 药品及材料	6,000	00	每月约500元,共约如上数。
第四项 特别费	9,500	00	
第一目 检验及研究材料费	2,400	00	每月200元,共约如上数。
第二目 特别办公费	6,500	00	总所长及聘任专员,不支薪,月支特别办公费450元;闽南、闽西、闽北防疫所所长,为聘请当地公私人员协助职务,得支特别办公费每月共约100元,以为该项人员报酬,共约如上数。
第三目 其他	600	00	每月约50元,共约如上数。
第五项 预备费			
第一目 预备费			

附:

福建全省防疫总所自二十六年五月一日起至二十七年六月三十日止拟编防疫临时经费概算总表

一、廿五年度临时费概算总额	31,800.00 元
二、廿五年度五六两月份经常费概算(原有闽北及龙岩防疫费之该两月份未包括在内)	13,800.00 元
	合计 45,680.00 元
三、廿六年度临时费概算总额	10,000.00 元
四、廿六年度全年经常费概算总额	109,052.00 元
	合计 119,052.00 元
	总计 164,732.00 元

民国廿六年六月一日

(《闽政月刊民财建辑》,1937 年第 1 卷第 4 期,第 37—48 页)

关于福建省鼠疫蔓延及防治情形并防疫经费事宜的报道

(1937 年)

南京卫生署请托美大使詹森,向美国订购杀毒药氰酸钙,备防止闽省鼠疫蔓延之用,约一月可到华,中央卫生试验所长杨永年,拟月底前率领技术人员赴闽,指导防疫。

南京卫生署接报,闽省鼠疫蔓延,地点已达八县,疫势迄未减轻,决定派技术员前往协助指导扑灭,俟人选决定即出发。防疫经费预算需五万元,除已呈准政院由国库支拨三万元外,余二万元已电闽省府自行筹措。

福州闽南各县鼠疫甚炽,省府极重视,已令民厅卫生科派员出发防治,十二日又据海澄县报告,发现死鼠甚多,当由卫生科派技佐率领医师及大批药品前往扑除。

(《光华医药杂志》,1937 年第 4 卷第 7 期,第 45 页)

内政部关于福建省政府检送 1936 年度 5—6 月防治
鼠疫筹备费案致行政院院长呈

（1939 年 4 月 27 日）

案据卫生署二十八年四月十九呈称："案查关于闽省二十五年度防治鼠疫临时费概算书前准福建省政府编送到署，当经呈奉行政院二十六年十二月十三日渝字第 348 号指令内开：'呈件均悉，此次转加盖算，应照本院第 308 次会议决议，补助三万元数目编列，其军事委员会补助之二万元，本院无案可稽，应饬另案办理。仰即转行遵照重编后核，原概算书发还，此令。'等因，遵即转请改编去后，兹准福建省政府成亥府卫丙永第 97072 号函，转据闽省防疫总所改编二十五年度五、六月份筹备概算书，送请核发前来，除函复外，理合检同原件具文呈请鉴核存转。"等情。据此，查该预算列数核尚相符，惟二十五年度追加概算早经逾期。兹据改变呈复补备法案究应如何补救之处，理合检同原书呈请鉴赐核办，实为公便。谨呈

行政院

计呈送改编预算书六份。

福建全省防疫总所二十五年度五、六两月份筹备预算书

科目	预算数	备考
第一款 福建全省防疫总所筹备费	30,000.00	查本所廿六年五月一日开始筹备，七月一日成立，五、六两月筹备，期间薪、公各费共支五万元，内由军事委员会补助二万元已经另编预算分呈备查。兹按行政院原拨三万元就本总所暨各分所队妥为分配。至军事委员会补助之二万元分配细数，并于备考栏内分别注明，合并陈明。
第一项 俸给费	5,114.00	
第一目 俸薪	3,094.00	
第一节 简任官俸		总所长一员由中央简派兼任，不另支薪。
第二节 荐任官俸	1,000.00	专员一员由中央遴派兼任，不另支薪；秘书一员，月支 180 元；技正二员，月各支 160 元，五、六两月共如上数。六月份增设技正一员，支俸 160 元，由军事委员会补助二万元额内开支合并附注。

续表

科目	预算数	备考
第三节 委任官俸	1,170.00	技正四员,月支 100 元者一员,月支 80 元者二员,月支 60 元者一员;技佐四员,月支 55 元者一员,月支 50 元者三员;事务员一员,月支 60 元。五、六月共如上数。六月份增设技士一员,支薪 60 元;增设事务二员,支俸 80 元者一员,支俸 50 元者一员,共 190 元,由军事委员会补助二万元额内开支合并附注。
第四节 雇员俸	934.00	雇用技佐人员,月支 42 元者六员,月支 30 元者二员;雇员五员,月支 40 元者一员,月支 30 元者三员,月支 20 员者一员,五六月共如上数。六月份增设雇用技佐一员,支俸 40 元;增设雇员六员,支薪 40 元者三员,支薪 30 元者一员,支薪 25 元者一员,支薪 20 元者一员,共 635 元,由军事委员会补助费二万元额内开支合并附注。
第二目 饷项工资	2,020.00	
第一节 细项	1,960.00	工程队员 53 名,月支 18 元者五名,月支 17 元者 16 名,月支 15 元者十名,月支 14 元者 22 名;工程队夫 16 名,月各支 10 元。五六月共如上数。六月份增设工程队员 26 名,支薪员六员,支薪 40 元者三员,支薪 30 元者一员,支薪 25 元者一员,支薪 20 元者一员,共 635 元,由军事委员会补助费二万元额内开支合并附注。
第二节 工资	60.00	
第二项 办公费	7,736.00	
第一目 文具	443.00	
第一节 纸张	200.00	各项纸张月约 140 元,五、六月共 280 元,内除 80 元由军事委员会补助费二万元额内开支合并附注。
第二节 笔墨	100.00	
第三节 簿籍	80.00	
第四节 杂品	62.00	
第二目 邮电	120.00	
第一节 邮费	40.00	
第二节 电费	80.00	
第三目 消耗	240.00	

科目	预算数	备考
第一节 灯火	20.00	
第二节 茶水	40.00	
第三节 薪炭	40.00	
第四节 油脂	140.00	
第四目 印刷	800.00	
第一节 刊物	400.00	
第二节 杂件	400.00	
第五目 修缮	2,050.00	
第一节 房屋	2,000.00	
第二节 器械	50.00	
第六目 旅运费	3,940.00	
第一节 旅费	2,500.00	
第二节 车费	40.00	
第三节 运费	400.00	
第七目 杂支	1,134.00	
第一节 广告	900.00	
第二节 报纸	30.00	
第三节 杂费	214.00	
第三项 购置费	6,560.00	
第一目 器具	3,960.00	
第一节 家具	1,000.00	
第二节 器皿	200.00	
第三节 机件	2,000.00	
第四节 车辆	700.00	
第五节 杂件	60.00	

续表

科目	预算数	备考
第二目 器械	1,700.00	
第一节 捕鼠器械	700.00	
第二节 实验器械	1,000.00	
第三目 服装	700.00	
第一节 服装	700.00	
第四目 图书	200.00	
第一节 图书	200.00	
第四项 特别费	10,600.00	
第一目 特别办公费	600.00	
第一节 总所长特别办公费	400.00	
第二节 专员特别办公费	200.00	
第二目 药品疫苗	10,000.00	
第一节 疫苗	7,000.00	
第二节 药品	3,000.00	

总所长杨永年、会计潘泰馥

中华民国二十七年九月

(台北"国史馆"014-011105-0043)

内政部部长周钟岳、财政部部长孔祥熙关于福建省疟疾、鼠疫蔓延情形及请拨款救济案致行政院呈

(1940年1月8日)

案奉钧院交下军事委员会渝办四佳代电,据福建省政府电陈该省疟疾鼠疫蔓延情形,请饬主管各部妥筹救济一案。奉院长谕:"交内政财政两部从速核议具复"等因;奉此,查闽省疟疾以地理气候关系本为疟区,该省鼠疫年来亦时时流行。自陈主席莅闽以后对于卫生事业特别重视,于省政府成

立卫生处,掌理全省卫生事项,经数载苦心擘划进行,各县均已成立卫生院或卫生所,另行成立省卫生试验所、防疫总所及防疟队等。卫生设施规模已备,机构亦全。奈以闽省财力有限,近受战事影响,经费更形困难,各卫生机关人员及设备均欠充实,工作效率亦因此而不能发挥。是该省卫生设施机构已备,所缺仅经费以及技术上之问题。查两年行政计划卫生部份:(一)第四项第三条由中央尽量予各省以人才、经济、医药器材之协助,以利统筹公医制度之实施。(二)第九项防治地方特殊病症,第三条继续防治福建鼠疫,均已有明确之规定,兹既经闽省电请救济,中央自应酌核实际需要予以协助。本内政部已饬据卫生署就闽省现有之设施,及防治疟疾鼠疫之需要,拟订"福建省防治疟疾及鼠疫工作二年计划"及中央拨助福建省卫生事业补助费第一、二年概算各一份,其要点:(一)该省防治鼠疫之防疫所早经设立,惟以经费关系工作范围缩小,拟每年补助九万元,并同时拟请将该省防疫处取消,其经费合并成立闽南、闽北、闽西三防疫所,由该省卫生处直接指挥,积极推行灭鼠消毒及预防注射等工作以资划一,而易收辅车相依之效。(二)该省各县已成立卫生院者六十二县,特种区卫生所六所,卫生网支机构已成,仅以医药器材缺乏,未能普遍医疗,拟每年补助医药器材费八万元,由该省卫生处视各地情形分配补助之。现在材料昂贵,此款如悉数购买奎宁丸,为数亦属有限。本内政部当饬卫生署如各方有捐赠之奎宁丸,能尽量予以分配协助。(三)关于疟蚊鼠族跳蚤等生物学研究,闽省原有卫生试验所可担任此责,拟每年补助二万元。(四)该省省款有限,欲聘任多数高级技术人员事实上仍感困难,拟补助技术人员薪给费每年三万元。以上四项核实总计每年需国币二十二万元,两年计四十四万元,惟际兹抗战时期,中央财政亦感支绌,拟照原订补助金额,由中央拨助半数,除着由地方自筹是否可行,理合缮具工作计划,编造概算暨分担金额表各一份,备文会同呈复,仰祈鉴核示遵。谨呈

行政院

附呈工作计划、概算分担金额表各一份。

内政部部长周钟岳

财政部部长孔祥熙

福建省防治疟疾及鼠疫二年计划

查福建省向为疟区,据内政部卫生署统计以闽南一带流行最剧,约占全人口数 20.35%;闽北则占 10.25%,平均约占 20% 左右。闽省人口有一千二百万,则患疟者为二百四十万人,其对于人民体力减耗影响国民经济尤甚。除一面设法提高民众知识水平及灌输卫生常识外,更应积极改善环境卫生及实施医疗救济。而疗治疟疾之奎宁丸消耗最大,决非一省财力所能办到,况值此抗战时期,应尽先运用省有之各级地方卫生机构,而协助多量药品材料,俾得扩大治疗范围,当可获相当成效。又查闽省鼠疫近六年来颇为流行,蔓延颇广,达二十四县之多,以闽南及闽北一带之惠安、蒲田、福清、仙游、龙潭、漳平、晋江、永春、龙溪、建瓯、南平、古田、松溪、政和等十余县为最剧,每年死亡数千人。虽迭经由行政院及军事委员会拨款救济,并由卫生署派杨技正永年等技术人员前往协助,及拨发大量疫苗药品以防治鼠疫,均见成效。惟以闽省财力有限,全省卫生机构虽略齐备,而内容尚欠充实,应请中央拨助经费,藉兹补助俾获扩充工作。早期扑灭不特民众直接受惠,对于抗战建国前途,殊有重大影响也,爰拟防治福建省疟疾及鼠疫工作二年计划如次:

(一)鼠疫预防注射及灭鼠灭蚤工作

施行普遍预防注射,以加强民众免疫性为最切要。对于鼠族及传病之跳蚤应予以根本扑灭,如改良房屋建筑、房屋鼠穴之消毒蒸熏工作,均为根本防治鼠疫之工作。

此项由防疫所及各县卫生院担任,并拟请中央补助三个防疫所药品器械费(闽北、闽南、闽西各一所)每所每年三万元,共计九万元,为鼠疫疫苗及灭鼠灭蚤消毒等工作费用,两年计共需十八万元。

(二)防疟工作

防疟工作除宣传、研究、训练等工作外,关于实施治疗及预防,应由各县卫生院所办理之。所需奎宁丸及治疗特种药品、扑灭疟蚊药品等,拟由中央每年补助八万元,视各县流行情形分别酌拨,两年计共需十六万元。

(三)研究工作

各地区流行病之起因以及如传播疟疾之蚊类、传染鼠疫之鼠类跳蚤等,均有研究之必要,须有专门技术人员从事实地研究。

此项工作由该省卫生试验所担任,并拟请中央每年补助该所二万元,以作研究设备、药品购置等用,两年计四万元。

(四)训练工作及技术协助

拟首先训练初级防疫补助人员(如学生、壮丁、保甲长等),由各地县卫生院、防疫所、巡回医疗队办理之。

对于全省防治疟疾及鼠疫技术方面,必须任用专门技术人员至少以十人计,平均每人月支二百五十元,合计每年三万元,两年需六万元。

(五)宣传工作

民众对于疫病常识之有无关系于防疫进行至巨,亟宜充分宣传教育民众,利用演讲、幻灯、标语、图画、小册等,此为防疫之首要初步工作。

本项由省卫生处主持,并令各县卫生院联合当地党、政、军、学、民机关团体联合办理之。

以上各项补助,每年共计二十二万元,两年共计四十四万元。

中央拨助福建省卫生事业补助费第一年概算书

项目	全年概算	备考
第一款 福建省卫生事业补助费	220,000 元	专供补助医药器材研究人员等用。
第一项 防疫所补助材料费	90,000 元	防疫三所每所每年补助材料费三万元令知。
第一目 闽南防疫所补助材料费	30,000 元	
第二目 闽北防疫所补助材料费	30,000 元	
第三目 闽西防疫所补助材料费	30,000 元	
第二项 医药器材补助费	80,000 元	专供鼠疫疟疾所需之各县卫生院设置医药器械之用。
第一目 医药器材补助费	80,000 元	
第三项 省卫生试验所研究补助费	20,000 元	专供鼠族、疟疾、跳蚤等之生物学研究。

项目	全年概算	备考
第一目 省卫生试验所研究补助费	20,000 元	
第四项 专门技术人员补助费	30,000 元	计十人每人平均年支三千元合如上数。
第一目 专门技术人员补助费	30,000 元	

中央拨助福建省卫生事业补助费第二年概算书

项目	全年概算	备考
第一款 福建省卫生事业补助费	220,000 元	专供补助医药器材研究人员等用。
第一项 防疫所补助材料费	90,000 元	防疫三所每所每年补助材料费三万元令知。
第一目 闽南防疫所补助材料费	30,000 元	
第二目 闽北防疫所补助材料费	30,000 元	
第三目 闽西防疫所补助材料费	30,000 元	
第二项 医药器材补助费	80,000 元	专供鼠疫疟疾所需之各县卫生院设置医药器械之用。
第一目 医药器材补助费	80,000 元	
第三项 省卫生试验所研究补助费	20,000 元	专供鼠族、疟疾、跳蚤等之生物学研究。
第一目 省卫生试验所研究补助费	20,000 元	
第四项 专门技术人员补助费	30,000 元	计十人每人平均年支三千元合如上数。
第一目 专门技术人员补助费	30,000 元	

中央拨助福建省卫生事业补助费分担金额表

年度	项目	全年概算数	中央补助数	地方自筹数
第一年	防疫所补助材料费	90,000 元	45,000	45,000
	医药器材补助费	80,000 元	40,000	40,000
	省卫生试验所研究补助费	20,000 元	10,000	10,000
	专门技术人员补助费	30,000 元	15,000	15,000
	共计	220,000 元	110,000	110,000

续表

年度	项目	全年概算数	中央补助数	地方自筹数
第二年	防疫所补助材料费	90,000 元	45,000	45,000
	医药器材补助费	80,000 元	40,000	40,000
	省卫生试验所研究补助费	20,000 元	10,000	10,000
	专门技术人员补助费	30,000 元	15,000	15,000
	共计	220,000 元	110,000	110,000
总计		440,000 元	220,000	220,000

（台北"国史馆"014－011105－0043）

福建省 1942 年度防疫苗案并卫生事业计划及概算
岁出经常门临时部分

（1941 年 11 月 23 日）

右案奉院长谕："交卫生署、财政部会同核复。"相应通知卫生署、财政部。

岁出经常门临时部份

科目	名称	本年度概算数
第一款	防疫经费	1,000,000.00
第一项	鼠疫研究调查费	50,000.00
第一目	设备费	20,000.00
第一类	研究用器材	20,000.00
第二目	研究调查用费	30,000.00
第一类	研究调查用费	30,000.00
第二项	添购防疫器材	70,000.00
第一目	添购防疫器材	70,000.00
第一类	添购防疫器材	70,000.00
第三项	购储防疫药品	100,000.00
第一目	购储防疫药品	100,000.00
第一类	购储防疫药品	100,000.00
第四项	实地防疫工作费	40,000.00
第一目	补助地方防疫工作费	40,000.00

续表

科目	名称	本年度概算数
第一类	补助地方防疫工作费	40,000.00
第五项	防疫人员旅费	50,000.00
第一目	防疫人员旅费	50,000.00
第一类	防疫人员旅费	50,000.00
第六项	添建省立传染医院	250,000.00
第一目	建筑费	100,000.00
第一类	病房建筑费	100,000.00
第二目	其他设备	90,000.00
第一类	其他设备	90,000.00
第三目	经常费	60,000.00
第一类	经常费	60,000.00
第七项	改进环境卫生	120,000.00
第一目	改进环境卫生	120,000.00
第一类	改进环境卫生	120,000.00
第八项	扩充地方消毒设备费	35,000.00
第一目	设备费	35,000.00
第一类	设备费	35,000.00
第九项	继续办理防疫大队	85,000.00
第一目	防疫大队经费	85,000.00
第一类	防疫大队经费	85,000.00
第十项	抗疟经费	200,000.00
第一目	抗疟经费	200,000.00
第一类	抗疟经费	200,000.00

（台北"国史馆" 014 - 011105 - 0043）

福建省政府主席刘建绪关于该省疫情及防疫经费事宜致行政院电

（1942 年 10 月）

查本省以地方特殊传染病为患已深且流行区域几遍全省,过去以限于人力财力未能尽数扑灭,永绝根株,其影响战时地方秩序,耗损国家元气者至巨。兹为广事防治计曾经遵照中央颁定廿九、三十两年防治本省疟疾及鼠疫计划,并参酌实际需要,于本年五月皓已电请钧院准予继续补助本省三十一年防治经费,年计一百万元。旋奉钧院马训二井电饬以三十一年度各省收支已决定改由中央统筹办理,该省所请继续补助防治疟疾及鼠疫经费一节,仰即编入三十一年度行政计划及概算并候核定等因。奉此,自应遵办。此外,本省卫生事业在三十一年度尚有扩充之必要者,如扩展制药厂机构,卫生材料厂购备大批药械,增拨省立医院建筑费,省立永安医院增建 X 光室、外科手术室及普通病房,筹设省立龙岩医院等五项经费概算,计一百零三万五千元,均分别拟具计划及概算书,随文呈请钧长察鉴,准予核定编入本省三十一年度经费概算,以资肆应而利进行。当否敬候示遵。谨呈

行政院院长蒋

计附呈本省三十一年度防疫事业计划并卫生事业计划及概算书各三份。

福建省政府主席刘建绪

福建省政府三十一年度卫生事业扩充计划

第一部份 普通政务计划

计划概要

壹、卫生事业扩充

一、增加卫生处制药厂资金

(一)过去概要

本省于民政厅卫生科内设置制药室,目的为急用本省原料、提倡制药事业,而供医疗上之使用。同时本省各卫生机关逐渐成立,需用药械至巨,故并备置药品材料以供给之。二十七年改称为福建全省卫生处制药室,二十八年改室为厂。因业务日趋发展,资金逐年增加,迄三十年度资金总额为十六万四千元。现有出品,都一百三十余种,以化学制品为主要,制剂次之,附属制造品又次之。廿九年度全年营业总额为四十三万五千五百余元,历年均有盈余。至于机构方面,现分制造、设计、营业、总务及库房五部,全体员工计一百余人。惟本省卫生事业逐年进步,需用药品亦日渐增多,尚有供不应求之势。

（二）计划要点

本年度为适应需要、增加产量起见,拟增拨该厂资金二十万元,连同原有资金为三十六万四千元。其增拨资金,拟一部添购下列机器:小型蒸气锅炉(能供三十万匹力发动机用)、二十匹马力蒸气发动机一具、蒸气抽水机一具、木炭瓦斯发生炉一具、材料汽车一辆。一部为流通资金,专作购买原料周转之用。至该厂卅一年度预定工作如下:(1)安瓿部—应制成小型安瓿注射液(100、400)三十七万五千支、中型安瓿注射液(500、1000、3000)三万支、大型安瓿注射液(30000、50000)二千支。(2)丸锭部—应制成丸或锭一千二百万粒。(3)酊膏部—应制成酊或膏四万五千瓶(每瓶五百公分)。(4)化学制造部—分为三组。(a)研究组,研究范围:研究备制维生素、樟脑水溶液、绊创膏防己素、再生橡皮、木材□□、苦什制品、生物制品、其他。(b)检验组,工作范围如下:化学鉴定、生物实验、细菌验查。(c)化工组,工作范围如下:精制食盐、升华硫磺、精制樟脑□□、除虫菊制品、硫肝土碱、精制松香、草酸蛋白、咖啡因。(5)织造部—应制棉花五千公斤、脱脂纱布五千公斤、绷带布(一百市尺)一千疋。再该厂除自制外,另购储相当之药品、材料转售本省各县区及邻近外省之用。

二、购储药品材料

（一）过去概况

本省地近热带,民众患病者甚多。现在全省现区卫生机关已有一百六十余处。廿九年间向福建省银行息借四十万元,购储药品材料交新生处材料厂保管分配,以免中断。同时复购进补充,使原有数量得以保持。

（二）计划要点

三十一年度起,省财政计划归中央,前项购储药品材料款拟由国库负担,将来药品材料全部售清后,此四十万即可如数解缴国库。

（三）计划进度及概算对照表(附后)

三、添建省立医院病房及教室宿舍

（一）过去概况

省立医院院址设在南平,地当本省水路交通要道。每日门诊病人在数百以上,住院病人亦多,原有病房已不敷容纳。又该院附设护士学校,三十一年度须添招新生;教室宿舍,均须增建,方敷应用。

(二)计划要点

拟添建普通病房一座、教室二间、宿舍一座,共须建筑费七万元。

(三)计划进度及概算对照表(附后)

四、补充省立永安医院设备

(一)过去概况

省立永安医院院址,原属民房,规模不大,外科手术室因陋就简,不堪甚适用,原有 X 光室被敌机炸毁。现因永安人口激增,该院门诊病人平均日在数百左右,住院病人亦随之而增,原有病房不敷容纳。至 X 光室、外科手术室及普通病房,均有添建必要。

(二)计划要点

拟建筑 X 光室、外科手术室一间,普通病房一座,使病人能得到更合理的治疗,其建筑费以四万五千元为限。再该院原有病房设备,如被褥、蚊帐、病人衣服等,因使用时间已久,大部破坏不堪应用,连同新建病房设备,最低限度需二万元。

(三)计划进度及概算对照表(附后)

五、筹设省立龙岩医院

(一)过去概况

本省沿海至内地干路,计有三条,一为福州至南平;二为晋江至永安;三为龙溪至龙岩。本省卫生计划亦拟在南平、永安、龙岩三地各设省立医院一所,以便接济前方及附近卫生院之不足。现在南平、永安省立医院业已先后成立,而龙岩尚付缺如,自应筹设,以利民众。

(二)计划要点

筹设六十床位之龙岩省立医院开办费部份,院址建筑约二十万元,器械药品约十万元,其他设备以八万元为限。该院组织及其经费费用均参照其他省立医院办理。

(三)计划进度及概算对照表(附后)

卫生事业扩充计划进度及概算对照表

计划部份			概算部份				
计划类别	计划项目	分期进度	国库负担	其他	每期支付合计	每项支出合计	每类支出合计
卫生事业扩充	增加医药厂资本	一月份起开始添购□□	200,000 元				
	购储药品材料	依消耗数量随时购建补充使原有数量得以保存	40,000 元				
	添建省立医院病房及教室宿舍	三十一年度四月底全部建筑完成	70,000 元				
	补充省立永安医院设备	建筑及设备均限三十一年度四月底全部完成	45,000 元				
	筹设省立龙岩医院	建筑部份三十一年度五月底以前完成 购置设备六月底完成 七月起开所诊	374,450 元				

福建省政府三十一年度防疫事业计划

第一部份 普通政务计划

计划概要

壹、防疫

一、继续研究和调查

（一）过去概况

本省防治鼠疫,除消极方面遇疫堵防外,积极方面,早期关于鼠疫流行之历史之调查、鼠族蚤类之研究亦靡不悉心探讨,以为设计防治之张本。惟以人力财力不足,尚不能全部完成。

（二）计划要点

预定设立固定研究室一所、巡回鼠疫研究组一组,办理下列事项:(1) 继续研究鼠疫流行分布及鼠蚤类种。(2) 实地推行审编研究猫对鼠疫之消长关系。(3) 营养学之研究改善,以便观测人类对传染病之感染力及抵抗力有无变化。拟以三万元添置研究器材,实地研究调查所需奉给、旅杂费用约三万元。

（三）配合计算表

预定数字			配合数字				
必备条例	质	量	已有数字		可得数字		决定数量
			数字	供给机关	数字	供给机关	
人员	技正	2 人			2	添聘	2 人
	技士	3 人	1	本省卫生机关调查	2	新委	3 人
	技术员	4 人	2	本省卫生机关调查	2	新委	4 人
	技工	6 人	无		6	招考训练	6 人
经费	国币	50,000 元				国库拨给	50,000 元
物	显微镜	二具	无			采购	
料	其他物料	择要采购	无			采购	

（四）计划进度及概算对照表(附后)

二、添购防疫器材

（一）过去概况

本省防疫器材,如捕鼠笼夹、各项消毒器及防疫应用各项重要器材等,年来因财力及海口封锁关系,未能大量添购,原有者多已损坏,亟待补充。

（二）计划要点

拟一次设法向外采购大量必须器材,如事实可能,多采购原料或就本省取材设法自制,如捕鼠笼夹及各种检疫消毒用器,以上七万元为补充限度。

（三）计划进度及概算对照表(附后)

三、购储防疫药品

（一）过去概况

本省每年鼠疫流行,均极猖獗。疟疾亦每年不断流行,此项防疫抗疟药品,过去虽一部得中央补助,一部由本省购置,因消耗至巨,时感不充。防治效力,自受相当影响。

（二）计划要点

为防治兼施起见,举凡防治所用药品,如检验消毒、抗疟灭蚊药品、各种预防用痘苗、疫苗及治疗用品等,均酌予购储,拟以十万元为限。

（三）计划进度及概算对照表(附后)

四、实地防疫工作费

（一）过去概况

本省各县卫生机关对于防疫设备尚未达建全地步,每遇疫疠流行,稍形严重时需省方派专人前往防治,故防治鼠疫尚不能完全由地方卫生机关担任。三十年度南平、永安发生鼠疫,均由省库临时拨款防治,计费三万余元。

（二）计划要点

拟以四万元分配三个重要鼠疫流行区域实地防疫工作之用,着重于检疫、预防接种消毒及病人方面工作。

（三）计划进度及概算对照表(附后)

五、防疫人员旅费

（一）过去概况

每当各地疫疠流行,均由省卫生处或省防疫机关调派人员随带药械前往防治,所需旅费至巨。三十年截至九月间止,业经花用三万元左右。

（二）计划要点

调派防疫人员之旅运费,如数目较巨,而非本机关耗费内旅费项下所能容纳时,由此项防疫旅费内支。为使防疫工作不因旅费而生阻碍,旋参照三十年度支应情形,酌列五万元。

（三）计划进度及概算对照表(附后)

六、设立省立传染病院

（一）过去概况

本省于三十年一月接收卫生署医疗防疫总队第九防疫队为卫生处防疫医院,以经费关系,规模不大。永安于六月间鼠疫流行时,设立一临时隔离医院,后随疫止而结束。

（二）计划要点

永安为省政府所在地,人口激增。三十年度既有鼠疫流行,三十一年难免再发,倘无隔离病院设备,一旦疫发,疗检殊感棘手,拟设立一传染隔离病院,设病床五十架,置较好之消毒设备。平时收容一般传染病人,鼠疫流行时,可作为隔离及收容病人之用。建筑设备之经常费,拟以二十五万元为限。

（三）计划进度及概算对照表(附后)

七、改进环境卫生

（一）过去概况

改进环境卫生,其目的为预防鼠疫疟疾及其他□□专款,不能作有系统之推定,虽曾择要饬县办□□难,无法彻底推进。

（二）计划要点

改善环境卫生,需费浩大,本年度拟先由永安、南平办理,如灭鼠工程、疏浚沟渠、填塞池塘、饮水消毒、改良水井等项,以供各地观摩,逐渐推及全省,预计需费十二万元。

（三）计划进度及概算对照表(附后)

八、扩充地方消毒设备费

（一）过去概况

三十年度曾由中央补助本省设立灭虱治疗站七所,但设站各地人口众多,不足以应需要,且嫌设备简陋,难供防疫消毒之利用。

（二）计划要点

本年度拟充实原有七所之设备,使能利用为鼠疫流行时消毒之用,每所扩充费以五千元为标准,共备三万五千元。

（三）计划进度及概算对照表(附后)

九、继续办理防疫大队

（一）过去概况

本省于二十九年七月设立防疫所七所,办理全省防疫事宜。三十年度八月份起,应事实之需要,调整机构,将第四、五、六、七防疫所裁撤,另成立一防疫大队,下设三队,每队设医务、工程、检验三组,大队部设于永安。

（二）计划要点

本年度仍照原定计划继续办理,一面训练防疫技术,各地发生疫情随时调派人员防治,其经费拟定八万五千元。

（三）计划进度及概算对照表(附后)

十、继续办理抗疟工作

（一）过去概况

本省为疟疾流行区域,为东南各省之冠,历年虽曾从事于灭蚊、抗疟工作,然因经费有限,不能彻底肃清,仅就可能范围,改良一般环境,如填塞或疏通沟渠,撒油喷药及免费治疗患疟贪舌病人。

（二）计划要点

本年度拟调查疟疾分布状况、研究蚊虫种类,设计改善环境,推动使用蚊帐运动,酌予普及免费治疗及其他关于灭蚊、抗疟工作等,拟定经费二十万元。

（三）计划进度及概算对照表(附后)

防疫事业计划进度及概算对照表

计划部份				概算部份			
				国库负担		其他	
计划类别	计划项目	分期进度		概算书款项别	金额	来源	金额
防疫	继续扩充调查	（一）第一期调查鼠疫流行研究鼠蚤种族。（二）推行畜猫调查物产研究对于传染病关系。			50,000元		
	添购防疫器材	一次向外采购必要时购料自制。			70,000元		
	购储防疫药品	（一）订购药品。（二）定制痘苗疫苗及各种血清。			100,000元		

续表

	计划部份			概算部份	
防疫	实地防疫工作费	定期预防接种并实施检疫及消毒。		40,000 元	
	防疫人员旅费	准备派遣人员随时支用。		50,000 元	
	设立省立传染病院	(一)设计。 (二)建筑。 (三)购置设备。 (四)开始收容。		250,000 元	
	改进环境卫生	(一)依计改进永安环境。 (二)依计改进南平环境。		120,000 元	
	扩充地方消毒设备	(一)设计改建。 (二)充实设备。		35,000 元	
	继续办理防疫大队	训练技术随时派遣各县协防各种传染病。		85,000 元	
	继续办理抗疟工作	(一)调查疟疾流行。 (二)研究蚊族。 (三)设计灭蚊及治疗。		200,000 元	

福建省政府三十一年度卫生事业扩充岁出概算书

岁出特殊门

科目	名称	本年度概算数
第一款	卫生处制药厂资本支出	200,000.00
第一项	增加资本	200,000.00
第一目	增加资本	200,000.00
第一类	增加资本	200,000.00

岁出特殊门

科目	名称	本年度概算数
第一款	卫生处购储药品材料费	400,000.00
第一项	购储药品材料费	400,000.00
第一目	购储药品材料费	400,000.00
第一类	购储药品材料费	400,000.00

岁出经常门临时部份

科目	名称	本年度概算数
第一款	省立医院	70,000.00
第一项	建筑费	70,000.00
第一目	建筑费	70,000.00
第一类	普通病房建筑费	40,000.00
第二类	附设护士学校教室建筑费	30,000.00
第二款	省立永安医院	65,000.00
第一项	补充设备	65,000.00
第一目	建筑费	45,000.00
第一类	X光室建筑费	5,000.00
第二类	外科手术室建筑费	10,000.00
第三类	普通房屋建筑费	30,000.00
第二目	其他设备费	20,000.00
第一类	病房设备费	20,000.00

岁出经常门临时部份

科目	名称	本年度概算数
第一款	省立龙岩医院	300,000.00
第一项	开办费	300,000.00
第一目	开办费	300,000.00
第一类	房屋建筑费	120,000.00
第二类	医疗器械	60,000.00
第三类	药品材料	40,000.00
第四类	其他设备	80,000.00

岁出经常门临时部份

科目	名称	本年度概算数
第一款	省立龙岩医院	74,450.00
第一项	本院经费	74,450.00
第一目	本院经费	74,450.00

续表

科目	名称	本年度概算数
第一类	俸给费	52,072.00
第二类	办公费	18,790.00
第三类	购置费	1,500.00
第四类	特别费	2,088.00

注：本概算以七月一日起计算

（台北"国史馆"014－011105－0043）

福建省政府主席刘建绪关于该省 1943 年度鼠疫防治经费不足致行政院院长呈

（1944 年 1 月 13 日）

重庆行政院院长蒋钧鉴：

　　查本省三十二年度各地鼠疫流行，防疫经费不敷支应，前奉钧院电准追加三百万元，至前拟由战时特别预备金项下动支之疫苗费及旅运费等，亦应就上准三百万元内开支等因，自应遵办。当经饬据编造前项计划概算前来，经核尚无不合。除分别函令外，理合检同原送计划概算，随电送请察核示遵。

福建省政府主席刘建绪永会甲

　　附呈福建省防治鼠疫工作计划、概算各七份。

改进福建省防治鼠疫工作计划概要

　　查本省鼠疫历年不断发现，虽经随时防治均得逐渐平息，而如是消极之防治，仅能获一时之苟安，殊非永久之计。经与卫生署医防第四大队及卫生署外籍专员伯力士博士会商，按目前切要情形拟定各项实施计划，期能逐步实施以除本省首要之疫患。

计划要点

一、加强防疫机构

　　调整省防疫大队之组织，并充实其设备，与卫生署医防第四大队及所属各中队密切联系，分区工作以增进工作之效率，组织省防疫委员会，另于重要地区设置分区,俾资督导。

二、充实防疫药械

所需疫苗尽量购储,除本省已制出之数量外,再向中央价购,以足需要。医疗用血清,向中央购储备用。各项应需药品,充分购备。灭鼠及治疗用之特殊药品,拟请中央拨发。至防疫用各项器材,就省方原有者尽量整修并设法仿制,再请中央予以拨助,务期足敷应用。

三、工作实施

普遍预防注射、积极实施防鼠与灭鼠、改善各地米仓及运输米谷与食物船只之管理、改善各地环境卫生、扩大防疫宣传、充实各隔离病室之设备,以增进治疗之效能、充实调查研究之人力与物力,而利工作之推进。

四、经费支配

谨就奉准追加防疫费三百万元,按各项最低需要情形拟定分配概算附后。

三十二年度福建省卫生处追加防疫费概算表

科目	本年度概算费	备考
第一款 防疫费	3,000,000.00	
第一项 防疫药品器材费	1.400,000.00	
第一目 防疫药品费	800,000.00	购办疫苗血清及其他防疫上应用医疗药品材料等。
第二目 防疫器材费	600,000.00	购办及整修防疫器材暨充实有关防疫设备。
第二项 环境卫生改善费	1,000,000.00	
第一目 环境卫生改善费	1,000,000.00	
第三项 旅运费	500,000.00	
第一目 旅运费	500,000.00	
第四项 防疫宣传费	50,000.00	
第一目 防疫宣传费	50,000.00	备制防疫宣传品及其他有关防疫宣传之用。
第五项 补助地方防疫费	50,000.00	
第一目 补助地方防疫费	50,000.00	补助地方临时防疫实施费用。

（台北"国史馆"014－011105－0043）

行政院秘书长关于核加福建省防疫经费致会计处令

（1944 年 2 月 16 日）

右案奉院长谕："将卫生署于文到十五日内核复。"相应通知卫生署。

行政院秘书长

（台北"国史馆"014 - 011105 - 0043）

陈儒赓关于福建省政府呈送追加防疫经费案致行政院呈

（1944 年 3 月 3 日）

查福建省政府呈编追加该省防疫费三百万元计划概算一案，经饬据卫生署核复，尚无不合，拟准备案并分行主计处、审计部、财政部。当否乞示。

陈儒赓 谨签

（台北"国史馆"014 - 011105 - 0043）

福建省政府主席刘建绪关于拟订防治鼠疫工作计划进度表案致行政院院长电

（1944 年 10 月 4 日）

重庆行政院兼院长蒋、副院长孔钧鉴：

查本省前送改防治鼠疫工作计划概要及概算请核示一案，经奉钧院三十三年三月十五日义嘉字 5575 号代电开："经核尚无不合，准予备案。至该省防疫计划仍应按照原计划妥订工作进度呈核为要，仰即遵照。"等因；据此，遵所饬据拟订防治鼠疫工作进度表前来，经核尚无不合，附原件随电送请查核示遵。

福建省政府主席刘建绪（支）

附呈本省三十三年度防治鼠疫工作计划进度表七份。

三十三年度改进本省防治鼠疫工作进度

工作项目/分月进度

一、加强防疫机构

一月	调整充实省防大队之组织
二月	调整充实省防大队之组织

续表

三月	分医疗大队联系防治鼠疫
四月	
五月	
六月	
七月	
八月	
九月	
十月	筹组省防疫委员会,筹备各重要地区防委会分会
十一月	筹组省防疫委员会,筹备各重要地区防委会分会
十二月	增设防疫大队龙岩分队

二、充实防疫药械

一月	卫生试验所赶制鼠疫苗
二月	购储大批疫苗及药械
三月	请中央补助疫苗及药品
四月	赶造疫苗
五月	赶造疫苗
六月	赶造疫苗
七月	赶造疫苗
八月	赶造疫苗
九月	赶造疫苗
十月	赶造疫苗
十一月	筹设福州卫生试验所办事处
十二月	继续赶制疫苗

三、普通预防注射

一月	饬各县卫生院备款购苗
二月	饬各县市普遍预防注射
三月	继续普遍预防注射

四月	继续普遍预防注射
五月	继续普遍预防注射
六月	继续普遍预防注射
七月	继续普遍预防注射
八月	继续普遍预防注射
九月	继续普遍预防注射
十月	继续普遍预防注射
十一月	继续普遍预防注射
十二月	继续普遍预防注射

四、灭鼠与防鼠

一月	饬各县厉行灭鼠运动
二月	奖励及强迫捕鼠与蓄猫
三月	奖励及强迫捕鼠与蓄猫
四月	奖励及强迫捕鼠与蓄猫
五月	奖励及强迫捕鼠与蓄猫
六月	奖励及强迫捕鼠与蓄猫
七月	奖励及强迫捕鼠与蓄猫
八月	奖励及强迫捕鼠与蓄猫
九月	奖励及强迫捕鼠与蓄猫
十月	奖励及强迫捕鼠与蓄猫
十一月	奖励及强迫捕鼠与蓄猫
十二月	奖励及强迫捕鼠与蓄猫

五、改善环境卫生

一月	饬各县市进行清洁运动
二月	饬严密管理粪便与焚毁并清沟渠
三月	饬严密管理粪便与焚毁并清沟渠
四月	饬严密管理粪便与焚毁并清沟渠
五月	饬各县市注意饮食分配管理
六月	饬各县市注意饮食分配管理
七月	实施饮用水管理
八月	实施饮用水管理
九月	实施饮用水管理
十月	有关卫生商店雇员训练
十一月	有关卫生商店雇员训练
十二月	进行清洁运动

六、扩大防疫宣传

一月	饬各县市灌输民众防疫常识
二月	饬各县市灌输民众防疫常识
三月	各卫生防疫机关仿制各种标语及传单
四月	各卫生防疫机关仿制各种标语及传单
五月	饬各县学校机关团体作扩大防疫宣传
六月	饬各县利用机会作防疫宣传
七月	饬各县利用机会作防疫宣传
八月	饬各县利用机会作防疫宣传
九月	饬各县利用机会作防疫宣传
十月	饬各县利用机会作防疫宣传
十一月	饬各县利用机会作防疫宣传
十二月	饬各县利用机会作防疫宣传

（台北"国史馆" 014－011105－0043）

六、广东

第一医院关于预防霍乱伤寒混合疫苗属医学院细菌研究所制造致事务长电

（1938 年 7 月 30 日）

查预防霍乱伤寒混合疫苗,系属医学院细菌研究所制造。为此拟定,请烦察照,转送该所办理为荷！此上

事务长部

第一医院主任姚○○拟定

（广东省档案馆）

教育部关于彻实预防日本发起细菌战争并预防鼠疫致中山大学电

（1942 年 1 月 28 日）

国立中山大学：

案准军医署、卫生署卅防一八三六三号函开,查本年十一月间敌机于湖南常德、桃源两地投下谷米破布等物,不数日常德发生鼠疫,值此敌人技末途穷之时,深恐有实行细菌兵器战争之可能,自应预谋防范,以策安全。本军医署、本卫生署现奉令妥谋防治方法及研究细菌学兵器战争施用之可能性,经已会同有关各方详细商讨,拟具适当防治方法,并已分别函令有关各机关一致注意防治工作,遇有敌机投下可疑物品,应即审慎从事迅速检验报告。至各医学院设备较为完全,遇有当地卫生机关检验敌机掷下疑物时,拟请尽量协助予以便利,并对于细菌战争之可能性,指定专门人员多予研究,必要时协助地方卫生机关施行细菌学、病理学之检验,并协助实施防治鼠疫工作。事关国防及保障民命,相应函达,即请查照转饬办理等由,除分电外,合行电仰遵照办理。

教育部发印

（广东省档案馆）

七、广西

军委会桂林办公厅主任李济琛关于防范鼠疫致蒋介石代电

（1940 年 12 月 27 日）

重庆军事委员会委员长蒋钧鉴：

案据江南兵站总监部总监陈劲节十二月十日报告："查敌机最近飞袭金华，播散鼠疫病菌。寇性残暴，难免不随处散播病菌。桂林人烟稠密，鼠类潜兹一经发现，尤易蔓延。兹为防范未然起见，除饬由本部卫生处会同广西省卫生处倡导军民捕鼠运动，并在本部驻地邻近村落订定搜捕办法藉力推行外，亟应扩大倡导，拟请钧座通饬所属推行灭鼠运动，以防疫疾藉杜传染等情。"正拟办中，旋复据该总监十二月十四日（二九）亥寒卫仁桂代电称："查敌机飞袭金华播散鼠疫菌一节，经以亥鱼代电报请鉴核在案，兹准第二防疫大队刘队长亥真电查报宁波于酉陷发现鼠疫，经防治后至戌删扑灭，共死民众 4824 人，疫区建筑戌陷全部焚毁；衢县戌文发现鼠疫至亥微共死民众 4134 人。两处于疫发前均有敌机掷下小麦、谷类，且混有跳蚤。戌俭敌机复于金华散布白烟，极有鱼子状颗粒落下，经检验发现鼠疫杆菌，可证来源确系敌机散布，除已分呈转令各地注意预防外特复等由，谨电察核各等情。"据此，查鼠疫系九大传染病之一，传染性甚为剧烈，现虽仅发现于浙江，然敌性残暴，将来难免不随处散播，似应及早预防。惟兹事体大，不仅有关各地驻军，而于各省地方卫生行政尤具巨大、密切之关系，殊非一地或某一部队之财力、物力、人力单独预防所能奏效，除已饬该统监转饬各统监卫生处会同各驻在省卫生处先行倡导军民推行捕鼠运动以防疫疾藉杜传染并分呈行政院外，拟请钧会饬交有关部会，迅即会商统筹整个有效防止办法，通令全国遵行已资妥善，实为公便。

军事委员会桂林办公厅主任李济琛叩感卫印

（台北档案管理局 B5018230601/0029/803/0824）

蒋介石关于拟具防制敌机散播鼠疫菌实施方案（技术部分）案
致军委会桂林办公厅电

（1941年2月8日）

贵会一月三十日办四渝（二）字第 15842 号代电诵悉，关于敌机飞浙散播鼠疫菌一案，前准贵会桂林办公厅分电到院，经交卫生署会商军政部、军医署迅行统筹设法预防去后，旋据复称此案前奉贵会代电已会商拟具防制敌机散播鼠疫菌实施方案（技术部分），呈候贵会鉴核等情在案。兹准代电除将原附报告拾交卫生署参考外，相应函复查照。此致

军事委员会

院长蒋中正

（台北档案管理局 B5018230601/0029/803/0824）

八、贵州

中央卫生实验院关于公共卫生人员训练所附属
贵阳产院追加 **1941** 年度概算致行政院呈

（1941 年）

案据中央卫生实验院呈称："案查公共卫生人员训练所附属贵阳产院追加二十九年度岁入岁出经常门常时部份概算，业于本年四月转奉到行政院三十年二月廿三日勇会字第 2939 号训令核定有案。惟查该产院在本年三月以前系属钧署公共卫生人员训练所附属机关，自本年四月公共卫生人员训练所奉令改并为中央卫生实验院，即附属本院。至本年九月本院成立贵阳卫生干部人员训练所，始划为该所附属机关，是贵阳产院于本年内其隶属虽几经改变而所担负之护产工作仍照常进行。惟因上项情形对于该院三十年度概算未尧，早日造赍。兹遵照行政院核定该院上年度概算规定，按实际收支数目编具公共卫生人员训练所附属贵阳产院追加三十年度岁入岁出经常门常时部份概算各六份，理合备文呈赍鉴核，俯准存转并尔示遵"等情。据此，经核编制尚合除指令并抽存备查外，理合检同原件呈请鉴核。谨呈

行政院

附公共卫生人员训练所附属贵阳产院追加三十年度岁入岁出概算各五份。

卫生署公共卫生人员训练所附属贵阳产院追加三十年度岁入经常门常时部份概算书

（三十年一月一日至十二月三十一日）

款	项	目	科目	本年度概算数	上年度预算数	比较增减数增/减
一			经常收入	9,600 元	5,460 元	4,140 元
	一		事业规费收入	9,600 元	5,460 元	4,140 元
		一	卫生治疗事业	9,600 元	5,460 元	4,140 元

说明

　　月收接生费223元;手术费114元;特别药费145元;材料费149元;住院费169元。全年合计如上数。

　　附注:查本院二十九年度岁入岁出经常概算,曾经转奉行政院三十年二月二十三日勇会第2939号训令核准有案。兹遵今将由所划拨本院全年补助费九千六百元,未经列入,理合注明。

　　　　编制机关:卫生署中央卫生实验院 院长李廷安、会计主任刘济黄

卫生署公共卫生人员训练所附属贵阳产院追加三十年度岁出经常门常时部份概算书

（三十年一月一日至十二月三十一日）

款	项	目	科目	本年度概算数	上年度预算数	比较增减数增/减
一			经常支出	9,600 元	5,460 元	4,140 元
	一		俸给费	9,600 元	5,460 元	4,140 元
		一	俸薪	8,760 元	5,460 元	3,300 元
		二	工资	840 元		840 元

说明

　　院长一人兼任不另支薪;助产主任一人月支100元;助产士三人月各支80元;护士长一人月支100元;护士一人月支90元;军务员一人月支80元;助理员二人月各支40元。全年合计上数。

　　工资九名各月支25元,全年合计2,700元,内1,860元在补助费内,开支实约之如上数。

　　附注:

　　一、本概算所列本年度概算数及上年度预算,致遵令均照实际收支数编列。

　　二、本院内本年度开始以来一切物价日益高涨,按照上年度预算,每月实不敷经费345元,全年度计4,140元。此项增加之数仍由本院收入待账抵用,不另增加国库负担。

　　三、本院三十年度由所划拨全年补助费9,600,其用途为不敷工资项下月支155元;办公费月支300元;购置费月支85元;特别费月支260元。合计全年共支如上数,理合陈明。

　　　　编制机关:卫生署中央卫生实验院 院长李廷安、会计主任刘济黄

第二章 行政公文(1945.8—1949)

一、浙江

东南鼠疫防治处处长左吉关于防治温州肺鼠疫案致卫生部部长呈

(1947 年 9 月 12 日)

案奉钧部防(36)字第三五九四号午宥代电开:"据浙省卫生处卫三午微电称:据温州传染病院江电称该县发现肺鼠疫已养有感,共收容五例,均经镜检确实,除饬就近各卫生机构严密防治外,谨电鉴核。等情;除将疫情转送全国防疫联合办事处登记外,合行电仰该处加紧防治并转饬各检疫站注意为要。"等因;奉此,自应遵办。经饬据本处驻浙江温州第二检疫站调查呈称以:"查据温州传染病五月份疫情中,并无肺鼠疫患者发生,迨六月二日图告发现,其首例发生地点为李家村十二号,经查患者郑黄氏前在七枫港祝家为佣,因沾染肺鼠疫续发肺型得病返家,不幸其夫郑乃川、其子郑阿铎未几均被染肺型而亡。该站得悉,即饬工作人员加紧防范。除组织疫情网并在疫户附近实行封锁,停止集会及货物搬运外,凡患者之房屋污染物、用具以及血痰等均严加消毒,凡无用之废物即会同海坦镇公所监视焚毁。月之二十一日古厢巷六号亦发生肺鼠疫,考其原因,该患者邹阿富系在郑乃川家中制伞时接触被染,彼时该站得悉迅即予以隔离及检疫,并透夜加工严密防范,庶不扩大蔓延;二十六日中央巷口周王氏亦染肺鼠疫,未几全家四口相继死亡,情况甚为惨重。该站除实行上列各项管制外,并鉴患者之住地系一独立房屋,可予焚毁,以杜传播,是时镇民代表及附近民家亦纷纷前来请求将该屋焚毁,并愿出价赔偿,于月之二十七日晚县政府、镇民代表、保甲长派员监视焚毁。该地肺鼠疫经过该站竭力防治后,于七月秒即告绝迹,迄今并无陆续发现。"等情;据此,除饬该站仍应加紧防范并注意检疫外,理合呈复鉴核。谨呈

　　部长周

卫生部东南鼠疫防治处处长左吉公出

技正吴云鸿代

(台北"国史馆"028-040000-0242)

浙江省卫生处关于兰溪发生鼠疫已派队携药前往防治案致卫生部电

(1947 年 11 月 18 日)

卫生部钧鉴:

　　兰溪删(十五日)鼠民三确,已派队携药前往防治。

浙卫生处卫三(36)戌巧叩

(台北"国史馆"028-040000-0242)

浙江兰溪卫生院院长江本进等关于兰溪鼠疫已积极防治事宜致卫生部部长呈

(1947 年 11 月 19 日)

卫生部部长周钧鉴:

　　兰溪南门外塔下殿先后发现鼠疫,经镜检确实者三人,现已组设防疫会积极防治。特电呈。

浙江兰溪卫生院长江本进、浙江省医防大队第二队长王学恒叩

(台北"国史馆"028-040000-0242)

卫生部关于兰溪疫情及防治事宜致浙江省卫生处电

(1947 年 11 月 22 日)

浙江省卫生处:

　　卫三(36)戌巧电悉。除饬东南鼠疫防治处协同防治外,仰将疫情详报为要。

卫生部防(36)戌养印

(台北"国史馆"028-040000-0242)

卫生部关于兰溪疫情及防治事宜致东南鼠疫防治处电

(1947 年 11 月 22 日)

东南鼠疫防治处：

据浙江省卫生处戌巧电报："兰溪县删日发现鼠疫三例,已派队前往防治。"等情；仰即协同防治,以免蔓延,并将疫情及遵办情形随时电报为要。

卫生部防(36)戌养印

(台北"国史馆"028 - 040000 - 0242)

浙江省医疗防疫大队第二医疗防疫队医师兼代队长王天恒关于 兰溪县继续发生腺鼠疫病人致卫生部部长呈

(1947 年 11 月 22 日)

南京卫生部周部长钧鉴：

本邑南门外塔下殿本日(廿日)继续发生腺鼠疫,病人叶郑氏、许树心两名已送入隔离所治疗,疫区已严密封锁。又南门外自由路九十一号源顺粮食行及其邻近发现疫鼠甚多,正在加紧清洁灭蚤中。特电呈浙江省兰溪县卫生院院长江本进。

浙江省医疗防疫大队第二医疗防疫队医师兼代队长王天恒全叩养印

(台北"国史馆"028 - 040000 - 0242)

杭州市卫生局局长翁文渊关于浙赣铁路上饶、兰溪一带发现鼠疫 请发疫苗药械施行灭鼠案致卫生部电

(1947 年 12 月 9 日)

南京卫生部钧鉴：

查浙赣路上饶、兰溪一带先后发生鼠疫,死亡颇众,情势严重。本市为浙赣路起点,每日交通频仍,以疫情蔓延趋势颇有延及本市可能,兹为防患于未然,计除电请省卫生处分别函令有关机关施行鼠疫预防注射加紧防治,并规定浙赣路旅客一律凭鼠疫预防注射证购买车票,以杜疫疠外,理合电请钧部拨发鼠疫疫苗五百瓶、碳酸钡一百磅、氰酸钙五百磅、脚踏喷统十具,俾便施行灭鼠运动,敬祈鉴核拨发。

杭州市卫生局局长翁文渊

(台北"国史馆"028 - 040000 - 0242)

卫生部关于兰溪鼠疫流行核拨疫苗及派员前往防治致浙江省卫生处电
(1947 年 12 月 12 日)

杭州浙江省卫生处电,亥江三电。悉。(一)查兰溪鼠疫流行,本部前据兰溪县政府电请拨发疫苗济急等情。经饬本部中央生物化学制药实验处在沪制交该县政府四十公撮鼠疫疫苗五百瓶,并电复洽领在卷。(二)关于浙赣线鼠疫防治事宜已转饬本部医防总队转饬所属第一大队刑大队长与该处洽商办理。特电复仰知照由。

卫生部防(36)亥文印

(台北"国史馆" 028－040000－0242)

卫生部关于浙赣线鼠疫严重与浙江省卫生处会商防治工作致东南鼠疫防治处电
(1947 年 12 月 12 日)

福州东南鼠疫防治处:

据报浙赣线兰溪、上饶等地鼠疫严重。除电饬现驻上饶第一医防大队刑大队长大春与浙省卫生处洽商办理防治工作外,合行电仰该处迅即会商,加紧防治,并将疫情随时报核为要。

卫生部

(台北"国史馆" 028－040000－0242)

浙赣铁路局局长侯家源关于兰溪鼠疫案致卫生部电
(1947 年 12 月 15 日)

南京卫生部公鉴:

据本路金华诊所亥文(十二月十二日)电称:"兰溪发生鼠疫,截至十二月八日止患者共十一人,死三人,住院医治者九人,经检验结果均属阴性,八日后幸未再发。"等情;特电请查照。

浙赣铁路局局长侯家源

(台北"国史馆" 028－040000－0242)

浙赣铁路局局长侯家源关于上饶鼠疫案致卫生部电
(1947 年 12 月 15 日)

南京卫生部公鉴:

关于防治鼠疫案元日(十三日)据本路总医院张院长由上饶电话称

（一）正集中各方会商,加强防疫事宜;（二）本路车辆消毒及防疫,已饬切实办理;（三）上饶车站附近已七天未发现患者。又据上饶诊所亥文(十二月十二日)电称上饶之五桂山本日前患鼠疫者二人,愈一人,现住省院医治者一人,本日无新患者各等情。特电请查照。

浙赣铁路局局长侯家源

（台北"国史馆"028－040000－0242）

浙赣铁路局关于上饶、沙溪两站暂不停靠行车避免鼠疫流传案致卫生部电

（1947 年 12 月 16 日）

南京卫生部公鉴:

　　准防(36)亥真 14082 号代电:"为上饶、沙溪两地发现鼠疫,嘱本路行车于该两站暂不停靠,并将堆集该两站米棉拨铁篷车数辆熏蒸消毒后起运,以免疫氛流传。"等由。查本路为防止鼠疫流传,经已斟酌疫情于车经沙溪站时暂不停靠。至上饶方面,近七日内迭据电报尚无新发现者。除已饬本路医务机构会同各方卫生当局切时举办防疫严格管制,旅客实施预防针药凭证购票,免致蔓延外,至应否停止靠车,拟现视疫情演进情形,再行决定。庶于防疫交通兼筹并顾。又五桂山疫区既近来车站,可否施行隔离方法,该站堆存货物据贵部在饶梅主任称已举行消毒。奉电前因,谨电复请查照。

浙赣铁路局亥(铣)总文 18538

（台北"国史馆"028－040000－0242）

杭州市卫生局局长翁文渊关于该市防治鼠疫案致卫生部电

（1947 年 12 月 17 日）

南京卫生部钧鉴:

　　查浙赣路上饶、兰溪一带先后发生鼠疫,本局曾于十二月八日电请钧部鉴核并祈拨发鼠疫疫苗及药械等,俾便及早施行预防工作各在案。复于十二月十二日召集有关机关举行防疫会议,即席讨论本市鼠疫应如何预防一案,当经议决。除由本局分向中央及省卫生处请领疫苗药械外,并呈请市府

拨款订购,实施预防注射及成立捕鼠队,举行灭鼠运动。其详细步骤计分(一)扩大捕鼠;(二)预防注射;(三)检疫(省卫生处鼠疫联防紧急会议,议决在江山、衢县、金华、建德等地设立检疫站有案。本市因人力、物力关系,在疫势并不十分严重之下,杭市检疫工作暂缓实施);(四)死鼠检验;(五)函各医院注意鼠疫患者及淋巴腺肿胀病人,详予检验或旁养,以期及早发现病例;(六)扩大宣传。至鼠疫患者隔离治疗,仍送由市立传染病院收容,一面饬该院增加收容染患鼠疫病人、设备。以上各点均经钧部所派专门委员伯力士暨东南鼠疫防治处处长查良钟之指示及同意办理,理合将本局筹设鼠疫各情电请查核备查。

杭州市卫生局局长翁文渊(36)卫二亥筱叩印

(台北"国史馆" 028 - 040000 - 0242)

浙江省政府卫生处徐世纶关于鼠疫防治经过及召开浙赣线鼠疫紧急联防会议事宜致卫生部部长电

(1947 年 12 月 22 日)

卫生部长周钧鉴:

查上饶自十一月八日发现鼠疫后,兰溪亦于同月十五日发生同样疫症,截至十二月八日止,计病者卅一人死亡,经派医疗防疫大队驰往防治后,虽日渐减少,惟严重情形未尝消失,仍有密切注意防范之必要。又复商调钧部东南鼠疫防治处驻永嘉第二检疫站及第四医防大队第六巡回医防队,最近已到达兰溪,正配合努力防治中。尤以上饶、兰溪两县均为浙赣铁路之交通要站,兰溪又据富春江上流,与杭州运输频繁,传染勘虞,当经分电江山、衢县、兰溪、金华、建德五县各设检疫站,并协同杭州市政府筹办杀鼠灭蚤工作。兹更为谋一防治浙赣线鼠疫起见,业于十二月十三日召集浙赣路沿线及富春江沿岸各县县长,及第五区行政督察专员暨有关卫生机关代表举行浙赣线鼠疫紧急联防会议,经决定联防办法八项,并专邀钧部专门委员伯力士、东南鼠疫防治处查处长良钟、医防总队第一大队驻上饶办事处梅主任朝章、浙赣铁路局侯局长家源会商联系合作事宜。除签请省政府核备外,理合将会议及会商防治情形检同会议纪录电请鉴核备案示遵!

浙江省政府卫生处徐世纶卫(36)亥养三叩

附呈浙赣线鼠疫紧急联防会议纪录一份。

浙赣线鼠疫紧急联防会议纪录

日期:三十六年十二月十三日下午二时

地点:浙江省卫生处

出席者:义乌朱文达、兰溪范文质、卫生部防疫第一大队梅朝章、杭州市立传染病院鲁介易、浙赣铁路总医院刘迟深、杭州市卫生局吴兴凯、汤溪县县长侯长荣、浙江行总医药材处理委员会周巨邵、浙江省参议会黄雷痕、京沪区铁路杭州诊疗所薛焕哉、浙江省医防大队吴惠公、省卫生试验所陈一德、浙赣铁路局侯家源、五区专署钟诗杰、浙江省卫生处徐世纶、周重厚、徐陬、蒋亦凡、裘造时、俞汉杰、医疗防疫大队黄承泉、衢县程运启、金华县县长杨振、建德董裕昌

主席:徐世纶

纪录:朱家崇

甲、主席报告

上饶、兰溪均已发生鼠疫,疫情颇为严重。该二县均为浙赣铁路之主要车站,兰溪并为富春江上游要埠,本处为防治疫势之蔓延起见,特于今日召集浙赣铁路与富春江沿线有关各机关举行浙赣线鼠疫紧急联防会议,以商计一切联防事宜。兰溪鼠疫经本处派省医防大队前往积极防治以来,疫势已渐转平息。日前报载金华发生鼠疫,本处经电饬金华县卫生院及省立金华医院调查疫情,并设立检疫站严密防范,并运往疫苗实施预防注射,现据金华县卫生院回电,该县并无鼠疫发现,惟已严密注意防范。本处于十一日曾举行浙赣线联防预备会议,所有开会一切情形请赵科长详细报告。兰溪鼠疫目前疫势虽已较差,但其前途尚属危险,我们应设法使之完全扑灭,乃已本处 DDT 及捕鼠夹等存量尚足,将来可供给各方需要。今日拟有提案八件,敬请出席诸公多多讨论。

乙、提案讨论

（一）交通检疫应如何严密实施案

办法

1. 设置检疫站之地点：在金华、建德、江山、衢县四处设置检疫站。

2. 检疫站人员应如何分配：

（1）编制：每站设主任医师一人、医师一人、卫生稽查一人、护士及助理员若干（人数视事实需要而定）。

（2）人员来源：由中央或省方派一、二人指导地方防疫委员会，抽调或雇用卫生人员组织之。

3. 隔离病院之设置：

（1）院址：在金华、建德、江山、衢县四处设置隔离病院。

（2）人员：由省市县公立医院兼办。

4. 疫势严重时货物运输之检查与消毒：

（1）货物运输检查先从粮食入手。

（2）参考衢县办法办理。

（3）凡货运物资未经发给检疫证者，水路、陆路概不准运输。

5. 何时停止客运、何时停止货运、何时恢复：

（1）在同一地域内一日内发现鼠疫患者十五人时，由省政府通知交通当局停止客运。

（2）在同一地域内一日内发现鼠疫患者十人时，由省政府通知交通当局停止货运。

（3）连续七日无鼠疫新患者发现，恢复客、货运。

6. 检疫站工作项目

（1）水陆路旅客舟车及货物之防疫检查。

（2）鼠疫预防注射（注射后填发注射证）。

（3）消毒及灭蚤。

（4）隔离治疗疑似鼠疫患者，必要时施行留验。

（5）必要时随车检查。

7. 检疫站与交通机关之联系：

(1)防疫注射证格式宜划一。

(2)在疫区站埠出口之旅客无注射证者不得购舟车票，请交通当局通知各疫区站埠施行注射一次即可准购票。

(3)必要时在检疫站设置地点所有来往交通工具非经检疫后不得放行。

8. 检疫站经费之支用及来源：检疫站支用经费包括左列各项，由各县就地筹措。

(1)疫苗药材购置

(2)办公费用

(3)工作人员伙食费及旅费

(4)留验及患者伙食费

(5)其他

(二)如何健全疫情情报网以利防治案

办法

1. 以最迅速方法报告附近卫生机关及附近浙赣铁路车站站长。

2. 邻近疫区各县如发现鼠疫患者，应立即由县卫生院分别电报浙赣两省卫生处及邻近各县县长。

3. 浙境沿浙赣铁路富春江各县及邻近各县之鼠疫疫情，应依照浙江省鼠疫疫情报告办法办理之。

(三)如何统一疫区医疗组织集中事权以利工作推行案

办法

1. 疫区应尽速设立防疫委员会，专员或县长为当然主任委员，当地最高卫生机关首长为当然副主任委员，并得加设一副主任委员，遴选当地热心公益仲商视当卫生技术人员充任之。

2. 邻接疫区各县得视需要设立防疫委员会及检疫站。

3. 事权应予统一，以提高工作效能。

(1)中央省县市防疫人员同在一地工作者，在技术上应由当地防疫委员会统一指挥。

(2)中央及省派驻疫区之医疗防疫机构,应一律参加当地防疫委员会之组织。

(3)中央及省派驻各疫区之高级医防人员有随时督导防疫工作之权限。

4. 凡人民不接受各项防疫措施者,应依照防疫法另予惩处。

(四)与疫区毗连各县应加强捕鼠工作以防范鼠疫传播案

办法

1. 捕鼠工具之筹集及发动捕鼠运动

(1)所需经费由各县自筹。

(2)规定每户必须购置捕鼠夹一只。

(3)发动捕鼠运动筹发捕鼠奖金。

2. 药饵毒鼠

(1)由各医防机关卫生工程队以药饵毒鼠。

(2)药材由中央及省供应。

3. 死鼠收集之处置

非疫区之死鼠予以掩埋或焚毁;疫区之死鼠必须检验焚毁。

4. 鼠疫尸体埋葬注意各点

(1)棺中多放石灰。

(2)埋葬地点应离人口密集地五里外。

(3)棺木应入土五尺,并于三年内不准移动迁葬。

(五)发动预防鼠疫宣传以便民众驻疫后成自动防范案

办法

1. 宣传人员

(1)浙赣铁路总医院及各站诊疗所。

(2)各地医防机关。

(3)并请各地报馆、民教机关及学校员生或有关社团协助。

2. 宣传标语

交通各要道及车站车厢应制设醒目标语。

3. 宣传材料

由浙江省医防大队、卫生部第一医防大队及东南鼠疫防治处等机关供给。

4. 印刷需费款由浙赣铁路管理局及各地医防机关自筹自用。

(六)成立临时防治鼠疫器材库以便迅速运送疫区而利防治案

办法

1. 设库地点:浙省境内设在浙赣线之中点金华站省立金华医院。

2. 浙省各县领用防治鼠疫器材,应经浙江省卫生处核定后通知器材处拨给各县,不得直接向库请领。

3. 于防疫时期直接用于防治鼠疫器材,应由卫生处负责出具公函证明属实,送至交通机关免去运费提前运输,不得留难。

(七)防治鼠疫所需药材应请决定其来源案

办法

1. 向中央请款购置或请发器材。

2. 向省请款购置或请发器材。

3. 各县自动筹款购置或劝募器材。

4. 向其他国际救助机构请发器材。

(八)请宣传兰溪为鼠疫疫埠案

议决通过

丙、散会

主席 徐世纶

纪录 朱家崇

(台北"国史馆"028-040000-0242)

浙江省卫生处处长徐世纶关于报送兰溪鼠疫防治
工作统计报告案致卫生部部长呈

(1947年12月25日)

卫生部部长周钧鉴:

查本省兰溪鼠疫疫情及防制工作情形,前经本处电陈在案。该县鼠疫经派省医防大队积极防治后,自十二月八日起迄今尚无病者发现。除饬严密防范外,理合检呈该大队自十一月十五日至十二月十五日止鼠疫防治工作统计报告一份,仰祈鉴核备案。

浙江省卫生处处长徐世纶卫(36)亥有三叩

附呈兰溪鼠疫防治工作统计报告一份。

兰溪鼠疫防治工作统计报告
(自十一月十五日至十二月十五日止)

一、肺鼠疫病者二十例,治愈十七人,死亡三人。

二、疑似鼠疫病者七人,均已治愈(以上均住隔离病院)。

三、在十一月十五日以前,未经检验经调查有疑似鼠疫症状病者九人,均已死亡,以上共三十六人。

四、收集鼠数共五十二头

抽验四十二头

阳性一百二十五头

五、注射人数计二万七千三百五十次

六、消毒户数六百二十二户,计二千二百四十八口

兰溪收集鼠类检验统计表

日期	收集鼠数	抽检	检验结果		百分率	
			阳性	阴性	阳性	阴性
20	1	1	1	0	100	0
21	4	4	4	0	100	0
22	5	5	5	0	100	0
23	37	37	31	6	84	16
24	32	32	29	3	93.7	6.3
25	17	17	15	2	88.2	11.8
26	31	10	8	2	80	20
27	29	7	6	1	85.7	14.3

续表

日期	收集鼠数	抽检	检验结果		百分率	
			阳性	阴性	阳性	阴性
28	24	6	4	2	66.7	33.3
29	31	8	5	3	62.5	37.5
30	27	4	2	2	50	50
1	39	6	5	1	83	17
2	23	23	3	20	13	87
3	52	52	2	50	4	96
4	40	40	2	38	5	95
5	36	36	0	36	0	100
6	44	44	3	41	7	92
7	31	31	0	31	0	100
8	21	21	0	21	0	100
9	34	8	0	8	0	100
10	34	3	0	3	0	100
11	13	4	0	4	0	100
12	12	2	0	2	0	100
13	11	3	0	3	0	100
14	20	4	0	4	0	100
15	4	4	0	4	0	100
统计	652	412	125	287	30.3	69.7

（台北"国史馆"028－040000－0242）

浙江省政府关于上饶鼠疫及交通管制情形并必要时
停止水陆旅运等事宜致卫生部电

（1947 年 12 月 31 日）

卫生部公鉴：

　　案准贵部防(36)字第 14802 号亥真代电承示上饶鼠疫及交通管制情形，并嘱于必要时停止水陆旅运等由；准查本省于接获上饶发现鼠疫情报时，不幸兰溪已被传染，经饬由卫生处派医防队驰往防治，并委托当地开业医师借同普遍施行预防注射。至本月二十二日止,全城人口三分之二业经注射完毕并已时五天无新病例发现,并为防制蔓延各地起见,于十二月十三日召开浙赣线鼠疫紧急联防会议,决定实施防治各项措施,并经该处将办理防治详情连同会议纪录电请核备在案。兰溪疫势虽渐减杀,惟疫鼠尚存,此后严重情形仍未消失。为检疫与交通运输兼筹并顾,计先在兰溪、金华、建德、衢县、江山分设检疫站实施水陆旅客检疫,兰溪、金华两处凭注射证购票,疫势如复趋猖獗,当再酌情停止水陆交通。准电前由相应电请查照为荷。

浙江省政府卫(36)亥世三印

(台北"国史馆"028 - 040000 - 0242)

交通部关于浙赣铁路沿线防范鼠疫案致卫生部电

(1948 年 2 月 11 日)

卫生部公鉴:

据浙赣铁路局呈称:"此次兰溪、上饶、沙溪等处发生鼠疫,曾经贵部指派防疫队会同本路及地方诊所积极防治,已告扑灭。兹为预防春季病疫及加强今后防疫工作起见,除于总医院增设防疫保健科及巡回医疗防疫队外,拟加紧宣传工作,于各车站车厢装至预防与扑灭鼠疫常识之标语,冀沿线各地旅客皆知鼠疫之可畏,而注意预防与扑灭,并积极实施捕鼠灭蚤运动,以杜绝根源。"等情到部。查该路所拟预防鼠疫发生办法系为防患未然起见,核属可行。除令饬切实遵办外,惟查此次鼠疫发生地区广阔,其传染不限于铁路附近,故非单独铁路力量所能根绝;相应电请特加防范,并与各该地卫生机构共同驻疫,以绝根源为荷。

交通部丑真路运京

(台北"国史馆"028 - 040000 - 0242)

浙江省卫生处处长徐世纶关于请派员指导防疫工作致卫生部部长呈

(1948 年 2 月 24 日)

卫生部部长周钧鉴:

奉钧部防(37)字第 1014 号子世代电:"为派防疫司司长及医防总队总队长来杭会商鼠疫连系办法。"等因;奉此,查容司长、蔡总队长一行于二月四

日莅杭,本处即于五日上午十时在处召开本省防治鼠疫工作座谈会第二次
会议,经决议成立浙江省鼠疫防治技术委员会,为本省鼠疫防治之统一机构
记录在卷。即于六日正式成立,同时在杭州市卫生局举办第一次委员会会
议商讨一切进行事宜。奉电前因,除分报省政府外,理合将遵办情形并检呈
座谈会及第一次委员会记录暨组织规程各一份,一并电呈鉴核备案。

　　　　　　　　　　　　　　　　　　　　　浙江省卫生处处长徐世纶

　　附浙江省鼠疫防治技术委员会第一次委员会会议纪录、浙江省鼠疫防
治技术委员会组织规程各一份。

　　　　　　浙江省鼠疫防治技术委员会第一次委员会会议纪录

　　日期:三十七年二月六日

　　地点:杭州市卫生局

　　出席者:

　　卫生部防疫司司长容启荣

　　卫生部东南鼠疫防治处处长查良钟

　　浙江省卫生处处长徐世纶

　　杭州市卫生局局长翁文渊

　　浙干铁路总医院院长张辅衮

　　京沪区铁路馆离局卫生课邱课长代表薛焕成

　　列席者:

　　卫生部医疗防疫总队副总队长蔡方进

　　浙江省医疗防疫大队大队长吴惠公

　　浙江省卫生试验所所长陈一德

　　浙江省卫生处专员徐陬

　　浙江省卫生处防疫科科长赵纫草

　　主席:徐世纶

　　纪录:朱家崇

甲、报告事项

（一）主席报告：报告昨日二月五日举行防治鼠疫工作座谈会情形宣读纪录并报告今日开会宗旨。

（二）容司长报告：启荣此次奉卫生部周部长之命来浙，与浙江各卫生防疫机关负责同仁商讨研究，关于防治浙江鼠疫事宜。因部方对于浙赣闽等省鼠疫颇重视，在江西方面现已组织江西省鼠疫防治技术委员会，集中人力、物力担任鼠疫防治工作。去年浙赣铁路沿线上饶、兰溪先后发生鼠疫，吾人在南昌曾讨论到该二地鼠疫之严重性，周部长对此亦甚为重视，对于防治工作中央方面力量所及，无不尽力予以协助。经各卫生机关努力防制后，疫情即转平息，未有蔓延浙赣铁路，得以迅速恢复交通，中央对此颇为欣慰。吾人深知传染病之流行，与水陆交通关系至为密切，希望不要因交通关系而传播染病，同时也希望不要因传染病之流行而影响到交通，因为交通之停止足以影响到国民之生计。浙赣线发生鼠疫后，查副处长曾来浙与各方面商讨研究防治鼠疫事宜，查副处长到南京后曾将各种商讨情形报告中央，以鼠疫防治问题不简单，应分工合作努力防制，始克奏功。部方对于浙赣线之鼠疫曾举行数次座谈会研究防治问题，现已决定调派第三医防大队来浙协助工作，可谓供给一部分力量为地方尽力，希望浙省各卫生防疫机关尽量合作，共同努力，事关浙赣铁路交通，吾人防治鼠疫工作以协助与方便。兰溪发生鼠疫可谓吾人第一道防线，杭州、上海很可能蔓延，所以京沪、沪杭铁路方面亦应加以严防，以免浚患。周部长因关怀浙省鼠疫问题，故此次特派本人来浙与诸位研究防治，希望诸位多多提供意见。

（三）吴大队长报告：刚刚听到容司长之训词及主席报告关于昨天举行座谈会情形，本人因适从兰溪回来，未曾参加昨天座谈会，对于座谈会中决定本队分布地点问题暨最近关于兰溪鼠疫工作情形有一点简单的意见和报告。座谈会中决定本大队之分布地区为丽水、云和、庆元一带，这一带地方交通不便，匪势猖獗，工作素极困难，本大队限于交通工具之缺乏及经费之困难，将来对于防治工作恐不易常足开展，此种困难应如何设法解决，应请商讨。关于兰溪发生鼠疫之防治事宜，本队据报疫情后，即积极展开防治工作,得于短时间内予以扑灭,得力于交通之方便很大,同时地方政府予本队协助力量也极大。目前正由本队办理捕鼠、毒鼠、灭蚤工作,捕获鼠类数达二千多只,均经逐一剖验,其中仅有一只属于阳性,详细情形另有报告。

乙、讨论

（1）本会组织规程草案请公决案

决议:修正通过。（如附件）

（2）本会委员及顾问如何聘请公决案

决议:由本会推请浙江省政府聘请之。

（3）请确定本会秘书人选案

决议:下次会议推选,暂由卫生处第三科科长兼代。

（4）各组主任人选拟俟各单位到浙后再行决定请公决案

决议:通过。

（5）本会办公费应如何筹措摊派请公决案

决议:每一单位每月先缴三十万元。

（6）本会会址请公决案

决议:设浙江省卫生处。

（7）临时动议

1. 请添聘一人为本会委员案

决议:聘请浙江大学医学院院长王季午担任。

2. 省医防队赴云和丽水庆元一带工作交通工具应如何准备请公决案

决议:由省卫生处拨唐卡车修理应用。

3. 本会防治鼠疫器材及人员可否请京沪区及浙赣铁路免费运送请公决案

决议:由本会函请各该路局办理。

4. 火车灭鼠灭蚤工作请决定原则案

决议:货车及各车均应灭鼠灭蚤、喷射 DDT 以尽量使用液体 DDT 为原则,由铁路卫生单位详拟具体办法与本会商洽办理。

5. 请第三医防大队从速来浙案

决议:通过。

丙、散会

浙江省鼠疫防治技术委员会组织规程

第一条　浙江省为统一全省鼠疫防治之指挥监督,加强工作力量,提高技术水准起见,特组织浙江省鼠疫防治技术委员会(以下简称本会)。

第二条　本会之任务如下:

一、关于鼠疫防治之计划及实施事项。

二、关于鼠疫防治机构之调配事项。

三、关于鼠疫防治工作之督导事项。

四、关于鼠疫防治器材之支配事项。

五、关于鼠疫防治人员之训练事项。

六、其他有关鼠疫防治技术事项。

第三条　本会设委员七人至九人,以下列人员为当然委员:

浙江省卫生处处长

杭州市卫生局局长

卫生部医疗防疫总队总队长

卫生部东南鼠疫防治处处长

浙干铁路总医院院长

京沪区铁路管理局卫生课课长

第四条　本会得设顾问七人至九人,聘请有关机关主官充任之。

第五条　本会设主任委员一人主持会议,由浙江省卫生处处长兼任之。

第六条　本会设秘书一人,由本会聘请兼任。承主任委员之命,办理本会一切事务。

第七条　本会设下列各组分掌各项工作:

一、疫情组:掌理鼠疫疫情之调查、搜集报告公布及情报组织之设计研究事项。

二、检验组:掌理鼠族剖验、蚤类检查、临床检验等之设计研究事项。

三、卫工组:掌理灭鼠灭蚤、防鼠捕鼠工程及有关防治鼠疫环境卫生之设计。

四、检疫组:掌理筹设临时检疫站、管制疫区及实施检疫工作之设计研究事项。

五、器材组:掌理防治鼠疫卫生器材之统筹支配事项。

六、隔离治疗组:掌理鼠疫患者或疑似患者隔离治疗等之指导设计研究事项。

七、预防注射组:掌理有关鼠疫预防注射之设计督导研究事项。

八、卫生宣传组:掌理有关防治鼠疫之卫生教育设计研究事项。

九、训练组:掌理鼠疫防治人员训练事项。

第八条　前条各组各设主任一人,由本会聘请兼任之。承主任之命,办理各组事宜。

第九条　本会所有人员皆为无给兼任职,但于必要时得酌量雇用临时工作人员。

第十条　本会依鼠疫流行地域及邻近疫区县分划分若干区,并于每区设置督导员一人。承本会之命,督导该区鼠疫防治工作。

第十一条　本会每月由主任委员召开委员会议一次,必要时得由主任委员召开临时委员会议,委员因故不能出席时得派代表参加。

第十二条　本会所需费用由各防治机关分担。

第十三条　本规程呈准浙江省政府转咨卫生部备案施行。

(台北"国史馆"028-040000-0242)

浙江省卫生处处长徐世纶关于呈送兰溪鼠疫工作报告案致卫生部呈

(1948年3月5日)

卫生部部长周钧鉴:

按据本省医疗防疫大队三十七年元月三十一日技字第1380号:"呈送该大队第二医疗防疫队防治兰溪鼠疫工作报告三份,祈核备。"等情;据此,除分报省政府外,理合检呈原报告一份电请鉴核备查。

浙江省卫生处处长徐世纶(37)寅微三印

附呈浙江省医疗防疫大队第二医疗防疫队防治兰溪县鼠疫工作报告一份。

(台北"国史馆"028－040000－0242)

浙江省医疗防疫大队第二医疗防疫队关于防治兰溪鼠疫的工作报告

(1947 年 11 月 17 日—12 月 31 日)

兰溪为浙东之重要商埠,水陆交通旅运频繁,适合疫病传播之有利条件,自鼠疫发生后,人心恐惶万分。本队于十一月十七日奉令调兰主持防治,于十一月二十七日吴大队长前来督导,对于工作措施策划周详,以身作则,努力从公,所属感奋,异常不分,昼夜不辞劳瘁,不计怨尤积极防治,于短时间内且迅在卫生部东南鼠疫防治处第二检疫站及卫生部医疗防疫总队第六巡回医防队尚未赶达之前,得以扑灭,并迄已月余,鼠疫患者终未复现,此皆因上下同心合力,以赴之所致。

兰溪鼠疫发生以来,因死亡不多,竟有少数人怀疑究竟是否鼠疫。在数十年前鼠疫死亡动辄千万,不识现代科学进步,医疗昌明,防治严密,医疗得法均可遏止疫势蔓延,减少死亡之故,倘不相信可在显微镜下证明。先进国家已在原子时代猛进,我们尚在神权时代彷徨。

鼠疫发现后本队未开到防治以前(十一月三日至十六日)其疫区仅限南门自由路一七七号至一九四号之一小地段内。为时不过时余日已死亡八人,疫势日见蔓延,疫区渐广,经本队二十日积极防治,始将猖獗之疫势遏止。及至鼠疫绝迹为期不过二十日许,死亡四人中其中一人是未经隔离治疗而死,其余三人亦因送入隔离病院过迟而失去治疗时间,救治无效身死。查兰溪鼠疫之蔓延,倘不积极防治,疫势蔓延至何程度,诚不堪设想。以该县交通之有利条件,杭州、上海恐有波及之可能,死亡必十百倍于此。而此次所用经费亦不过一亿余元,此以一亿元之代价救治百万人之生命,防治之力不可谓不大。而再退一步言,自本队开始防治后,隔离病院共计收容鼠疫患者达二十七人，倘不适当治疗与护理，以过去鼠疫死亡（百分之七五）计算，约须死亡二十人。此二十人之生命，绝非此一亿元所比拟。由此可知，一元之预防胜于十元之治疗一语，洵非所言。现虽扑灭，如不积极捕鼠，测验疫情及严密消毒，仍有死灰复燃之虞，今后工作须待诸同仁再接再厉，本以往之精神彻底根绝鼠疫，完成防疫大业。兹将各项工作情形及统计表排列于后：

一、本队工作人员之分配

本队奉令调兰主持防治，因工作繁忙，人手不敷调派，由吴大队长电调丽水第三队第二分队一部分人员前来协防，增加实力，发挥工作效能，达到扑灭鼠疫之任务。兹将工作分配情形及担任职务列表于后：

工作人员担任职务及动态表

职别	姓名	担任职务	兼办事项	工作起讫日期	动态原因	备考
队长	王天恒	督导医防业务		11.17—12.22	调衢办理结束	
队长	黄承泉	督导医防业务		12.16		
医师	王兆康	检诊	隔离病院主治消毒、剖验	11.17		
医师	黄佩乙	检诊	消毒统计、注射宣传	11.17—12.22	调衢现办理结束	
医师	李奎林	主持隔离病院	剖验	11.29—12.22	返丽水办理年度报告	于三十七年一月二日仍来兰工作
医师	金华新	协助医防	注射、捕鼠	12.09		
检验员	郑家骥	检查、剖验	消毒注射、宣传调查	11.16		
检验员	杨鸿椿	检查、剖验	全上	三十七年01.08		
护士	郑璐萍	预防注射	全上	11.30—12.22	返衢	

续表

职别	姓名	担任职务	兼办事项	工作起讫日期	动态原因	备考
护士	卢薇光	预防注射	全上	11.30—12.22	全	
护士	洪江云	消毒注射	助理检验、捕鼠	11.17		
护士	陈励人	预防注射	捕鼠	12.09		
护士	徐诚	预防注射	捕鼠	12.09		
药剂员	朱栋	调剂保管、配发药材	消毒注射	11.27—12.22	返衢办理结束	
药剂员	赵传组	调剂保管、配发药材	制造鼠饵	12.19		
环境卫生员	陈立	消毒注射	统计捕鼠	12.12		
事务员	仇德熙	总务文牍		11.30—12.22	返衢办理结束	
事务员	李光裕	全上		12.16		

二、疫病流行情形

本队于十一月十七日抵达兰溪县，即派员着手调查，以明疫病流行情形。经调查所得，本队未到以前，已有八人死亡，后又查得未经治疗而死亡一人，此患者究属何病？因亲属迁居，无从详查。而第一例鼠疫患者许金氏，经镜检结果发现鼠疫杆菌。三日内调诊所得发现腺性鼠疫九人，二十一日驿前马头又发现新病例王胡氏一人，二十二日以后疫势蔓延，颇为严重，似有侵袭城区之可能。城内世德路、金家巷以及南门、溪下街等处均有病例发现，经派员搜寻死鼠，并调查城内疫病之来源，多数系在南门一带操作染疫后再迁往城内家中隐避，经积极防治，方将疫势遏止，至十二月八日无新病例发现。兹绘制疫病流行分区图及未经治疗死亡调查表于后。

三、治疗情形及病例报告

兰溪县自十一月三日发生疑似鼠疫病例，未经检验，半月以来共计死九人。至十一月十七日本队开到后，于十八日开始检查诊治工作，因隔离病院尚未觅定，临时劝导在家隔离，由本队每日派员前往疫户实施治疗及护理；二十一日隔离病院赶造完竣后，即将所有鼠疫患者入院治疗，由五人增至九人，而后增加十六人之多，尤以已经检验之第一病例许金氏一家七人，竟染疫六人，除许顺田病势较轻外，其余五人均甚沉重，经过数日之悉心护理及积极救治，痊愈五人，死亡王凤香一人。查该患者性情固执，不听医师及护士之指导而至牺牲，深为惋惜。患者主治药品是采用磺胺地亚净、磺胺噻唑锭二种，兹为增加治疗效能，减少死亡之目的，并以强心剂利尿、镇吐等药品为补助。自十一月二十一日隔离病院开始收容，至十二月八日共计收治二十七人，内计男性十六人，女性十一人，治愈二十四人，死亡三人。兹将鼠疫患者病例记载列表于后。

四、预防注射工作

鼠疫流行期间，预防注射工作实为重要，本队到兰后召开会议商讨进行，于十一月二十日开始工作。除在防疫委员会及卫生院门诊部设立预防注射站二处，以便民众自动前来注射，并组织注射队四队，先在疫区挨户实施强迫注射，及委托各医院诊所免费代为注射。疫区强迫注射工作完竣后，即推行非疫区普遍施射工作，至十二月十二日将城区二十四保全部完成。鼠疫疫苗来源，由本队全部供给，均系美国出品之二十公撮装，每公撮含菌二十万万单位，杂菌较多，反应轻微，每人以注射两次为原则。一般民众对于注射，除少数不愿接受，其余无甚反感，但其自愿乐于接受者仍属少数，经工作人员讲解预防注射之效力，并尽力劝导，方肯接受。为完成任务计，工作人员任劳任怨，全力以赴，达到工作效果。兹将注射人数详列表于后。

五、收集鼠尸及处理情形

疫病流行之时期，收集死鼠尸体实为重要之工作，人民不知鼠尸之危险，任意抛弃。本队到达时，即在防疫会议提议张贴布告，通知民众凡发现死鼠，应即送来本队检验处理，但自行送检者为数寥寥，民众仍乱抛弃。经派员与范主任委员文质商洽制止办法，范主任得报后即倡举奖券收鼠，自十一月二十九日开始登记，每一只死鼠发给奖券一张，以收足一万只为开奖日期，特奖一百五十万元、头奖一百万元等，共计筹款一千万元为奖金。此办法实施后,每日送来鼠尸大为增加,死鼠送到本队后即用火油焚烧,并抽查剖验后派员监视动工,将鼠尸深葬郊外山地(本应建造焚鼠炉,因经济不堪负担未建)。兹将收鼠及剖验数字列表于后。

六、第一病例检诊经过情形

十一月十六日第一病例许金氏右鼠蹊淋巴腺肿胀,有脓样分泌物,患者面呈忧郁状态,高热呕吐、脾脏肿火,当即抽取淋巴腺液涂片镜检,确实发现鼠疫杆菌,每一视野有三十余杆菌之多。兹将所有病例检验及结果列表如后。

七、消毒工作实施办法

消毒工作是采取点线行动,分为四队出发工作。点的方面,以疫户为对象;线的方面,以疫区为对象。按街道顺序推行,向疫区四周扩展,渐及非疫区,使疫蚤及时消灭,疾病无法再行传播。消毒户数与房间数及消毒所耗DDT 数量详列统计表于后。

八、调诊及检疫情形

鼠疫流行调诊颇为重要,疫势流行到如何程度,非从调查诊断着手,不能测知蔓延情形。自本队开始工作后,不管是否疫区,遇有疑似鼠疫患者发现,本队当即派员前往诊断,并调查染疫来源,诊断有鼠疫症状者强迫送入隔离病院治疗。关于检疫工作,自鼠疫发生后,当即函请浙赣铁路局兰溪火车站协助办理,因该局未奉总局命令,有碍交通,未便设立,先在黄家码头水路设站检疫注射。嗣于十二月十一日兰溪车站奉到总局命令,凭注射证购买车票,设站检疫,至十二月二十八日因疫势已戢,且其他工作亟待开始,即行撤销。

九、捕鼠工作之开始

捕鼠工作之开始,先采用铁丝捕鼠笼在非疫区捕捉活鼠,经剖验视鼠类染疫情形后,再由非疫区采包围式向疫区推行。自十二月二十九日捕鼠工作分为四组,每组携带捕鼠夹一百只开始实施。工作之程序,是将捕鼠夹指定专人整理编号交外勤人员每日下午往各户寻觅鼠穴,及必经过途径,再放置鼠夹记明只数,次日上午再赴各户将所捕获之鼠系上号牌登记处所,纳入收鼠袋内,鼠尸交检验人员剖验登记;捕鼠器交指定专人洗刷整理清洁后,新换食饵备用,否则即不能再用,鼠之嗅觉极灵,嗅得捕鼠器上之气味即远避而去,不易捕得。此次普遍工作拟订计划于二个月内完成工作,成绩俟结束后另行项目报告。

十、宣传工作

宣传工作之推进,兰溪初次发生鼠疫,防疫常识完全缺乏,对防疫一切设施多抱怀疑,甚至抗拒注射预防针,虽用行政力量强制就范,仍多阳奉阴违,工作难以推进,欲解此种困难,能达民众自动合作,故宣传工作实为重要。吴大队长有见于斯,每日亲赴各学校演讲防疫常识,并要求学生广为宣传,宣传方式分文字、口头、图画三种。兹将宣传分类抄录于后:

甲、宣传工作次数

学校演讲次数	二十四次
散发传单张数	二千张
张贴图画标语	一千张
家庭访问户数	三十二户
壁画幅数	一幅

乙、宣传要旨

1. 说明检疫目的	6. 防鼠的方法
2. 讲解隔离疫病之必要和方法	7. 消毒的利益
3. 鼠疫之危险	8. 预防注射的利益
4. 死鼠之处理和方法	9. 清洁运动之意义
5. 灭蚤的方法	10. 疫病死亡之处理方法

未经隔离医院治疗之鼠疫患者死亡人数调查表

号数	住址	姓名	性别	年龄	症状调查摘要	起病日期	死亡日期	何处治疗	家内发现死鼠
1.	自由路177号	朱俞氏	女	41	高热、鼠蹊腺肿大	11.03	11.07	玉芳医院治疗	5
2.	保安埠1号	汪贵贤	男	43	发高热	11.04	11.06	经中医治疗	

续表

号数	住址	姓名	性别	年龄	症状调查摘要	起病日期	死亡日期	何处治疗	家内发现死鼠
3.	自由路175号	王家洪	男	25	高热、左侧鼠蹊腺肿痛	11.08	11.14	经中医治疗	
4.	后园塘7号	赵爱琴	女	18	发高热	11.09	11.13	经中医治疗	
5.	南门码头	蔡培根	男	40	发高热	11.16	11.18	经中医治疗	
6.	自由路195号	贾根香	女	12	高热、右侧鼠蹊腺肿大	11.18	11.21	未经治疗	3
7.	自由路185号	卢妹妹	女	22	亲属他迁无从调查	11.30	12.02		
8.	保安埠1号	姚根海	男	21	仝上				
9.	驿前码头	王阿南	男	33	高热、鼠蹊腺肿痛	11.23	11.24	未经治疗	10

隔离病院治疗鼠疫患者记载表

号数	住址	姓名	性别	年龄	诊断	发病日期	入院日期	出院日期	
								结果	月日
1.	自由路193号	许金氏	女	36	鼠疫	11.14	11.21	治愈	12.01
2.	自由路193号	许顺田	男	47	鼠疫	11.19	11.21	治愈	11.24
3.	自由路193号	许玉琪	男	19	鼠疫	11.14	11.21	治愈	12.03
4.	自由路193号	许树新	男	15	鼠疫	11.14	11.21	治愈	11.24
5.	自由路194号	黄子义	男	16	鼠疫	11.14	11.21	治愈	11.29
6.	自由路194号	黄子汝	男	15	鼠疫	11.19	11.21	治愈	12.01
7.	自由路191号	余莲丰	男	40	鼠疫	11.19	11.21	治愈	12.02
8.	塔岭背	姚张氏	女	21	鼠疫	11.17	11.21	治愈	12.04
9.	后元塘16号	叶郑氏	女	45	鼠疫	11.19	11.21	治愈	12.01
10.	驿前码头	王胡氏	女	31	疑似	11.21	11.22	治愈	11.25

续表

号数	住址	姓名	性别	年龄	诊断	发病日期	入院日期	出院日期 结果	出院日期 月日
11.	自由路193号	王凤香	女	24	鼠疫	11.22	11.26	死亡	11.27
12.	溪下街	王妹妹	女	13	鼠疫	11.22	11.23	治愈	12.01
13.	自由路233号	陈恒弟	男	52	鼠疫	11.25	11.27	治愈	12.06
14.	县立中学	吴樟茂	男	34	疑似	11.26	11.27	治愈	11.26
15.	溪下街33号	周樟汝	男	8	鼠疫	11.26	11.27	治愈	12.07
16.	县立中学	徐可寿	男	17	疑似	11.27	11.28	治愈	11.29
17.	溪下街	蔡海林	男	43	鼠疫	11.27	11.29	治愈	12.03
18.	溪下街25号	李荣华	男	19	鼠疫	11.27	11.29	死亡	12.01
19.	桃园巷7号	程干欢	男	16	鼠疫	11.27	11.30	死亡	12.01
20.	洞源乡12保	章以球	男	23	疑似	11.30	11.30	治愈	12.01
21.	南门周法生皂厂	王毛奶	男	10	鼠疫	11.29	12.01	治愈	12.02
22.	世德路8号	吴惠珍	女	15	鼠疫	11.30	12.01	治愈	12.05
23.	自由路51号	王锦如	男	42	鼠疫	11.29	12.02	治愈	12.07
24.	状元第9号	谢阿娥	女	35	疑似	12.01	12.02	治愈	12.05
25.	上徐巷4号	冯仙金	女	9	鼠疫	11.30	12.02	治愈	12.08
26.	南门春林茶社	叶素兰	女	19	疑似	12.02	12.04	治愈	12.07
27.	金家巷	楼秀清	女	12	疑似	12.06	12.07	治愈	12.08

备考：1. 姚张氏即系张干香　2. 王胡氏即系王胡小妹

鼠疫苗预防注射人数性别统计表

日期	地址	第一次 男	第一次 女	第二次 男	第二次 女	合计	备考
11.22	自由路	378	129			507	
11.23	下溪街	397	138			535	

续表

日期	地址	第一次		第二次		合计	备考
		男	女	男	女		
11.24	塔岭背	345	186			531	
11.25	机关学校	166	59			225	
11.26	上溪街	318	179			497	
11.27	南门码头	192	80			272	
11.28	自由路	215	94	187	36	532	
11.29	上溪街	323	105	114	66	542	
11.30	塔岭背	315	117	181	95	708	
12.01	南门疫区	513	297	198	83	1,091	
12.02	南门疫区	667	254	257	121	1,299	
12.03	南门疫区	216	79	114	41	450	
12.04	机关学校	203	97	101	32	433	
12.05	新民路	341	118	114	64	637	
12.06	新民路	397	193	207	124	921	
12.07	中正路	311	120	113	87	631	
12.08	中正路	327	98	199	65	689	
12.09	各西医诊所	6,584	2,194	3,115	1,727	13,620	
12.10	桃花坞	183	41	45	17	286	
12.12	和平路	213	94	100	34	441	
12.13	和平路	465	162	123	77	827	
12.14	胜利路	398	165	189	53	805	
12.15	胜利路	211	114	121	74	520	
12.16	胜利路	38	16	11	7	72	
12.17	新民路	47	21	19	8	95	

续表

日期	地址	第一次		第二次		合计	备考
		男	女	男	女		
12.18	新民路	114	29	52	18	213	
12.19	北门余店一带	117	49	73	27	266	
12.20	北门余店一带	86	28	49	11	174	
12.21	北门余店一带	214	112	96	34	456	
12.22	蔡家巷	113	37	43	17	210	
12.26	后元塘	28	9			37	
12.27	后元塘	5				5	
12.28	城隍庙巷	4				4	
12.29	城隍庙巷	46	14	123	83	266	
12.30	新生路	28	14	189	44	275	
总计		14,518	5,442	5,821	3,045	28,826	

收鼠分类及剖验结果报告表

日期	捕鼠方法		鼠族分类				剖验数	镜检结果		百分率	
	收集	捕得	家鼠	鼷鼠	沟鼠	小鼠		阳性	阴性	阳性	阴性
11.20	1		1				1	1		100	
11.21	4		3	1			4	4		100	
11.22	5		5				5	5		100	
11.23	37		34	3			37	31	6	84	16
11.24	32		32				32	29	3	93.7	6.3
11.25	17		15		2		17	15	2	88.2	11.8
11.26	31		28	1		2	10	8	2	80	20
11.27	29		24	3	1	1	7	6	1	85.7	14.3
11.28	24		18		2	4	6	4	2	66.7	33.3
11.29	31		28	3			8	5	3	62.5	37.5

续表

日期	捕鼠方法		鼠族分类				剖验数	镜检结果		百分率	
	收集	捕得	家鼠	鼷鼠	沟鼠	小鼠		阳性	阴性	阳性	阴性
11.30	27		22	2	3		4	2	2	50	50
12.01	39		28	4	2	5	6	5	1	83	17
12.02	23		17	1	4	1	23	3	20	13	87
12.03	52		41	5		6	52	2	50	4	96
12.04	40		38	1	1		40	2	38	5	95
12.05	36		35			1	36		36		100
12.06	44		33		8	3	44	3	41	7	93
12.07	31		29	1	1		31		31		100
12.08	21		15		1	5	21		21		100
12.09	34		29	1	4		8		8		100
12.10	34		27	2	2	3	3		3		100
12.11	13		13				4		4		100
12.12	12		11			1	2		2		100
12.13	11		8	1	2		3		3		100
12.14	20		19			1	4		4		100
12.15	4		4				4		4		100
12.16	7		7				7		7		100
12.17	4		4				4		4		100
12.18	1		1				1	1		100	
12.19	4		3	1			4		4		100
12.20	11		10	1			11		11		100
12.21	3		2			1	3		3		100
12.22	7		4			3	7		7		100
12.23	7		7				7		7		100
12.24	2		2				2		2		100

续表

日期	捕鼠方法		鼠族分类				剖验数	镜检结果		百分率	
	收集	捕得	家鼠	鼷鼠	沟鼠	小鼠		阳性	阴性	阳性	阴性
12.25	5		3		2		5		5		100
12.26	9		7		2		9		9		100
12.28	10		8		2		10	1	9	10	90
12.30	2	102	87	12	2	3	104		104		100
12.31		78	58	7	12	1	78		78		100
统计	724	180	760	50	53	41	664	127	537	31	69

病例检验记载表

日期	姓名	性别	年龄	检验材料	检验目的	检验结果
11.16	许金氏	女	36	淋巴穿刺液	鼠疫杆菌	阳性
11.19	黄子义	男	16	淋巴穿刺液	鼠疫杆菌	阳性
11.19	张干香	女	21	淋巴穿刺液	鼠疫杆菌	阳性
11.19	余莲丰	男	40	淋巴穿刺液	鼠疫杆菌	阳性
11.19	黄子汝	男	15	淋巴穿刺液	鼠疫杆菌	阳性
11.21	许顺田	男	47	血液	鼠疫杆菌	阳性
11.21	许玉琪	男	19	血液	鼠疫杆菌	阳性
11.21	许树新	男	15	血液	鼠疫杆菌	阳性
11.21	叶郑氏	女	45	血液	鼠疫杆菌	阳性
11.22	王胡氏	女	31	血液	鼠疫杆菌	阴性
11.22	吴寿良	男	36	血液	鼠疫杆菌	阴性
11.22	吴牛奶	女	18	血液	鼠疫杆菌	阴性
11.23	王妹妹	女	13	淋巴穿刺液	鼠疫杆菌	阳性
11.23	王阿南	男	41	淋巴穿刺液	鼠疫杆菌	阳性

续表

日期	姓名	性别	年龄	检验材料	检验目的	检验结果
11.24	王凤香	女	24	淋巴穿刺液	鼠疫杆菌	阳性
11.27	施炳文	男	15	心脏穿刺液	鼠疫杆菌	阴性
11.27	陈恒弟	男	52	淋巴穿刺液	鼠疫杆菌	阳性
11.27	吴樟茂	男	34	血液	鼠疫杆菌	阴性
11.28	周樟汝	男	8	淋巴穿刺液	鼠疫杆菌	阳性
11.28	徐可寿	男	17	血液	鼠疫杆菌	阴性
11.29	蔡海林	男	43	血液	鼠疫杆菌	阳性
11.29	李荣华	男	19	血液	鼠疫杆菌	阳性
11.30	程干欢	男	18	血液	鼠疫杆菌	阳性
12.01	章以球	男	23	血液	鼠疫杆菌	阴性
12.01	王毛奶	男	10	血液	鼠疫杆菌	阳性
12.01	吴惠珍	女	15	血液	鼠疫杆菌	阳性
12.02	王锦如	男	42	淋巴穿刺液	鼠疫杆菌	阳性
12.02	谢阿娥	女	35	淋巴穿刺液	鼠疫杆菌	阴性
12.02	冯仙金	女	9	血液	鼠疫杆菌	阳性
12.04	叶素兰	女	19	血液	鼠疫杆菌	阴性
12.07	楼秀清	女	12	淋巴穿刺液	鼠疫杆菌	阴性
12.11	柯叶氏	女	48	淋巴穿刺液	鼠疫杆菌	阴性
12.11	郑徐氏	女	50	淋巴穿刺液	鼠疫杆菌	阴性
12.13	唐牛奶	女	56	淋巴穿刺液	鼠疫杆菌	阴性
备考	张干香即系姚张氏。 王胡氏即系王胡小妹。 王阿南及施炳文均系尸体检验。					

DDT 灭蚤工作及消耗数量统计表

日期	地址	消毒户数	消毒间数	消耗 DDT 数量		备考
				数量	单位	
11.18	自由路	3	15	3	磅	疫户
11.19	自由路	5	23	5	磅	疫户
11.20	自由路	12	31	5	磅	疫鼠
11.21	上下溪街	4	20	4	磅	疫户
11.22	上下溪街	19	80	20	磅	疫区普遍挨户消毒
11.23	上下溪街	33	60	15	磅	疫区普遍挨户消毒
11.24	上下溪街	30	101	27	磅	疫区普遍挨户消毒
11.25	上下溪街	60	190	47	磅	疫区普遍挨户消毒
11.26	上下溪街	82	280	76	磅	疫区普遍挨户消毒
11.27	火码头至永康码头	74	193	50	磅	疫区普遍挨户消毒
11.28	新民路及简师	2	78	20	磅	请求消毒
11.29	荷花塘沿新民路	33	150	40	磅	疫区普遍挨户消毒
11.30	自由路	17	85	20	磅	疫区普遍挨户消毒
12.01	自由路塔岭下	75	270	45	磅	疫区普遍挨户消毒
12.02	县政府	1	54	13	磅	请求消毒
12.03	南后街	97	250	47	磅	疫区普遍挨户消毒
12.04	南后街	50	117	30	磅	疫区普遍挨户消毒
12.05	云山中心小学	1	27	7	磅	疫鼠
12.06	新民路	5	30	8	磅	疫鼠
12.07	县党部	1	30	7	磅	疫鼠
12.08	各西医诊所	12	80	20	磅	请求消毒
12.09	直接税局	2	50	15	磅	请求消毒
12.10	贵隆巷 4 号	1	3	1	磅	疫鼠

续表

日期	地址	消毒户数	消毒间数	消耗 DDT 数量		备考
				数量	单位	
12.14	省银行	1	20	4	磅	请求消毒
12.12	隔离病室	1	4	1	磅	请求消毒
12.15	第二检疫站	1	8	2	磅	请求消毒
12.16	警察局	1	8	2	磅	请求消毒
12.17	上徐巷 4 号	1	2	1/2	磅	疫鼠
12.18	桃花埠	1	10	2	磅	疫鼠
12.28	转虹桥 8 号	1	7	2	磅	疫鼠
共计		626	2,276	538 1/2	磅	

（台北"国史馆" 028 - 040000 - 0242）

东南鼠疫防治处左吉等关于请派员协防温州鼠疫案致卫生部呈

（1948 年 4 月 17 日）

　　案准钧部防疫司容司长本年三月二十三日电，以奉钧长令即由榕派员赴温州，并携药材嘱电复等由；遵经派本处技正张昱率同员工共计六人携带器材，因候榕兴不定期航轮，于三月二十九日启程前往，并经三月二十七日电复在案。兹查该员等已于四月三日抵达温州，先后调查该地疫情，自三十一年冬起历年均有鼠疫发生，时仆时起，断续靡常，至上年九月以后已无疫情。惟于本年二月中旬又有发现，迄至四月上旬共计患者九例，治愈二例，死亡六例，其余一例尚在治疗中，并经该员等分往病家探视，据称发病以前均有死鼠发现，但迄今已无续发病例。复经会同当地省防疫队前往疫区施行预防注射、DDT 灭蚤、劝导改善环境卫生及捕鼠等工作，一面并商请县卫生院召开防疫座谈会，商讨全面工作推行方案，刻仍在办理中。除办理详情一俟据报再行呈报外，理合将赴温协防情形连同疫情调查表先行呈请鉴核。谨呈

部长周

附呈疫情调查表一份。

卫生部东南鼠疫防治处左吉公出

副处长代理处务查良钟

温州三十七年一月份至四月上旬疫情报告

病人姓名	性别	年龄	住址	起病日期	死亡日期	临床症状	细菌检验	备考
陈忠云	男	6	城区西郊圣旨牌巷四号	02.11	02.11	颈淋巴腺肿		
陈秀兰	女	13	仝上	03.01	03.03	仝上		
陈黄氏	女	41	仝上	03.11	03.12	腋下淋巴腺肿		
郑金香	女	14	东门□□□四十一号	02.24		鼠蹊淋巴腺肿	未检出鼠疫杆菌	治愈
郑上章	男	39	仝上	02.28	03.03	颈淋巴腺肿		
郑夏氏	女		仝上	03.03			未检出鼠疫杆菌	由白累德医院治愈
项陈氏	女	26	西郊花园巷五号	03.13		鼠蹊淋巴腺肿	细菌阳性（十）（由柯生光医师证实）	尚在传染病院医治中
张瑞涛	男	17	近瓯江之朔门永宁巷十号	03.29	03.31	鼠蹊淋巴腺肿	细菌阳性（卅）（由传染病院证实）	
徐宗良	男	30	城东镇上岸街一二四号	03.31	04.02	肺鼠疫	细菌阳性（廿）（由瓯海医院证实）	

（台北"国史馆"028－040000－0242）

交通部关于浙赣铁路沿线防疫情形致卫生部电

(1948 年 5 月 20 日)

卫生部公鉴:

据浙赣铁路局卯艳代电称:"据本局南昌分医院卯哿电称:贵溪花桥乡一、二保发生类似鼠疫死亡十余人。后据鹰潭诊所卯春电称:贵悉距车站六十华里,花桥乡发生鼠疫,东南防治处、赣省卫生处已派员前往调查。"各等情。据查贵溪疫区距车站尚远,但本路为防止疫势传播,即饬车站防疫队携带防疫药械,于春日驰往详细调查协同防治,并另饬南昌分院、上饶诊所与当地防疫机关密切联系,协同防治各在案。除俟疫情调查确定,再行报核外,谨先胪陈,敬请钧部特咨卫生部加强浙赣沿线防疫,以利防治。正办理间,后据该局辰微代电:"据查本路鉴于沿线鼠疫时有发生,为加强防疫工作,经自卅七年度起在总医院增设保健防疫科,并成立巡回医疗防疫队积极展开全路毒鼠、消毒及预防接种等工作。最近贵溪花桥乡发生类似鼠疫,即饬防疫队驰往协防,以卯艳电请鉴核在案。兹后据报南昌近亦发现死鼠,且多含杆菌,即日起已实施驻昌各员工预防注射。除电饬本路南昌分医院会同当地防疫机关实施站台、仓库及各次列车消毒,以资预防外,理合电请鉴核。"各等情;相应请查照办理为荷。

交通部辰寝路监京

(台北"国史馆" 028 - 040000 - 0241)

浙江省医疗防疫大队大队长吴惠公关于报送乐清龙门乡
鼠疫防治经过报告书案致卫生部部长呈

(1948 年 6 月 7 日)

卫生部部长周钧鉴:

查本省乐清县龙门乡于本年五月上旬发现鼠疫,经本大队所属第一医疗防疫队派员驰往实施地方防治工作,兹已完成任务,并据该队编制防治经过报告书到队。除呈报浙江省卫生处核备外,理合抄录原报告一份,电祈鉴赐核备。

浙江省医疗防疫大队大队长吴惠公

附呈乐清县龙门乡鼠疫防治经过报告书一份。

乐清县龙门乡鼠疫防治经过

疫情来源:乐清县政府电告该县东联乡鼠疫续发,请求派员协防。

工作人员:利瓦伊荣、戴守侠

预定计划:

(一)疫情及人文地理之调查工作推行之依据。

(二)发动大扫除举行挨户消毒。

(三)预防注射。

(四)请该县地方当局筹组临时院实施隔离治疗。除经济由该院自主外,本队尽量予以技术及药材之协助。

实施概况:

(一)接获疫情报告后,即驰往乐清走访陈县长及卫生院范院长洽商工作上必要之联系,并承派员会同下乡。

(二)抵虹桥后即作疫情之初步采访,始知东联乡自上次经预防措施后疫势即告平息,此次送检之死鼠系龙门乡所发现。

(三)因疫情发生地点既已改变,致工作方针亦不得不变,当即决定先向龙门乡进发。

(四)及抵乡后旋即进行实地调查。

1. 疫情:该乡第六保邬家桥地方于古历三月下旬迄四月中旬先后发生疑似患者鼠疫四例,第一例患者谷林氏病前曾到东联乡之小东洋,而其时适小东洋有疑似鼠疫流行,同时龙坦地方相继发现死鼠计约二十四只(仅凭当地民众估计),其中一只曾经乐清公立医院解剖镜检确定。

2. 人文及地理:邬家桥及龙坦地位于虹桥之西,约四里许,两地相距甚近,周围绕有迂回弯曲之小河,共有居民一一九户,计四六○人,其中男性二四七人,女性二一三人,大多务农,因时遭匪患,故一般生活困苦。

(五)以调查所得之结果知最后一例患者死亡,迄调查时已超出检疫法定期间,而该地并无患者继续发生。此种情形咸认彻底消毒及预防注射为

最上策,当即分工作合作并利用保甲力量,策动民众举行全村大扫除,计:

1. 清除垃圾二一一担并于就地焚毁。

2. 彻底挨户消毒共一一九户,计房屋一四二间。

3. 预防注射二二八人。

(六)龙门乡任务完毕后乃转至东联乡调查,知上次封锁消毒后疫势即告况寂。据该乡长称,连桥寮中过去曾一度有病人匿居,于是即至该处予以消毒。

工作心得:

(一)防疫工作必须配合,行行力量才能于短时间内发挥很大效能,如此次利用保甲组织策动全村大扫除,竟能于四小时内达成任务,而其成绩优异诚出人意料之外。

(二)封锁消毒在仅即防疫措施时,颇宜采用。而其节省材料堪称优点,在我国目前财力、人力均感缺乏情形下尤切适用,而其功效也甚确实。东联乡疫势之顿挫,当不得不归功于DDT之封锁及灭蚤也。

传染病调查表

登记字号　门诊号数　传染病报告片号数

乐清　　　　　　　　　　　　　　鼠疫

患者姓名:林培荣　　住址:邬家桥(龙门香六保六甲一户)	
性别:男　~~女~~　年龄:70　　　　婚姻:已婚　~~未婚~~　~~鳏~~　~~寡~~	
职业:　　工作所及地点	
病例:	
发病日期:三十七年五月十八日　报告日期:三十七年六月一日　　报告者:林永球	
现在病状:畏寒、发热、左鼠蹊腺肿胀	
曾否检验:痰血、淋巴穿刺液　结果:	
病前曾在何处:本地	
曾否与同样病人接处否?　　有　否　接触日期　年　月　日　地点	
曾患过同样疾病否?　~~有~~　否　日期:　月　日　地点:	
家中有死鼠发现否?　~~有~~　否　日期:　月　日　地点:	

续表

所发现之死鼠如何情形:	

所发现之死鼠如何情形:

现在治疗情形:医师　中医　神巫　自己服药　未受治疗

隔离:家中　医院(名称　　　入院隔离日期　月　日)

曾否施行鼠疫预防注射接种:　否　日期　年　月　日

经过:~~治疗~~　死亡　~~不明~~　三十七年五月二十日

家庭状况:~~良好~~　~~平常~~　不良　各物放置有秩序否?　~~有~~　否

一般家庭卫生状况:

房屋建筑　瓦屋　~~草屋~~　泥土　~~天花~~　~~地板~~　杂物贮藏:~~严密~~　不严密

经济状况:~~富~~　普通　贫　~~极贫~~

家长识字程度:~~识字~~　不识字

患者家庭调查表

姓名	与患者之关系	性别	年龄	职业	工作地点	现在或最近曾患同样病否	曾否受预防注射及日期	采取检验物名称及日期	检验结果及日期
倪氏	妻	女	64			患	否		
林永球	侄	男	23	农		无	否		

说明:表内(患病前)字样应追溯至少十天

调查日期　三十七年六月一日　　　　　　　　调查者　利瓦伊荣

传染病调查表

登记字号　门诊号数　传染病报告片号数

乐清　　　　　　　　　　　　　　鼠疫

患者姓名:林倪氏　　住址:邬家桥(龙门香六保六甲一户)
性别:~~男~~　女　年龄:64　　　　婚姻:已婚　~~未婚~~　~~鳏~~　寡
职业:　工作所及地点
病例:

续表

发病日期:三十七年五月十八日　报告日期:三十七年六月一日　报告者:林永球

现在病状:发热、呕吐、轻度下痢腹痛

曾否检验:痰血、淋巴穿刺液　结果:

病前曾在何处:本地

曾否与同样病人接处否?　有　否　接触日期　三十七年五月十八日　地点　本家

曾患过同样疾病否?　有　~~否~~　日期:　月　日　地点:

家中有死鼠发现否?　~~有~~　否　日期:　月　日　地点:

所发现之死鼠如何情形:

现在治疗情形:医师　中医　神巫　自己服药　未受治疗

隔离:家中　医院(名称　　　入院隔离日期　月　日)

曾否施行鼠疫预防注射接种:有　否　日期　年　月　日

经过:~~治疗~~　死亡　~~不明~~　三十七年五月二十一日

家庭状况:~~良好~~　平常　不良　各物放置有秩序否?　~~有~~　否

一般家庭卫生状况:

房屋建筑　瓦屋　~~草屋~~　~~泥土~~　天花　~~地板~~　杂物贮藏:~~严密~~　不严密

经济状况:~~富~~　普通　贫　~~极贫~~

家长识字程度:~~识字~~　不识字

患者家庭调查表

姓名	与患者之关系	性别	年龄	职业	工作地点	现在或最近曾患同样病否	曾否受预防注射及日期	采取检验物名称及日期	检验结果及日期
林培荣	夫	男	70	农		患	否		
姓名	与患者之关系	性别	年龄	职业	工作地点	现在我最近曾患同样病否	曾否受预防注射及日期	采取检验物名称及日期	检验结果及日期
林永球	侄	男	23	农					

说明:表内(患病前)字样应追溯至少十天

调查日期　三十七年六月一日　　　　　　调查者　利瓦伊荣

浙江省医疗防疫大队第一医疗防疫队三十七年六月二日上旬法定传染病例纪录表

姓名	性别	年龄	详细地址	起病日期	治愈日期	死亡日期	临床症状	显微镜检查	尸体解剖	细菌培养	动物接种试验	备考
谷林氏	女	34	乐清龙门乡邬家桥	05.02		05.02	发热、左鼠蹊腺种					
谷春娥	女	16	乐清龙门乡邬家桥	05.05		05.07						
林培荣	男	70	乐清龙门乡六保六甲一户	05.18		05.20						
林倪氏	女	64	乐清龙门乡六保六甲一户	05.18		05.21						

（台北"国史馆"028－040000－0242）

卫生部关于浙赣铁路沿线发现鼠疫请加强防治与交通部、医疗防疫总队等的往来文电

（1948 年 6 月 19 日）

令医疗防疫总队：

　　准交通部路监京字第三九八三七辰寝代电开："据浙赣铁路局云云；相应电请查照办理。"等由过部。查南昌、上饶、兰溪县等地时发时止，亟应加强浙赣铁路及沿线各地之防治工作，并随时与浙赣铁路局医防机构切实联系，以期周密。过去贵溪花桥乡疫病流行，经饬据东南鼠疫防治处及江西省卫生处先后报告，系属其他传染病，并非鼠疫有案，惟仍应注意防范，以免疫病复炽。至南昌发现死鼠，多含杆菌，应迅将检验详情具报，除电复交通部并分令江西省卫生处外，合行令仰该总队转饬现驻浙赣各地之第一、三两医防大队切实办理为要。此令。

南昌江西省卫生处：

　　准交通部路监京字第三九八三七辰寝代电开："据浙赣铁路局云云；相

应电请查照办理。"等由过部;正办理间,复据该处本年五月廿五日(37)卫肆字第281号呈报派员前往贵溪县花桥乡调查鼠疫经过情形,查花桥乡过去发现疫病,虽未证实确系鼠疫,该处仍应随时注意防范,以免疫氛复炽。至南昌发现死鼠,多人含杆菌,应迅将死鼠检验详情具报。又九江、南昌、上饶及浙境之兰溪等地鼠疫时发时止,浙赣铁路及沿线各地之防治工作亟应加强,该处应随时与本部驻赣境之第一、三医防大队及浙赣铁路局医防机构切实联系,以期周密,除抄附原呈电复交通部并转饬本部第一、三两医防大队照办外,合行电仰该处切实办理为要。

卫生部防(37)已皓印

交通部鉴:

路监京字第3983号辰寝代电。敬悉。查贵溪花桥乡过去发现疫病,迭据本部东南鼠疫防治处及赣省卫生处报告,系属其他传染病,并非鼠疫,经由本部电复浙赣铁路局有案。至南昌、上饶等地已由本部第一医防大队派队驻防,最近第三医防大队复由鄂调浙分驻兰溪衢县等地。准电前由,除令饬本部医疗防疫总队转饬第一、三两大队迅即加强浙赣铁路及沿线各地之防治鼠疫工作,并随时与浙赣铁路局医防机构切实联系,暨电饬江西省卫生处严密注意防范外,相应抄附江西省卫生处原呈一件,电请查照为荷。

卫生部防(37)已皓印
(台北"国史馆"028-040000-0241)

二、江西

江西省政府主席曹浩森关于编具本省防疫经费案致行政院呈

(1945年8月31日)

案查前奉增拨本省防疫经费二百万元一案,业经本府令饬卫生处拟订防疫计划暨编造预算呈经本府交由财政厅会计处会呈签办,并报由第1773次省务会议决定照签注意见修正办理,并指饬遵照更正。去后,兹据该处卫会字第353号呈送换编预算暨修正计划到府,经核似尚相符,除抽存外理合

检同原呈防疫经费预算暨计划各七份,备文呈请钧院鉴核示遵。谨呈

行政院院长宋

计附本省防疫经费预算计划各七份。

江西省政府主席曹浩森

动支中央增拨防疫经费二百万元计划书

查本省尚无鼠疫,系由邻省蔓延而来。三十年福建邵武发生鼠疫,延至本省光泽,嗣后连年虽时有发现,均得及时扑灭。上年六月间南城发现鼠疫,蔓延各乡,一时情势严重,又值敌寇窜扰江西,人民流离失所,饮食起居均不安定,各种疫症随之发生。

中央重视此项问题,增拨防疫经费二百万元,以为防治之用。兹南城鼠疫又有新病例,光泽亦发现死鼠,此项疫症传播极速度,处理稍一不慎,难免猖獗。而在此(1)民智不开,每遇患疫辄多隐匿不报,甚或潜避各地;(2)地区辽阔,无法严密封锁,断绝交通条件之下,一经流行即蔓延至不可收拾,自应派遣人员拨给防疫经费上紧防遏。但各地疫病如天花、霍乱、伤寒、脑膜炎、回归热等项一经发生,死亡率极大,亦不可不予顾及,拟购备药械一批,藉免临事周章。兹就此项增拨防疫经费拟具动支计划如下:

一、南城防治鼠疫费:南城鼠疫上年虽幸扑灭,本年续有发现。该县为长期防治统一事权起见,经成立南城防疫处,月需经费二十万元。查南城鼠疫问题关系全省,而且现为交通枢纽,该防疫处经费自应由省拨给,拟自一月起至六月止按月拨发二十万元,其七月至十二月经费视疫情在新兴事业费项下指拨,并由该处妥拟计划呈核。

二、光泽防治鼠疫费:查光泽昆连、福建邵武曾经蔓延发生鼠疫,本年又复发现死鼠。允宜未雨绸缪,该县为防治,计经成立防疫委员会,所需经费除由当地筹募三十万元外,拟一次拨发二十万元,以资补助。

三、购备防疫药械:查本省历年均有疫症发生,最普遍者如天花、霍乱、伤寒、脑膜炎、回归热、鼠疫等症,应针对历年疫情早事购备药械,拟以四十五万元采购痘苗、各项疫苗、消发灭定暨注射针、穿刺品等项,以备宁都及其

他各县防疫之用。

四、派遣防疫人员:查防治疫症贵在情报确正,故遇疫情报告亟需派人调查,如疫发生县卫生机构设备简单,对于检疫治疗注射及按期种痘等项目,可勉力应付。若疫症流行则人力物力两有不逮,故酌列旅运费以备派遣人员不时之需。

以上四项系就现时情形编拟计划预算,但疫情变化有类军事不可预测,要须临事应变,方免贻误此项计划预算。但疫情变动时,本处职责所在似应赋予随时变更之权,以免胶柱鼓瑟,贻误民命。

江西省卫生处三十四年度防疫费预算分配表

岁出临时门

科目名称	预算数	说明
第一款 防疫费	2,000,000.00	
第一项 防治南城鼠疫费	1,200,000.00	购买疫苗血清注射品、穿刺针、喷雾器、消毒器、漂白粉、石碳酸、捕鼠器等,约计如上数。
第二项 防治光泽鼠疫费	200,000.00	购买疫苗血清注射品、穿刺针、喷雾器、消毒器、漂白粉、石碳酸、捕鼠器等,约计如上数。
第三项 药械费	450,000.00	购备宁都及其他各县临时发生疫症所需药械,如疫苗血清、注射器、穿刺针、喷雾器、消毒器、漂白粉、石碳酸、硫磺等,约计如上数。
第四项 旅运费	150,000.00	赴疫区调查及防治人员旅费、购买药械运费及运送药械至疫区运费等,约计如上数。
本款合计	2,000,000.00	

机关长官 方颐积

动支卅四年度新兴事业费项下指拨防疫准备金二百万元计划书

查本省前奉中央增拨防疫经费二百万元,业经遵照省政府指示,就南城、光泽等县根绝鼠疫,及省会所在地之宁都预防时疫范围,拟具动支计划预算呈核。嗣因本省赣西南各县遭敌窜扰,人民颠沛流离,各县相继发现疫病,疫区辽阔,防治需费复经本处签奉省政府核准,在本年度新兴事业费项

下指拨二百万元为防疫准备金,以备需要时应用。兹将此项防疫准备金拨具动支计划如次:

一、南丰防治经费:本省南城鼠疫复发,南丰县毗连南城应予防范,以免蔓延。顷据南丰汪县长电报该县已作预防准备,举行防疫注射,厉行灭鼠所需经费,已由县自筹十万元,惟仍不敷用,请由省拨补十万元。兹拟拨补该县防疫经费五万元,由防疫准备金内拨给,饬即编造预算计划呈候核拨。

二、补助永丰县沙溪卫生分院药费:本省永丰县属沙溪地方现迁驻省编机关甚多,计有民政厅、财政厅、审计处、会计处、合作管理委员会等五单位,员工众多,业准财政厅函请本处派医防队前往预防时疫。惟因本处医防队均已派赴前线赣县等地方工作,无法抽派,兹为保护公务员工健康,拟由省政府电令永丰县政府将人口较少地方卫生分院迁设沙溪,办理该地机关公务员工疾病治疗,及防疫工作。除由本处拨给免费药品外,并拟在防疫准备金内补助药品费五万元,由永丰县政府编造预算请领。

三、南城防治鼠疫费:南城鼠疫复发,防治需费,该县防疫处月需经费二十万元,自本年一月份起,按月拨发,计应需二百四十万元。除一至六月份应发之一百二十万元,拟在中央增拨防疫经费二百万元内拨发外,其七至十二月份经费一百二十万元,拟在本省新兴事业费项下所拨之防疫准备金二百万元内拨给。

四、以上三项,计应动支经费一百三十万元,尚余七十万元,拟予保留,暂不指定用途,专备防疫需要时应用。再,防疫工作须具有机动性,本计划所拟动支防疫经费预算系就现时情形拟定,将来各地方疫情发生变化,仍准就实际情况随时变更支配应用,俾资挹注而利防疫工作。

江西省卫生处卅四年度防疫经费预算分配表

事业岁出

科目名称	全年度预算数	每月分配数		
		六月份	七至十一月份	十二月份
第一款 本处防疫费	2,000,000	100,000	316,000	320,000

续表

科目名称	全年度预算数	每月分配数		
		六月份	七至十一月份	十二月份
第一项 防疫费	2,000,000	100,000	316,000	320,000
本款合计	2,000,000	100,000	316,000	320,000

说明：

（一）补助南丰防疫经费五万元及补助永丰县所属沙溪卫生院药费五万元，拟自六月份动支，计如上数。

（二）南城防治鼠疫经费一百二十万元即保留防疫费七十万元，均自七月份起动支，每月分配数，合如上数。

处长方颐积、会计主任黄植松

中华民国卅四年六月五日编送

（台北"国史馆"014－011105－0006）

卫生署关于江西省防疫经费计划书及预算案致行政院秘书处电

（1945 年 12 月 10 日）

行政院秘书处勋鉴：

准贵处三十四年十一月二十九日和玖字 46898 号通知。以江西省政府呈送该省卫生处拟具动支，前奉增拨及该省指拨防疫经费各二百万元计划书及预算案，奉谕交卫生署核复等因；附抄送原呈暨附件各件到署。经核所拟各项尚切实际，拟请准予备案，相应检还动支"增拨经费"、"指拨经费"计划书预算各一份，至希查照转陈为荷。

卫生署防(34)亥灰印

（台北"国史馆"014－011105－0006）

江西省参议会议长王枕心关于速派员携药赴该省扑灭鼠疫案致行政院院长电

（1947 年 3 月 21 日）

南京行政院长蒋钧鉴：

查本会第七十五次驻委会议徐参议员侠成临时动议："请迅速扑灭南昌市鼠疫，以防蔓延一案，经决议通过。"等语纪录在卷。除分函外，相应抄同原提案一份，电请钧院转饬卫生署查照办法第五项，迅派防治鼠疫专家携带大量药品来省协助扑灭,不胜企祷之至。

　　　　　　　　　　　江西省参议会议长王枕心参秘议寅马印

　　附抄录原提案一份。

临时动议

　　案由:请咨省政府迅速扑灭南昌鼠疫以防蔓延案

　　理由:南昌近日发现鼠疫,已死数人,并续有人在传染患病之中。据卫生处检查报告,此种鼠疫为肺鼠疫,较之过去南城、光泽等处鼠疫尤为严重,如任蔓延,则不堪设想。乃人民知识程度太低,不知自动预防,南昌市又无隔离病院之设置,医药且感缺乏,政府对于防治工作之进行亦殊过于迟缓,故非由本会咨请省政府特别予以注意不可。

　　办法:

　　(一)请省政府迅速拨款,派员赴沪购买防治鼠疫医药。

　　(二)请省政府迅速于南昌近邻择定现有房屋,为临时鼠疫隔离病院之用。

　　(三)请省政府迅饬南昌市政府发动灭鼠工作。

　　(四)请省政府速饬南昌市保甲长及警察协助卫生机关,强迫人民注射防疫针。

　　(五)请中央派防疫鼠专家来省协助防疫工作。

　　(六)发动防疫宣传,灌输人民防疫知识。

　　决议:照转

　　　　　　　　　　　　　　　　　　　　提案人　徐侠成

　　　　　　　　　　　　　　(台北"国史馆"014－011105－0005)

卫生署署长金宝善关于南昌市发现鼠疫请江西省政府加紧防治致行政院呈

(1947 年 3 月 22 日)

　　查去年十至十二月间,选据江西省卫生处报告南昌市船山路土地庙巷书院街一带,曾发现死鼠甚多,经镜检确有鼠疫杆菌。当以该市鼠族既经染疫,当地民众随时即有感染鼠疫可能,情势严重,遂即电调本署医防总队第一大队所属之卫生工程队、细菌检验队、第二、第十三医防队、第二防疫医院各单位,自长沙前往南昌会同江西省卫生处及该省医防队实施灭鼠灭蚤、预防注射等工作。右派本署医疗防疫总队视察何橘泉、卫生工程师过基同携带大批药品器材前往策划,并督饬加紧防治。复商请联总专家万达博士,自福州前往协助,进行以来,工作尚称顺利。兹据江西省卫生处及南昌市卫生事务所寅寒电称:"三月十三日,发现病疫二例,均死。其中一例,经检验血液中,确有鼠疫杆菌。"等情;自应加意防治,以免蔓延。除急电本省东南鼠疫防治处处长左吉及本署专门委员伯力士、医防总队第四大队副大队长邢大春克日赴赣,督饬防治,并分饬本署医防总队第一大队及东南鼠疫防治处驻赣工作人员,迅与赣省卫生处密取联系,努力防治,以杜蔓延。又另函江西省政府,转饬各有关单位积极协助,并注意湖口、九江两地之检疫工作外,理合将南昌市发现鼠疫情形,备文呈请鉴核转饬江西省政府注意防治。并乞准将核定本署卅六年度之防疫专款三亿元,迅赐先拨半数一亿五千万元,以利配合防疫工作,实为公便。谨呈

行政院

卫生署署长金宝善

（台北"国史馆"014－011105－0005）

江西省政府主席王陵基关于加紧防治南昌市鼠疫致行政院呈

（1947 年 5 月 3 日）

案奉钧院本年四月十四日从玖字第一三六九九号训令略开:"据卫生署呈报:南昌市发现鼠疫及调派防疫人员前往协助防治情形。除饬本署派驻该省工作人员迅与赣省卫生处密取联系,努力防治,以杜蔓延。并函江西省政府转饬有关单位积极协助,及注意湖口、九江两地之检疫工作外,理核备文呈请鉴核。等情。查索请转饬该省政府注意防治一节,应准照办。至防疫经费准拨五千万元,以资应用。除分行外,令仰遵照办理。"等因;奉此,自应照遵办。查南昌市自去年十月间发现鼠疫后,本府深感有蔓延可能,故对于防范工作积极进行。迨至本年三月间,竟发生鼠疫病例,本府当即采取紧

急措施、封锁疫区、严密消毒、普遍预防注射、成立隔离病院及交通检疫站等积极防治，以免疫势扩大。惟九江、湖口两地为本省至京沪交通要道，亟应及早设立检疫站，以杜疫疠流窜。现因本省人力经费不敷，恳请钧院转饬卫生署派员办理，俾易收效。至于防疫经费，在本省万分支绌之际，已勉力拨发一亿元采购疫苗办理医防等项，业经用罄，曾于三月二十日以财二字第四二八九号，呈请补助防治江熙鼠疫经费五亿元在卷。迄未奉覆，现需款孔亟，除已蒙拨五千万元外，仍乞补发四亿五千万元，以济眉急而资扑灭。奉令前因，理合将防治概要呈请鉴核。谨呈

　　行政院院长张

　　　　　　　　　　　　　　　　　　江西省政府主席王陵基

　　　　　　　　　　　　　　（台北"国史馆"014－011105－0005）

卫生部关于修改江西省防治鼠疫计划及经费预算案致行政院秘书处电

（1947 年 8 月 23 日）

行政院秘书处公鉴：

　　案准贵处本年七月廿五日服内四字第五七七二号通知："为江西省政府呈送卅六年度防治鼠疫计划及预算，并请核拨补助费七亿四千二百万元一案，奉谕：交卫生部核复。"等因；附抄原呈检附计划及预算表各一份过部。查赣省历年鼠疫流行，本部经调派医防队、院长期驻赣，协助防治。曾于本年七月间，派防疫司司长容启荣前往视导，并召集当地各有关机关开会，商讨防止鼠疫蔓延，缩小疫区范围及如何消灭方法。据目前赣省各级卫生机构人、财、物力咸感缺乏，欲期鼠疫根除，固非旦夕之功，惟杜绝蔓延则为当务之急。盖我国东南及长江上下游各省食米均仰给于赣省，米粮出境，舟车转运，疫鼠疫蚤藏匿其间，传播堪虞，以故粮食检疫工作极为重要。兹参照本部司长容启荣视导情形，赣省防治鼠疫计划酌予修改，并将经费预算按照实际需要分别核列，计原预算七亿四千二百万元，拟核列为四亿五千万元。相应检还原附件暨修改赣省防治鼠疫计划及经费预算意见表一份，电请查照转陈。关于粮食检疫工作，并拟请转饬江西省卫生处及江西省田粮管理

处会商办理为荷。

卫生部防(36)未梗印

江西省卅六年度防治鼠疫经费预算表

岁出临时门

科目名称	全年度预算数	备考
第一款 本省防治鼠疫经费	742,000,000	
第一项 防疫药械费	412,000,000	
第一目 鼠疫疫苗费	320,000,000	鼠疫苗费约需四亿元,除在中央及省款经费内配列八千万元外,计需如上数。
第二目 防疫药械费	92,000,000	灭鼠灭蚤之药械、防蚤衣及注射器材等,约一亿元,除在省款内已配八百万元外,计需如上数。
第二项 防疫事业费	72,800,000	
第一目 检疫留验费	37,800,000	检疫、留验事业费约需四千万,除在中央补助费内已配二百三十万外,计需如上数。
第二目 防疫交通费	17,000,000	防疫人员出差旅运费、交通工具之购置费等约需二千万,除在中央补助经费内配列三百万元外,计需如上数。
第三目 细菌检验费	9,000,000	细菌检验设备费及消耗费约需一千万元,除在中央补助经费内已配列一百万元,计需如上数。
第四目 防疫教育费	9,000,000	防疫宣传费等约需一千万元,除在中央补助经费内已配列一百万元外,计需如上数。
第三项 防疫补助费	257,200,000	
第一目 协助各县市防疫委员会经费	243,200,000	补助各县市防疫委员会经费约需四亿元,除在中央及分署补助费内已配列南昌市及临川县防疫委员会及九江、湖口两检疫站经费,共 156,800,000 元外,计需如上数。
第二目 补助防疫总队防治鼠疫经费	14,000,000	调遣防疫总队人员旅运费及防置设备费等约需二千万元,除在中央补助费内已配列六百万元外,计需如上数。
合计	742,000,000	

江西省卫生处处长熊悛

会计主任徐以宝

中华民国三十六年七月八日

江西省卫生处三十六年度防治鼠疫计划

一、前言

民国三十年本省光泽发生鼠疫,翌年延及上饶、广丰,又翌年复流行于光泽。三十三年侵入南城,三十四年以南城为中心,向四周乡镇蔓延,三十五年南及南丰、广昌,北及金溪,西及临川。同年十月,南昌发生鼠疫。本年三月十三日发生鼠疫病例。综观本省鼠疫传播经路,最初来自福建,沿公路线而流染,复员以后,船运畅通,由抚河而及于南昌。数载以来,虽经努力防治,疫势迄未遏止,长此以往,可能由南昌而及于全省,由赣河而及于长江,是不啻本省之祸患,亦即全国之隐忧。

按鼠疫之为病,乃鼠族之瘟疫经鼠蚤之媒介而侵袭人体。其蔓延方式,除病人之迁徙移动而外,疫鼠疫蚤之窜匿舟车,辗转传播更为重要。故防治之法,在治标方面,注射鼠疫疫苗以增强身体抵抗,扑灭户内跳蚤以减少传播媒介,严密管制疫区,隔离鼠疫病人,励行交通检疫,严防舟车藏鼠,以杜流传。在治本方面,则惟有彻底扑灭鼠类而已。

二、计划限度

南昌之鼠疫应最短期内彻底扑灭,尤宜防止延及赣河之上下游。赣东方面亦应积极防治,杜绝蔓延。而抚河沿岸之城镇亦应优先彻底肃清之。

赣东鼠疫防治处统筹督导赣东各县之防疫事宜。自设立以来,颇着成效,惟各县防疫委员会或行政与技术未能充分联系,或人力物力两相缺乏,均应加以改进,以增强工作力量。本省防疫总队编制过小,人员不敷调动,事业经费极为支绌,使工作不能顺利展开。拟扩充编制,增列经费,充实设备,提高技术以增强防疫之主力。

中央派驻本省之防疫人员截至目前为止,仅四十余人,应请增加人数。除南昌而外,并分派九江、湖口、吴城、临川等地划分防区,实地办理防疫检疫事宜。

防疫药械器材,除呈请卫生部及善后救济总署检发外,应大量购储备用。

三、实施方法

1. 扑灭疫区鼠疫

子、防疫教育:灌输人民有关鼠疫之知识,使其了解鼠疫之危险性,与防

治之重要性。动员全体民众与防疫人员通力合作,以期收效广泛彻底而迅速确实,其方式如下:

(1)临时性质的:绘制图画标语,编印墙报、传单,发行报纸、特刊,举行集会演讲、衍歌演讲及化妆宣传、电影宣传等。

(2)经常性质的:学校增加防疫教材,集中乡镇保甲长及民众施以防疫训练,定期发行防疫刊物,民教馆之民众教材增列防疫课程。

丑、疫情调查:凡疫区或鼠疫病人之发现日期、地点等情报应由警察、保甲及公私医师暨一般民众随时报告,由当地防疫机关复验确实后,迅速公布之,并电报卫生处。为减少遗漏,可管制棺木店及发行运柩证。

寅、预防注射:凡过去或现在流行鼠疫之区域,应经常普遍免费施行,并发给注射证,以备检查。每人每六个月应反复注射一次,邻疫区之城镇尤其水路交通要冲地点,须普遍注射。

卯、灭鼠灭蚤:鼠疫流行之地区,应普遍喷射 DDT 或其他灭蚤剂。经常灭蚤疫户及其邻居,尤宜彻底灭蚤,并以氰化钙蒸熏鼠穴。奖励民众使用捕鼠器捕鼠,挟及毒鼠药饼等大量灭鼠,并提倡养猫。

辰、检验诊断:各地防疫机关,应经常解剖死鼠,检查鼠蚤指数及疑似病人之穿刺液及喀痰等,并按期报告卫生处。为便于工作起见,各县应有检验设备一套,或装备检验汽车,巡回各疫区办理检验工作。

巳、隔离治疗:凡发现鼠疫地区,应迅速成立隔离病院,如确诊断为鼠疫病人,不论其任何阶层,均须强迫送院治疗,必待全愈无传染力时,始准出院。进出院时,病人衣物均须严密消毒,住院病人医药、膳食一律免费供给。

午、消毒疫户:凡发现疫鼠及鼠疫病人之住户,应立即喷洒灭蚤剂,并用氰化钙蒸熏鼠穴。如系肺鼠疫并应谨慎处理病人之喀痰,其用具衣物亦须消毒,必要时得焚毁之。

未、管制疫区:以疫户为中心,其周围约五十公尺以内,凡鼠类得以流窜之区域指定为疫区,立即由军警人员设置障碍物等实行封锁,务使疫区居民不得逃逸。所有疫区内物品一概不得外移,疫区内房屋彻底灭蚤灭鼠,并严密消毒。所有居民一律施以预防注射,并检查有无鼠疫病症。经封锁七日,未发生新病例,则解除封锁。封锁区内居民之粮食及日用品,由当地防疫机关供给之。

申、管理死尸:凡死于鼠疫之尸体,最好火葬,否则指定距城较远之偏僻空旷场所深埋七尺以下,三年以内不准改葬。疫鼠亦应焚毁或深埋七尺以下。

酉、环境卫生:清除垃圾、收藏厨余、油缸米柜严密加盖、粮食仓库固封防鼠。所有商店住户设法改良,使合于防鼠原则。新建房屋,必须有防鼠设备。

2. 杜绝鼠疫蔓延

赣东之鼠疫,以南城及临川为中心,故由此二地出发之交通在线,应设水陆检疫或留验站。南丰至广昌之间,上饶及其邻县之间,亦应检疫。南昌为全省交通中枢,抚河与赣江之船舶尤多载运疫鼠之危险。至公路与铁路亦为传播疫疠之媒介,故在鼠疫流行期间,凡属由南昌出发之水陆交通在线均应实施检疫。吴城、湖口、九江等处为本省门户,威胁长江流域,尤应特别注意。所有过往旅客须经检查无疫,始准通行。其有类似鼠疫症状者,应送入留验所留验七至十日,经证明无疫始得放行。倘诊所诊断确为鼠疫,则送隔离病院治疗。所有过往旅客除能提出有效注射证者外,须一律施以预防注射。

凡由疫区出境之车船及货物,必经检查无鼠类藏匿,始准放行。必要时,得喷洒灭蚤剂及施行蒸熏消毒。

凡疫区地带之船只,停泊于指定距本区较远之地方,晚间泊于河中,绝对禁用缆索抛锚岸上,以免鼠类逃避船中。

凡经过疫区之舟车,绝对禁止停靠、度夜,以免装运鼠只传播灾疫。

3. 充实本省防疫总队

本省防疫总队历经缩编,现在之编制仅员八十一名、技工四名、公役十七名。各分为二个大队及一个直属中队,每大队辖四个中队,而每一中队仅六七人而已,而全省疫区辽阔,工作艰巨,每感力量单薄,顾此失彼。为适应实际需要,拟于必要时,雇用若干临时员工,迄需要消灭时即予解散,以节公帑。

该总队事业费照预算所列，为数极微。三十五年度每月仅二万余元，三十六年度增加二倍，亦不过六万余元，致使业务无法开展，即调队旅费亦无法挹注。为补救，计除增列其本身之事业经费外，应由其驻地政府予以协助。

该总队设备至为简陋，应积极充实之。该总队人员薪俸低微，且流动性甚大，致生活常感不安，拟将差旅费提高至省颁公务员出差标准，以资补救。

4. 改进各县防疫委员会

修改各县防疫委员会之组织，增设总干事一人及情报、纠察二组，以增强力量。县府预算所列防疫经费，悉数交会支用，必要时得追加之。防疫委员会并得邀同县政府及参议会等机关，及地方公正热心人士发起募集捐款。省政府及中央拨补之防疫经费，亦酌予分配于各县防疫委员会，以资挹注。各县防疫委员会之工作计划，应随时呈送省政府核备。各县卫生院得增加防疫人员，呈请省政府追加预算。

5. 呈请中央增派防疫人员

请卫生部加派一个大队常驻南昌，并请东南鼠疫防治处在本省设置分处及检疫站。俟上列单位达到后，拟划分防区如下：

南昌：本省防疫总队及第一大队及直属中队暨东南鼠疫防治处。

临川：卫生署防疫总队第一医防大队。

南城、南丰、黎川、光泽：本省防疫总队第二大队。

九江、湖口、吴城：卫生署防疫总队第三医防大队。

6. 筹添防疫药品器材

灭鼠灭蚤之药械、预防注射之疫苗器材、检验治疗用之设备、防蚤衣及靴袜、救护车、检验车、垃圾车、交通车，以及宣传用品，如传单、图画、模型、彩片等，除请卫生署及善后救济总署供应外，并大量购置应用。

7. 训练防疫人员

举办防治鼠疫讲习班，轮流召集各级防疫人员，聘请中外专家予以技术训练。

四、完成期限

本计划分二期完成。第一期于本年八月底以前完成各疫区之隔离病院、所有新旧疫区普遍施行预防注射及喷洒灭蚤剂，设立各地检疫、留验站，严密组织全省疫情报告网，改进卫生环境等工作。第二期于本年底以前完成新旧疫区及赣河沿岸重要城市之灭鼠工作。

五、所需经费

本年度共需经费十亿元，内容如下：

鼠疫疫苗费	400,000,000	二百万人份
防疫药械费	100,000,000	灭鼠灭蚤用药械、防蚤衣及注射消毒器等。
检疫留验费	40,000,000	检疫留验诸事业费。
细菌检验费	10,000,000	细菌检验设备及消耗费、检验单、消毒费等。
各县市防疫委员会补助费	400,000,000	南昌市二亿元，各县合二亿元。
防疫总队补助费	20,000,000	调队旅运费、添置设备费、雇用临时员工等费。
防疫教育费	10,000,000	防疫宣传费、防疫人员训练费。
防疫交通费	20,000,000	防疫人员差旅、交通工具购置及消耗费。

截至四月底为止，已有着落之数，计有本处全年度防疫经费一亿元内划拨防治鼠疫费六千八百万元、中央拨助防治鼠疫专款四千万元、善后救济总署江西分署拨助之一亿元、近复奉行政院令拨助五千万元。以上四款共计二亿五千八百万元，尚不足七亿四千二百万元，拟请呈请中央补助。

抄行政院交议通知单

案据本省卫生处呈称："案奉卫生署卯世电摘开：希详拟全省鼠疫防治计划概算由省市转呈等因。查本省鼠疫为患迄今六载，祇因人力、财力不足，防治工作不能达到预定计划，以致连年以来时灭时发，未能彻底根绝。今后防治工作仍赖人力、物力之充实，及配合整个之计划，竭力防治，务期彻底扑灭，以绝后患。兹经本处拟具卅六年度防治鼠疫计划及概算所需经费，预计约国币十亿元。除现有的款计二亿五千八百万元外，不敷之数，计七亿四千二百万元。理合附同计划及预算呈请鉴核,俯赐转请早日拨款,以利防治"等情。查本省鼠疫为患地区达十余县,虽经加紧防治,仍感人力、财力之缺乏,遂致此减彼起,不单不能彻底根绝,且恐日渐传播,有蔓延邻近各省及京沪之虞。情势严重,确难忽视,兹据该处呈该项防治计划及预算,核属妥实切要。为此,检同原件到院鉴核,俯念情势迫切,赐准迅予拨补该项防治费七亿四千二百万元,俾利进行而期永绝鼠疫。谨呈

（台北"国史馆"014 - 011105 - 0005）

粮食部部长余飞鹏关于江西省防治鼠疫计划及经费预算案致行政院秘书处电
（1947 年 10 月 7 日）

案准贵处卅六年九月四日服四内字第六八四六三号通知单:"据卫生处代电,为核议江西省防治鼠疫计划及经费预算意见一案,奉院长谕:交粮食部核议具复。"等因;附抄送江西省政府呈卫生部代电各一件,暨检送卫生部修正计划一份通知到部。查原计划拟在临川、抚河下游卡上黄以东,抚河与崇仁河合流处建筑检疫仓库,自属甚善,惟目前工料具昂,建筑检疫之仓库需费极巨。为迅速防治,以免蔓延起见,似可利用各地原有仓库添置检疫设备,以应事功。至运粮出发之交通在线设置水陆留验站一节,应饬与江西田赋粮食管理处会商,在不妨碍军粮紧急运输之原则下,酌量举办,以免贻误粮运。准通知前由,相应检同原修正计划一份,复请查照为荷。此致

行政院秘书处

粮食部部长余飞鹏

附检还卫生部修正计划一份。

修正江西省卫生处三十六年度防治鼠疫计划

一、前言

民国三十年本省光泽发生鼠疫,翌年延及上饶、广丰,又翌年复流行于光泽。三十三年后侵入南城,三十四年以南城为中心,向四周乡镇蔓延,卅五年南及南丰、广昌,北及金溪,西及临川。同年十月,南昌发生鼠疫。本年

三月十三日发生鼠疫病例。综观本省鼠疫传播经路,最初来自福建,沿公路线而流染,复员以后,船运畅通,由抚河而及于南昌。数载以来,虽经努力防治,疫势迄未遏止,长此以往,可能由南昌而及于全省,由赣河而及于长江,是不啻本省之祸患,亦即全国之隐忧。

二、过去防治工作之检讨

按鼠疫之为患,由鼠族之瘟疫经鼠蚤之媒介而侵袭人体。其蔓延方式,除病人之迁徙移动而外,疫鼠疫蚤之窜匿舟车,辗转传播更为重要。故防治之法,除注射鼠疫疫苗以增强身体抵抗力外,对于扑灭疫鼠疫蚤以减少传染媒介,严密管制疫区,励行交通检疫,严防舟车藏鼠,以杜绝流传,以及对患者隔离治疗,实为要务。复查鼠疫流行之县份,均为赣省产米之区,经抚河往返运输,根据历次流行,首先发现死鼠及病人皆于船只密集之抚河边岸。细察地形与疫鼠蔓延之情况及病人发生之地区,加以研究,证明鼠疫传播实与粮食运输有莫大关系。疫鼠跳蚤随粮船传播各地,致使疫区扩大,蔓延堪虞,故对于粮食之管制及检疫,实为当前急务。

三、计划限度

南昌之鼠疫应于最短期内彻底扑灭,尤宜防止延及赣河之上下游。赣东方面亦应积极防治,杜绝蔓延。而抚河沿岸之城镇亦应优先彻底肃清之。

赣东鼠疫防治处统筹督导赣东各县之防疫事宜。自设立以来,颇着成效,惟各县防疫委员会或行政与技术未能充分联系,或人力物力两相缺乏,均应加以改进,以增强工作力量。本省防疫总队编制过小,人员不敷调动,事业经费极为支绌,使工作不能顺利展开。拟扩充编制,增列经费,充实设备,提高技术以增强防疫之主力。

防疫药械器材,除呈请卫生部及善后救济总署检发外,应大量购储备用。

四、实施方法

1. 扑灭疫区鼠疫

子、加强疫情报告:疫情报告为防治工作之向导,如报告不能迅速确实防治工作,即将失其依据。过去各处对于鼠疫疫情常有隐匿或延迟不报情事,以致鼠疫患者或类似病人不能找到、迅速隔离与早期疗治,辗转传染,防治维艰。故对于疫情报告应制定具体办法,组织严密之疫情报告网,务期境内各卫生医疗机构、新入开业医师均能对于鼠疫患者或类似病人随时报告主管当局。并应严饬警察机关、乡镇公所督饬保甲长及警察队所属各户,如遇鼠疫或类似病人发现,应立即报告,不得隐瞒。

丑、预防注射:凡过去或现在流行鼠疫之区域,应经常普遍免费施行,发给注射证,以备检查。每人每六个月应反复注射一次,邻疫区之城镇尤其水路交通要冲地点,须普遍注射。

寅、灭鼠灭蚤:鼠疫流行之地区,应普遍喷射 DDT 或其他灭蚤剂。经常灭蚤疫户及其邻居,尤宜彻底灭蚤,并以氰化钙蒸熏鼠穴。奖励民众使用各种捕鼠器及毒鼠药饼等大量灭鼠,并提倡养猫。

卯、检验诊断:各地防疫机关,应经常解剖死鼠,检查鼠蚤指数及疑似病人之穿刺液及喀痰等,并按期报告卫生处。为便于工作起见,各县应有检验设备一套,或装备检验汽车,巡回各疫区办理检验工作。

辰、隔离治疗:凡发现鼠疫地区,应迅速成立隔离病院,如确诊断为鼠疫病人,不论其任何阶层,均须强迫送院治疗,必待全愈无传染力时,始准出院。进出院时,病人衣物均须严密消毒,住院病人医药、膳食一律免费供给。

巳、消毒疫户:凡发现疫鼠及鼠疫病人之住户,应立即喷洒灭蚤剂,并用氰化钙蒸熏鼠穴。如系肺鼠疫并应谨慎处理病人之喀痰,其用具衣物亦须消毒,必要时得焚毁之。

午、管制疫区:以疫户为中心,其周围约五十公尺以内,凡鼠类得以流窜之区域指定为疫区,立即由军警人员设置障碍物等实行封锁,务使疫区居民不得逃逸。所有疫区内物品一概不得外移,疫区内房屋彻底灭蚤灭鼠,并严密消毒。所有居民一律施以预防注射,并检查有无鼠疫病症。经封锁七日,未发生新病例,则解除封锁。封锁区内居民之粮食及日用品,由当地防疫机关供给之。

未、管理死尸:凡死于鼠疫之尸体,最好火葬,否则指定距城较远之偏僻空旷场所深埋七尺以下,三年以内不准改葬。疫鼠亦应焚毁或深埋七尺以下。

申、环境卫生：清除垃圾、收藏厨余、油缸米柜严密加盖、粮食仓库固封防鼠。所有商店住户设法改良，使合于防鼠原则。新建房屋，必须有防鼠设备。

酉、防疫教育：灌输人民有关鼠疫之知识，使其了解鼠疫之危险性，与防治之重要性。惟动员全体民众与防疫人员通力合作，以期迅速彻底，其方式如下：

（1）临时性质的：绘制图画标语，编印墙报、传单，发行报纸、特刊，举行集会演讲、衍歌演讲及化妆宣传、电影宣传等。

（2）经常性质的：学校增加防疫教材，集中乡镇保甲长及民众施以防疫训练，定期发行防疫刊物，民教馆之民众教材增列防疫课程。

2. 杜绝鼠疫蔓延

子、交通检疫：赣东之鼠疫，以南城及临川为中心，故由此二地出发之交通在线，应设水陆检疫或留验站。南丰至广昌之间，上饶及其邻县之间，亦应检疫。南昌为全省交通中枢，抚河与赣江之船舶尤多载运疫鼠之危险。至公路与铁路亦为传播疫疠之媒介，故在鼠疫流行期间，凡属由南昌出发之水陆交通在线均应实施检疫。吴城、湖口、九江等处为本省门户，威胁长江流域，尤应特别注意。所有过往旅客须经检查无疫，始准通行。其有类似鼠疫症状者，应送入留验所留验七至十日，经证明无疫始得放行。倘诊所诊断确为鼠疫，则送隔离病院治疗。所有过往旅客除能提出有效注射证者外，须一律施以预防注射。

凡由疫区出境之车船及货物，必经检查无鼠类藏匿，始准放行。必要时，得喷洒灭蚤剂及施行蒸熏消毒。

凡疫区地带之船只，停泊于指定距本区较远之地方，晚间泊于河中，绝对禁用缆索抛锚岸上，以免鼠类逃避船中。

凡经过疫区之舟车，绝对禁止停靠、度夜，以免装运鼠只传播灾疫。

丑、粮食运输之管制及检疫：江西为重要产米区域，经常各县乡镇之间往返运输络绎不绝，由乡镇仓库运至省县仓库，再藉水陆交通经长江运至京沪及其他各省市,难免疫鼠疫蚤栖息其间,是为鼠疫传播之重大原因,故对于仓库之改善、运输之管制以及各种检疫消毒事项,亟应严密实施。兹将粮食检疫要点列左:

甲、在临川抚河下游卡上黄以东抚河与崇仁河流处建筑检疫仓库,将黎川、南丰、南城、资溪、金溪、临川六县赋谷入仓消毒后转运南昌。仓库容量按照省田粮处每月水运数量,及米谷消毒应需之时间计算定之(现在省田粮处每月能运出各该县米粮若干,须询省田粮处)。又为避免妨碍军粮接济起见,在建仓及运粮存仓藏储期间(假定三个月),一面水运暂仍继续进行,一面用汽车赶运各该县(资溪不通公路除外)赋谷入检疫仓库,迨运存适当数量加以消毒之后,改由检疫仓库运谷前往南昌,一面经常由六县水运赋谷补充检疫仓库。

乙、各县田粮办事处所收赋谷米,自疫区者应另行藏储,集中交运。其来自非疫区者,集中交运时,不得在有疫乡镇集中。商人收购集运米谷亦同。

丙、各县染疫乡镇暂行禁止米谷出境销售。

丁、外省粮商来赣采购粮食,由省田粮处指定赴疫区路线以外采购。

戊、疫区各县余粮由政府收购集中,经过消毒手续或存储三个月后,运往南昌及省外销售。

己、崇仁、乐安二县(崇仁仅北方边境有疫)赋谷不运临川、上顿渡,制米应直运南昌。又宜黄赋米谷运往南昌船筏经过上顿渡,不许停靠。

庚、如检疫仓库不能建立,则五县赋谷不得在本县或临川制米,而须将原谷运输往南昌,藉减传播鼠疫之危险。商人运输五县粮食出口亦同。

3. 充实本省防疫总队

本省防疫总队历经缩编,现在之编制仅员八十一名、技工四名、公役十七名。各分为二个大队及一个直属中队,每大队辖四个中队,而每一中队仅六七人而已,而全省疫区辽阔,工作艰巨,每感力量单薄,顾此失彼。为适应实际需要,拟于必要时,雇用若干临时员工,迨需要消灭时即予解散,以节公帑。

该总队事业费照预算所列,为数极微。三十五年度每月仅二万余元,三十六年度增加二倍,亦不过六万余元,致使业务无法开展,即调队旅费亦无法挹注。为补救,计除增列其本身之事业经费外,应由其驻地政府予以协助。

该总队设备至为简陋,应积极充实之。该总队人员薪俸低微,且流动性甚大,致生活常感不安,拟将差旅费提高至省颁公务员出差标准,以资补救。

4. 改进各县防疫委员会

修改各县防疫委员会之组织,增设总干事一人及情报、纠察二组,以增强力量。县府预算所列防疫经费,悉数交会支用,必要时得追加之。防疫委员会并得邀同县政府及参议会等机关,及地方公正热心人士发起募集捐款。省政府及中央拨补之防疫经费,亦酌予分配于各县防疫委员会,以资挹注。各县防疫委员会之工作计划,应随时呈送省政府核备。各县卫生院得增加防疫人员,呈请省政府追加预算。

5. 呈请中央增派防疫人员

请卫生部加派一个大队常驻南昌,并请东南鼠疫防治处在本省设置分处及检疫站。俟上列单位达到后,拟划分防区如下:

南昌:本省防疫总队及第一大队及直属中队暨东南鼠疫防治处。

临川:卫生署防疫总队第一医防大队。

南城、南丰、黎川、光泽:本省防疫总队第二大队。

九江、湖口、吴城:卫生署防疫总队第三医防大队。

6. 筹添防疫药品器材

灭鼠灭蚤之药械、预防注射之疫苗器材、检验治疗用之设备、防蚤衣及靴袜、救护车、检验车、垃圾车、交通车,以及宣传用品,如传单、图画、模型、彩片等,除请卫生署及善后救济总署供应外,并大量购置应用。

7. 训练防疫人员

举办防治鼠疫讲习班,轮流召集各级防疫人员,聘请中外专家予以技术训练。

五、完成期限

本计划分二期完成。第一期于本年八月底以前完成各疫区之隔离病院、所有新旧疫区普遍施行预防注射及喷洒灭蚤剂,设立各地检疫、留验站,严密组织全省疫情报告网,改进卫生环境等工作。第二期于本年底以前完成新旧疫区及赣河沿岸重要城市之灭鼠工作。

六、经费

以上各项防治鼠疫计划,除粮食运输之管制检疫正在准备实施外,其他各种工作均已积极办理。惟关于经费甚感不敷,致影响工作之进展,约计自八月至十二月尚需经费四亿五千万元,拟呈请中央补助。兹将经费内容列左:

一、鼠疫疫苗费	120,000,000 元
二、防疫药械费	92,000,000 元
三、检疫留验费	15,000,000 元
四、防疫交通费	8,000,000 元
五、细菌检验费	4,000,000 元
六、防疫教育费	4,000,000 元
七、粮食管制消毒费	100,000,000 元
八、协助各县市防治鼠疫机构事业费	100,000,000 元
九、补助防疫总队防治鼠疫事业费	7,000,000 元

以上共计经费 450,000,000 元

江西省三十六年度防治鼠疫经费预算表审核意见

一、全年度预算数,拟改为八至十二月预算数。

二、鼠疫苗费,查江西人口约一千三百余万,发现鼠疫计共十个县市,以一百万注射人数计算约计疫苗费二亿元,业经在中央及省款经费内配列入八千万元,拟核列为一亿二千万元。

三、防疫药械费九千二百万元,拟准照列。

四、检疫留验费原列三千七百八十万元,拟核列为一千五百万元。

五、防疫交通费原列一千七百万元,拟核列为八百万元。

六、细菌检验费原列九百万元,拟核列为四百万元。

七、防疫教育费原列九百万元,拟核列为四百万元。

八、据增列粮食管制消毒费一亿元,另拟粮食管制及消毒具体方法呈核。

　　九、协助各县市防疫委员会经费，拟修正为协助各县市防治鼠疫机构事业费。原列二亿四千三百廿万元，拟核列为一亿元。

　　十、补助防疫总队防治鼠疫经费，拟修正为补助防疫总队防治鼠疫事业费。原列一千四百万元，拟核列为七百万元。

　　以上各项，共计核列四亿五千万元。

江西省卅六年度防治鼠疫经费预算表

岁出临时门

科目名称	八至十二月预算数	备考
第一款 本省防治鼠疫经费	450,000,000	
第一项 防疫药械费	212,000,000	
第一目 鼠疫疫苗费	120,000,000	一百万注射人数计算约计疫苗费二亿元。除已购置开始注射费，需补充疫苗约计一亿二千万元。
第二目 防疫药械费	92,000,000	购置灭鼠灭蚤之药械、防蚤衣及注射器材等，约计如上数。
第二项 防疫事业费	131,000,000	
第一目 检疫留验费	15,000,000	办理检疫、留验、舟车货谷消毒等费，约计如上数。
第二目 防疫交通费	8,000,000	防疫人员出差旅运费、交通工具之购、修补等费，约计如上数。
第三目 细菌检验费	4,000,000	细菌检验之设备、消耗等费，约计如上数。
第四目 防疫教育费	4,000,000	防疫宣传、防疫教材等费，约计如上数。
第五目 粮食管制消毒费	100,000,000	办理粮食运输之管制、检疫、消毒等费，约计如上数。
第三项 防疫补助费	107,000,000	
第一目 协助各县市防治鼠疫机构事业费	100,000,000	各县市防治鼠疫机构人力、物力、财力均甚困难，必须予以协助，约计如上数。
第二目 补助防疫总队防治鼠疫事业费	7,000,000	调遣防疫总队人员旅运费、补充设备等费，约计如上数。
合计	450,000,000	

（台北"国史馆"014 - 011105 - 0005）

卫生部关于加强南昌市鼠疫防治工作所需经费请如数拨发案致江西省卫生处电

(1947 年 10 月 27 日)

　　南昌江西省卫生处据该处(36)卫肆字第 693 号酉齐代电以:"加强南昌市鼠疫防治工作所需经费,请如数拨发。"等情;查一、本部核列江西省鼠疫防治经费四亿五千万元尚未奉行政院核定,迭经本部催询有案;二、为应急需,计已由本部医防总队径汇该处一千万元;三、已电饬本部东南鼠疫防治处拨款补助,以资配合工作;四、南昌市消毒注射等经费应在以上费款内开支。合行电仰知照。

卫生部防(36)酉感印

(台北"国史馆"028－040000－0241)

江西省卫生处处长熊愫关于加强南昌市鼠疫防治工作
请拨经费案致卫生部部长呈

(1947 年 10 月 27 日)

卫生部部长周钧鉴:

　　案准江西省鼠疫防治技术委员会申陷代电开:"查本会第七次例会讨论事项,第二项本会为加强南昌市鼠疫防治工作,拟请由卫生处中央第一大队暨东南鼠疫防治处第三检疫站会同举办普遍预防注射,及全城 DDT 消毒所需经费,由三机关平均分摊,应如何进行办理,请讨论决定,案经决议(一)预防注射由省防疫总队主办 DDT 消毒,由中央第一大队及东南鼠疫防治处第三检疫站会同办理;(二)暂定消毒工作经费一千二百万元、预防注射经费三百万元由卫生处电请卫生部拨发,在未奉卫生部拨发之前,暂由中央第一大队垫付消毒经费二百万元,电请查照。"等由;准此,查本市迭次发生鼠疫,均能于短期内即告扑灭,实有赖防疫工作人员之努力及严密消毒、普遍预防注射之效果。为加强防疫工作,以期彻底根绝疫疠起见,此项工作自应加紧推进,以竟全功。该会所订消毒注射等经费一千五百万元确属需要,除暂由本处垫付预防注射经费二百万元外,理合电请钧部鉴核赐予如数拨发,以利防疫为祷。

江西省卫生处处长熊愫叩酉密卫四印

(台北"国史馆"028－040000－0241)

江西省鼠疫防治技术委员会关于速拨该省防治费致卫生部电

（1947 年 11 月 10 日）

卫生部据报黎川十月中下旬发现鼠疫病例四十五人，疫势未戢，除派员防治外，恳速拨赣防治费三千万元济急。

江西省鼠疫防治技术委员会戌灰

（台北"国史馆" 028 - 040000 - 0241）

卫生部关于请拨黎川鼠疫防治费案致江西省鼠疫防治技术委员会电

（1947 年 11 月 14 日）

南昌江西省鼠疫防治技术委员会咸灰电。悉。查本部医疗防疫总队已于本年九月十一日汇拨第一大队鼠疫防治费一千万元。九月十九日，汇拨赣东鼠疫防治费五百万元。十月三日，汇拨江西省卫生处一千万元。十月六日，汇拨第三大队所属第三卫工队一千万元。又据本部东南鼠疫防治处呈报，已于十月廿七日汇拨江西省卫生处五百万元，共计先后汇拨四千万元。所需防治黎川鼠疫之费用，应由参加暨数委员会之各单位共同负担，转复知照。

卫生部戌寒印

（台北"国史馆" 028 - 040000 - 0241）

伯力士关于江西省政府主席对防疫工作态度致金宝善的函

（1948 年 1 月 21 日）

Dear Dr. King,

To my regret I have to inform you that the attitude shown by H. E. the Governor of Kiangsi towards our anti-plague work remins non-cooperative.

It would have been most desirable to have the provincial Health Commissioner accompany us from Nanchang to Shangyao where recently a potentially rather serious plague situation developed. Yet the Governor expressly prohibited this, saying that it will be quite sufficient if Dr. Cha and I vist the place.

I also understand that the sum of 450 million granted for anti-plague work in Kiangsi, is still retained by the Provincial Government instead of being made available. It would be most necessary to utilize a part of these funds to pay the labour force for urgently needed DDT application and rat-poisoning but though these items were provided for in the budget made for the use of the above metioned funds, the Provincial Covernment does not approve of this expenditure.

Respectfully yours,

Dr. R. Pollitzer

H. E. Dr. P. Z. King,

Vice-Minister,

WEISHENGPU

（台北"国史馆" 028 - 040000 - 0243）

卫生部关于拨交鼠疫防治专款案致江西省政府电

（1948 年 2 月 3 日）

南昌江西省政府公鉴：

查赣省鼠疫为患有年,疫区蔓延渐广,去年三月间南昌市发现病例,同年十一月间上饶疫氛复炽,本部曾调医防大队及高级技术人员、外籍专家等前往策划防治,并预及贵省地方经费困难,依据江西省鼠疫防治技术委员会组织规程第二条之规定,已饬由本部医疗防疫总队及东南鼠疫防治处先后拨款二亿四千万元有案。兹据本部专门委员伯力士对于贵省防治鼠疫建议,认为即在鼠疫疫区普遍办理预防注射,及灭鼠灭蚤及 DDT 消毒等工作,以争取时效。经核所陈意见确属切要,惟所需药品器材费及雇用临时工役工资等项需款甚巨。查于卅六年度曾经行政院拨发贵省鼠疫防治专款四亿五千万元,电请即交江西省鼠疫防治技术委员会统筹支配;除令饬本部驻赣各工作单位加紧协助外,并希督饬贵省卫生处遵照行政院核定计划切实施行,以将疫氛早告戡灭,并照见复为荷。

卫生部防(37)子江印

（台北"国史馆" 028 - 040000 - 0243）

卫生部关于行政院核定拨交鼠疫防治专款案致江西省政府电

（1948 年 2 月 3 日）

方舟主席我兄勋鉴：

查赣省鼠疫蔓延既久，近年南昌、上饶等地又告发现，浙赣路通车后兰溪等要区亦已发现疫氛，如不早为遏止，恐辗转传播，则京沪及长江沿各地将受祸无穷。本部曾调派医防大队第一大队及其所属单位长期驻赣，会同贵省卫生处加紧防治，并派本部东南鼠疫防治处查副处长良钟协同世界卫生组织驻华技术顾问团鼠疫专家伯力士博士等前往疫区策划防治工作。兹据该专家等来函建议，应迅即在鼠疫疫区普遍办理预防注射及灭鼠灭蚤工作，与 DDT 消毒等工作以争取时效。查所陈意见确属切要，惟所需药品器材费及雇用临时工役工资等项需款甚巨。查上年度行政院曾发贵省鼠疫防治专款四亿五千万元；除另电请贵省政府惠将此款拨交江西省鼠疫防治技术委员会统筹支配外，特函请台端迅赐饬属办理并希督饬贵省卫生处遵照行政院核定计划切实施行，俾使赣省鼠疫渐趋戡灭，而免疫蔓，临颖不胜翘盼之至。

专此，敬颂勋绥。

弟周○○敬启

（台北"国史馆" 028 - 040000 - 0243）

关于 1948 年春季防疫工作及经费案致江西省鼠疫防治技术委员会令

（1948 年 4 月 12 日）

令江西省鼠疫防治技术委员会：

卅七年三月廿三日计字第一〇八号呈一件，呈送江西省卅七年春季鼠疫防治工作实施计划及支付预算书请鉴核备查由。呈悉。兹分别指示如下：一、是项计划及预算尚无不合，准予备查；二、应特别注意疫区粮食运输及仓库之检疫消毒工作；三、九江、湖口、上饶等地应加强防治工作；四、鼠疫疫苗应充分利用，以免逾期失效；五、办理各地防治工作情形及确实数字应按月报部。仰知照。此令。

（台北"国史馆" 028 - 040000 - 0241）

江西省政府关于拨付该省防治鼠疫专款案致卫生部电

（1948 年 4 月 13 日）

卫生部公鉴：

　　丑江代电。敬悉。自应照办。查中央拨发本省防治鼠疫专款四亿五千万元，前经本府先行拨发二亿二千五百万元，交由卫生处会同江西省鼠疫防治技术委员会统筹支配在案。兹准该会二月廿七日技字 73 号函送江西省三十七年春季鼠疫防治工作实施计划及经费预算到府，经核可行。除将其余之款二亿二千五百万元拨发，遵照行政院核定计划督饬省卫生处切实施行外，相应检同该项计划及预算各一份，电复查照为荷。

江西省政府寅元卫印

　　附送实施计划及预算各一份。

江西省三十七年春季鼠疫防治工作支付预算书

岁出临时门

科目	摘要	预算数	说明
第一款	鼠疫防治费	450,000,000	
第一项	鼠疫防治费	450,000,000	
第一目	鼠疫疫苗费	55,000,000	
第一节	疫苗费	30,000,000	补购疫苗三万西西，每百西西约计十万元，合如上数。
第二节	预防注射及杂支	25,000,000	调用学生膳食、津贴、注射证印刷费、木炭费合计如上数。
第二目	防疫药械费	33,000,000	
第一节	防疫器材费	30,000,000	死鼠焚毁器、鼠疫病人用强心药品、消毒器、各种喷雾器、散粉器修理补购等费，合计如上数。
第二节	杂支	3,000,000	药品处方登记、核销等表册及其他杂支，合计如上数。
第三目	防疫交通费	20,000,000	
第一节	旅运费	15,000,000	派员出差或调队等旅费，合计如上数。

科目	摘要	预算数	说明
第二节	邮电费	5,000,000	自十二月一日起至四月底止所需邮电费约计如上数。
第四目	检疫留验费	49,200,000	
第一节	检疫费	4,200,000	如疫势严重,须设检疫办理交通检疫,其后备费及事业费合计如上数。
第二节	隔离病院修缮	20,000,000	上饶隔离病院消毒室需款一千五百万元、南昌市东南防治处隔离医院第三分院修缮费五百万元,合如上数。
第三节	隔离病院病人伙餐费及杂支	25,000,000	鼠疫病人伙食及其他杂支,合计如上数。
第五目	细菌检验费	10,000,000	
第一节	检验费	10,000,000	检验材料表格及印刷与其他杂支,合计如上数。
第六目	防疫教育费	20,000,000	
第一节	防疫宣传费	20,000,000	印刷防疫画刊,编制防疫传单、印制防疫专刊等项,合计如上数。
第七目	粮食管制消毒费	185,800,000	
第一节	普通消毒费	41,200,000	南昌雇用技工四十人,月支六十五万元,雇用一月;上饶雇用技工十二人,雇用二十日;临川雇用技工十二人,雇用一月,每人每月支六十万元,合计如上数。
第二节	经常捕鼠及应急消毒费	87,600,000	南昌雇用技工十四人,每名月支八十万元;上饶雇用技工人,每人月支一百万元;临川雇用技工六人,每名月支六十万元;九江雇佣技工六人,每名每月支六十万元;鹰潭、梁家渡、贵溪巡回区雇技工三人,月支六十万元,均规定为三个月,合计如上数。
第三节	毒鼠费	27,000,000	南昌雇技工三十人,每月支七十万元,一月完成;上饶雇技工十二人,每月支一百万元,雇用半个月,合计如上数。

科目	摘要	预算数	说明
第四节	收染死鼠费	30,000,000	购置收鼠箱,设置收购死鼠奖金,约计如上数。
第八目	协助各县市防治鼠疫机构事业费	70,000,000	
第一节	补助赣东鼠防处防治事业费	70,000,000	
第九目	补助江西省防疫大队防治鼠疫事业费	7,000,000	
第一节	补助江西省防疫大队防治鼠疫事业费	7,000,000	

江西省三十七年春季鼠疫防治工作实施计划

一、工作地区

除旧有疫区南昌、临川、上饶、南城、南丰、黎川、金溪县属浒湾、崇仁县属连城乡等地经常派驻防疫机构工作外,关于接近疫区县市如九江、贵溪、鹰潭、梁家渡等处亦得派遣工作人员驻该地工作,以策安全,或组织巡回防治队从事巡回工作。

二、工作实施日期

本年度鼠疫防治工作各疫区均暂规定自三十六年十二月一日起,至卅七年四月底为第一段落。

三、工作项目

甲、疫区应有工作

(一)卫工

(1)灭鼠及经常捕鼠

(2)普遍消毒及临时消毒

(二)检验工作

(三)疫情调查及报告

(四)预防注射

(五)隔离治疗

（六）防疫宣传

四、工作实施

甲、南昌

（一）工作人员：由卫生部防疫总队第一大队、卫生部东南鼠疫防治处第三检疫站及第三分院、江西省防疫大队、浙赣铁路医院等机构负责。

（二）工作项目

1. 卫工

（1）经常捕鼠及应急消毒：雇技工十四人，每名月支八十万元（三月份仍支六十五万元），经常办理捕鼠及临时消毒工作，由第三检疫站主办。

（2）普遍消毒：雇用技工四十人，每名每月支六十五万元，关于斯项工作仍由东南鼠疫防治处第三检疫站主办，限一月完成。

2. 检验：由东南防治队第三检疫站及第一细检队共同负责办理。

3. 调查疫情：参照东南鼠疫防治处所颁发福州市收集死鼠办法办理，以利疫情探索。

4. 预防注射：由本市及医疗防疫机关调用人员并办理，必要时或征调学生及开业医师参加工作。

5. 隔离治疗：由东南鼠疫防治处隔离医院第三分院负责办理。

6. 防疫倡导：由东南鼠疫防治处第三检疫站扬轩良负责。

乙、上饶

（一）工作人员：由卫生部防疫总队第一大队、江西省立上饶医院、东南鼠疫防治处、上饶县卫生院、江西省防疫大队、浙赣铁路饶向段分诊所等机关负责。

（二）工作项目

1. 卫工

（1）经常捕鼠及应急消毒：雇用技工六人（包括沙溪），每人每月支一百万元，由第一大队上饶办事处主办，经常办理捕鼠、临时消毒工作。

（2）毒鼠：雇用技工十二人，每月支一百万元，由东南鼠疫防治处派员及第一大队上饶办事处主办，限一月完成。

（3）普遍消毒：雇用技工十二人，廿日完成（包括沙溪），由第一大队上饶办事处主办。

2. 检验:由第一大队负责办理。

3. 隔离治疗:由省立上饶医院负责办理。

4. 预防注射:由该县斟酌当地情况决定办理。

丙、临川

(一)工作人员:由卫生部防疫总队第一大队、临川县卫生院负责该地工作,并由东南鼠疫防治处第三检疫站经常派员驻该地协助。

(二)工作项目

1. 卫工

(1)经常捕鼠及消毒:雇用技工六人,每名月支六十万元,经常办理捕鼠、临时消毒工作。

(2)普遍消毒(包括流苦乡等处):雇用技工十二人,每名每月支六十万元,限一月完成。

2. 检验:由第一大队派员办理。

3. 隔离治疗:由卫生部第一大队第三防疫医院负责办理。

4. 预防注射及其他工作:由当地防治机关斟酌当时情况办理。

丁、南城

(一)工作人员:赣东鼠疫防治处、江西省防疫大队、南城县卫生院、江西省立南城医院负责办理。

(二)工作项目

1. 卫工

(1)经常捕鼠及应急消毒:每月雇用技工四人,经常负责捕鼠、消毒等项工作(乡村区工作在内)。

(2)普遍消毒:雇用技工三人,每名每月支六十万元(包括朱良、新丰、哨石、毕姑等乡消毒工作),限一月完成。

2. 检验工作:由江西省防疫大队、南城省立医院会同办理。

3. 隔离治疗:由赣东鼠疫防治处隔离医院及江西省防疫大队主持。

4. 关于该县预防注射及其他防治工作,由赣东防治处斟酌情况办理。

戊、南丰、黎川、崇仁县属连城乡、白鹭乡、金溪县属浒湾

（一）工作人员：由江西省防疫大队及当地县卫生院负责。

（二）防治工作：以上各地普遍消毒工作在四月十五日以前，由赣东鼠疫防治处、江西省防疫大队派员办理。黎川、南丰各雇技工四名，每名每月支六十万元，一月完成。浒湾雇技工二人，半个月完成。连城、白鹭共雇用技工二人，一个月完成；关于经常捕鼠及其他防疫工作，自三月一日起至五月底止。黎川、南丰各雇用技工二人，连城、白鹭共雇技工两人，由江西省防疫大队指挥工作；关于浒湾有必要工作时，临时派员前往；关于检验预防注射及其他防治工作，均由赣东防治处及江西省防疫大队酌量实际情形办理。

己、九江

与鼠疫区毗临，时有被波及，可能为预防未然，计该地由卫生部医防总队第三大队、卫生部长江检疫所、江西省立九江医院、九江县卫生院及浙赣铁路医院负责从事预防工作。

其主要工作为捕鼠、检验工作，自三月一日起至五月底止。该地亦准雇技工六人，每名每月支六十万元开始工作。

庚、鹰潭、梁家渡、贵溪等处巡回区

上述各地不仅接近疫区且均为浙赣铁路要站，赣东南城等县鼠疫时有由此侵入，循浙赣铁路传播可能，故本年度本省防治工作亦应特别注意此种趋势。故自三月一日起，由卫生部防疫总队第一大队组织该区巡回队赴以上各地，发动预防工作，并准于三月一日起至五月底，每月雇用技工三人参加工作。

（台北"国史馆"028 - 040000 - 0241）

卫生部关于报送 1947 年度南昌、上饶两地鼠疫疫情
及防治列表案致江西省卫生处电

（1948 年 5 月 3 日）

江西省卫生处：

查江西省于三十六年发现鼠疫，计有南昌市、南城、临川、南丰、黎川、崇

仁、贵溪、光泽及上饶等九县市,除赣东各县已由赣东鼠疫防治处编就该年度工作报告呈部外,其中南昌市及上饶两地尚付缺如,仰即将两地卅六年全年疫情及防治情形,包括防注射、隔离治疗、检疫验鼠及灭鼠等工作分月详为列表报部,以凭汇计为要。

卫生部

江西省三十七年下半年度鼠疫防治实施计划
前表

本年上半年本省重要鼠疫防治工作为疫区及邻接鼠疫区县市普遍举办DDT灭蚤,办理捕鼠、毒鼠,力求疫情报告迅速正确,推动检验工作、扩大防疫、宣传鼠疫预防注射诸项工作,各地均能遵照计划,切实执行。故本年本省鼠疫病例,除南丰二月份发生类似病例二例,南城毕姑乡一月份发生类似病例六例,黎川县六月份发生类似病例五例外,其余鼠疫流行区域均未发现病例,较之去年今日一般情况显有进展,惟查本省鼠疫已成为地方疾病,时隐时现,历年如是,自不能以一时疫情转佳,即松懈防治工作,否则潜伏疫势一旦卷土重来,而我人以往工作则必前功尽弃,遗恨无穷。故今后除必须继续办理前半年各项工作之外,对于检验工作务求各鼠疫区均有相当设备及检验人员;对于防治器材务设法随时修理、补充;对于鼠疫预防注射务以最大努力普遍举办,以免大批疫苗超过时效,徒耗公帑;对于米谷运输、灭蚤蒸熏、改良仓谷务本实际情况与粮政有关当局确商,期得早日推行;对鼠疫美元经费务求合理运用,发挥实效。总之已举办工作,仍须赓续举办并力求改进,未举办工作亦决克服困难,促其实现。兹将本年今后鼠疫防治工作实施计划缕述于后:

一、防治区域

首为旧有鼠疫流行地区,必赓续各项防治措施,冀免疫势复发。其次为毗邻鼠疫区县市,亦须未雨绸缪,妥为防范,杜绝疫源,勿令疫区再为扩大。关于前者现计有南昌、临川、南城、南丰、黎川、金溪县属浒湾、崇仁县属连城、上饶等地;关于后者九江、樟树、梁家渡、鹰潭、贵溪各处。上述各防治区域以南昌、南城、临川三地为中心工作区,凡其他地区关于防治工作有未能解决困难之际,均可就近商请中心工作区负责防治机关设法解决。

二、防区分配

参加本省鼠疫防治工作之医疗防疫机关,可分为中央、省及县三级医防机构。属于中央者为驻省之卫生部医防总队第一大队及第三大队、辖属之十四队、卫生部东南鼠疫防治处南昌办事处、东南鼠疫防治处第三检疫站、东南鼠疫防治处隔离医院第三分院等机关;属于省者为江西省卫生处及处属之防疫大队、省卫生试验所及赣东鼠疫防治处数机构;属于县者为县卫生院及县防疫委员会。兹依据实际需要、各机关工作性质及其所在地区,将本年今后各单位工作区域及其应负防治任务列表于后:

防治区域	防治机关	任务	备考
南昌	卫生部医疗防疫总队第一大队	检验、宣传	
	东南鼠疫防治处第三检疫站	灭蚤灭鼠、检验、防疫宣传	
	东南防治处隔离医院第三分院	隔离治疗、预防注射	
	江西省防疫大队	鼠疫预防注射、协助灭鼠灭蚤工作	
	南昌市卫生事务所浙赣铁路南昌分医院	鼠疫预防注射	
南城	赣东鼠疫防治处	总理赣东疫区所有防治事项	
	江西省防疫大队	办理应有鼠疫防治工作	
	江西省立南城医院	协助检验及治疗工作	
	南城县卫生院	办理应有鼠疫防治工作	
南丰	江西省防疫大队	全前	
	南丰县卫生院	隔离治疗及其他防治工作	
黎川	卫生部防疫总队第一大队	全前	
	黎川县卫生院	全前	

防治区域	防治机关	任务	备考
金溪浒湾	江西省防疫大队	仝前	
崇仁	江西省防疫大队	仝前	
上饶	卫生部防疫总队第三大队	仝前	
	江西省立上饶医院	隔离治疗、检验	
	上饶县卫生院浙赣铁路上饶分诊所	预防注射、疫情报告及其他必须工作	
九江	卫生部医防总队第一大队	灭蚤灭鼠、检验	
	江西省九江医院	协助预防工作	
	九江县卫生院	协助预防工作	
樟树	江西省防疫大队	预防注射、灭鼠灭蚤、检验	
鹰潭梁家渡贵溪	组织巡回队	预防注射、灭鼠灭蚤、检验	由中央队及省防疫机关共同组织

三、工作联系

除江西省鼠疫防治技术委员会负责计划全省防治工作,赣东防治处指挥其辖区防治事宜外,其他同地区之各防治机构为配合工作行动,划入精神一致起见,彼此工作须时为讨论磋商,交换情报。以往各县之防疫委员会及各防疫机关临时成立之联合办事处等机构,均对于上述联系及统一指挥工作已获圆满成功,今后自当继续采用以往办法联系各单位工作,并为简化机构、节省开支起见,各处仍利用原有防疫委员会,不再成立任何新机构为原则。外,举办工作会报,定期召开联席会议,亦均资为联系工作良好办法。

四、防治工作

(一)添购修理卫工器具:查本省所使用之卫工器具,如捕鼠夹、喷雾器等,均系三十七年间由江西分署所配发,迄今为时年余,使用过久,损坏甚多,影响工作效率颇剧,例如捕鼠夹之捕鼠成绩,已往曾达百分之二十五,而目前成绩仅为十分之一,悬殊甚大。此外,以时间过久,损坏不堪,使用者遗失无从查询者均甚多,数目亦日渐减少,若不速于修理或添购,则捕鼠工作势必遭遇重大困难,惟此项捕鼠器本省虽有出售,恐质料功效较诸美制稍差,如情势可能,请卫生部或东南鼠疫防治处统筹发给。

(二)检验:剖验死鼠、测定疫鼠百分率、测定印度蚤指数各项工作对于鼠疫防治之重要性,亦不待言,惟各鼠疫区及接近鼠疫区县市多以设备不够、人才缺乏未能办理,今后务尽量设法补充检验设备,训练检验人员,使每一鼠疫防治地区均能从事必需检验工作。

(三)灭蚤:此项工作于鼠疫防治最为切要。本省各鼠疫区普遍灭蚤均于三月至五月间办理完竣,由南昌、上饶、临川各处跳蚤指数之低,足证DDT喷洒工作已获伟效。本年后半年决仍继续彻底办理此种灭蚤工作。所堪虑者疫区广泛,DDT消耗过多,库存有限,将来供给能否源源而来,不能不予以重大考虑。查以往喷洒DDT工作为求效力确实,求效心切之故,往往不免用量超过规定标准,近乎浪费,此后本节省物资免除DDT匮乏之旨,从事此项工作须详审计算单位面积用量及其他必需事项。

(四)灭鼠:本项工作计分为经常捕鼠及毒鼠两种。关于前种工作,各鼠疫区及邻近鼠疫区县市均经常举办,惟于毒鼠工作本年除南昌、上饶两地小规模举办外,其他各地均未施办,今后为配合检验工作,必加强经常放置鼠夹、鼠笼工作,俾随时测定鼠族间染疫状况及藻类繁殖情形,作为防治工作准绳。其次如以捕鼠为灭鼠手段,则目前吾人所有捕鼠器势必大量补充方可,据估计在鼠疫流行城市或港口每日放置鼠夹数目应为每千人放置鼠夹五十个,若以三十万人口之城市,计算每日应放鼠夹一万五千个,该每人管理鼠夹两百个,每日共需七十五人,吾人目前鼠夹数量及工人数目均与上项标准相差甚巨,叹藉捕鼠工作达到灭鼠目的自属难能。

(五)隔离治疗:一年来因预防工作彻底推行,对于疫势已获相当控制力量,病例发生甚少,流行时间亦暂,而隔离工作已成为准备工作。今后关于治疗部分工作人员,如无疫情发现及其他特殊使命,均应一致参加预防工作,以期增强工作力量。

(六)检疫留验:征之以往此项工作执行困难,收效甚少,但当疫势流行之际,应就力所能及从事办理。

（七）鼠疫预防注射：本年本省奉卫生部配给疫苗百万西西刻，中除运往赣东一部份外，余均尚未发出，为争取时间必须积极从事办理，以免大量疫苗失去时效徒耗公帑。求切实执行此项工作起见，得视实际情况补充各地预防注射旅费、印刷费，以解决经办机关工作困难。

（八）米谷蒸熏及运输管制：此项工作至为重要，去岁与今春均曾就此问题详为商讨，惟刻以军粮运输急于星火，仓库改良建筑困难亦多，熏蒸米谷技术问题亦尚须专家研讨，因而此项工作迄今仍未能积极展开。今后本实事求是观点和各地粮政仓库经常保持接触，商订经常灭鼠办法，测定仓库鼠蚤指数，调查米谷运输情形，以供随时作为防治措施参考。

（九）疫情报告：对于此种工作，吾人有两种要求，第一项迅速，第二项确实。每一鼠疫地区指定人员担任报告职务，并按实际需要供给报告人员邮电费，一旦发现病例即讯于电报。为求疫情确实，每鼠疫地区均应配有检验器材及检验人员。

（十）防疫宣传：此种工作为集会家庭拜访宣传小册、鼠疫连环画、防治展览等方式行之，藉以唤起一般民众对于鼠疫之注意。

五、工作进度

本省鼠疫流行已有七年之久，考察历年流行情况，以秋冬两季为烈，例如南城三十三年鼠疫病例总数为七百二十六名，而冬季流行者即占六五八例之多，其他各地亦以秋冬两季发病率较高。依据此种情况推测，今年秋冬两季能否平安度过，尚成问题，故我人对于本期工作不得不将警觉性提高，以防万一。兹将各项工作进度表列于后：

时间	工作进度	备考
八月	各种经常预防工作、普遍鼠疫预防注射、修补添购捕鼠器具、组织铁道鼠疫防治巡回队	由第一大队主办，组织铁道巡回队预防注射工作，预计两月完。
九月	继续办理普遍预防注射、普遍举办DDT灭蚤训练、检验人员办理经常防治工作	各地普遍灭蚤工作，预计一月完成。
十月	办理经常捕鼠、临时灭蚤、剖验死鼠、鼠蚤分类等工作	

续表

时间	工作进度	备考
十一月	仝前	
十二月	仝前	

六、经费

鼠疫防治所需经费以往均仰给中央补助,故工作得以推展。本年本省防疫经费为数仍微,且值此物价高涨,法币贬值之际,如以对付疫区辽阔之鼠疫则杯水车薪,于事无补。为此,特将本年此后数月所需各项鼠疫防治费用概附于后,仍请设法补助,以利防疫。

江西省三十七年八至十二月鼠疫防治支付概算

支出项目	概算数（元单位）	说明	备考
技工工费	3,690	南昌八月雇用技工十五人,九月雇用三十人,十、十一、十二月雇用技工二十人;临川、上饶、南城八月各雇用技工六人,九月十人,十、十一、十二月各四人;南丰、黎川八月各雇用技工四人,九月雇用六人,十、十一、十二月雇用三人;九江、樟树、崇仁八至十二月各雇三人;组织梁家渡、鹰潭巡回队雇用技工四人,以一月为限;浒湾由南城区兼办,不另设工人。总计技工二四六人,每人每月工资十五元,计算合计如上数。	
灭鼠灭蚤工具修理购置材料费	13,853	添购煤油五十大桶,每斤以六角四分计算;鼠夹五千个,每个人三角三分计算;修理旧有鼠夹两千个,每个以六分计算;修理喷雾器等,共约计如上数。	
交通费	666	调对运输药材及临时出差约计如上数。	
疫情报告费	333	补助各疫区情报告邮电费。	
预防注射费	666	预防注射旅费、木炭费、注射证费约计如上数。	
卫工事业费	1,000	捕鼠毒鼠灭蚤及经常办理仓库防鼠各项工作约计如上数。	
检验费	166		

续表

支出项目	概算数 （元单位）	说明	备考
隔离治疗费	666	此款收容鼠疫病人时开支。	
卫生宣传费	333	绘制画刊编印、宣传小册等约计如上数。	
其他	666		
合计	22,039		

（台北"国史馆" 028 - 040000 - 0241）

江西省卫生处处长熊悛关于派员赴贵溪县花桥乡调查鼠疫情形案致卫生部呈

（1948 年 5 月 25 日）

案据本处防疫大队本年五月十九日防传字第○三三一号呈称："案奉钧处(37)卫四字第○二○六号卯梗代电:为贵溪县花桥乡第一、二保境内发现鼠疫病例,饬派员会同东南鼠疫防治处第三检疫站调查防治具报等因;奉此,当经令派本部第三中队队长吴璇前往该县调查。去后,兹据该员本年五月十五日报告内称:窃职奉令调查贵溪县花桥乡鼠疫疫情,于四月二十一日启程搭浙赣铁路特快班车至鹰潭,翌晨复乘鹰潭开杭州特快车,于六时到达贵溪县城,晤卫生院长齐云,陪赴县府查询疫情来源。据告该县南乡花桥因毗连光泽,今春一、二月间曾有乡民数人因染病先后死亡,经该乡绅士张子达、方伯瑜于二月间函告县府疑为鼠疫患例,因花桥脱机乘路途遥远,相距百余里,交通困难,而发病所在地又离乡公所有二十里之遥,山路崎岖,交通极为不便,县府及卫生院因连络困难,皆不能断为鼠疫。因连日风雨无法下乡,延至二十六日始,偕齐院长雇马下乡,次日到达花桥乡晤乡长查询过去及现在疫病流行情形,因该乡长到任未久,不甚明了,转询乡户籍干事童君,据告花桥一、二保自去冬以来屡有乡民患病,先后死亡,症状初起发冷,继发高热,兼有呕吐咳嗽或颈部肿大等现象,且传染患病时间多在三四天至七八天不等,近一二月来已较平靖。职为明了实际情形起见,次日由第四保方保长领赴附近乡村巡视,及探访近二月来因急病死亡之家属,详询患者自起病至死亡之情形,均无法证实确为鼠疫;二十九日又去第一保所属之双圳、黄沙、苏张村、童村岑等处作同样之访问,据该处保长口述第一保因邻接光泽居民,分散面积有三十余里,于一、二月间确有乡民数人身染疾病死亡,其本人亦曾染病,先冷后热,高热不退,并有呕吐咳嗽、呼吸困难等现象,但下肢股沟均无肿大情形。现该保各村仍有同样病例,故由其率领亲去调查,发现病例多起,或为肺炎或腮腺炎等病状,并未见有可疑之鼠疫病例。三十日又赴第二保之黄思坑及鸣山殿等地调查,在鸣山殿发现肺炎病例多人,黄思坑二保张步树保长口述该村于二月中曾有数人死亡,多为急性寒热且颈部肿大,饮食困难,近亦平息,花桥各保近半年来亦未闻有大批死鼠发现。报载该乡一、二保近月发生鼠疫,恐系传闻失实,经调查后均属不确,但花桥乡毗邻光泽,为闽赣要道,商旅往返频繁,如光泽一旦鼠疫复炽,花桥、文坊两乡极有蔓延传染之可能,故面商贵溪县卫生院准备在乡各保普遍施行预防鼠疫注射,以资防范于万一也。兹将调查所属实情报请钧长鉴核。等情;据此,理合备文转呈钧处鉴核!"等情;据此,理合备文转呈钧部鉴核。谨呈

卫生部长周

江西省卫生处处长熊悛

（台北"国史馆" 028 - 040000 - 0241）

江西省卫生处处长熊悛关于黎川宏村发现鼠疫防治案致卫生部部长呈

（1948 年 8 月 5 日）

卫生部长周钧鉴:

(37)午陷代电。敬悉。查黎川宏村发生鼠疫病例,据报后当经本处令饬省防疫大队就驻黎川之防疫第七分队负责防治。前据省防疫大队七月十日防传字第〇四六〇号呈报称:"案据本年七月二日该第七分队呈称,该县宏村发生鼠疫病例,后即由第七分队长韩清堂率同医护卫工人员,会同该县卫生院人员携带须用药品 DDT 及疫苗等迅即驰赴该处检查。患者杨徐氏左鼠蹊部证明确系鼠疫,即行展开 DDT 普遍消毒及挨户施行鼠疫预防注

射与隔离治疗等工作。迄至本年七月上旬起,已无新病例发现。"等情;据此,除饬原派之防疫第七分队工作人员仍驻该处继续工作推及附近村庄外。奉电前因,理合将防治经过情形电复鉴核。

江西省卫生处处长熊倓未微印

(台北"国史馆"028-040000-0241)

熊倓关于报送防治鼠疫工作统计表致卫生部部长呈

(1948 年 8 月 24 日)

卫生部部长周钧鉴:

案准江西省赣东鼠疫防治处未文代电:"检附三十六年全年及三十七年上半年度防治鼠疫工作统计表共四份,请查照。"等由到处;理合抄具该项统计表各一份电请鉴核。

职熊倓叩未敬卫四印

附抄呈防治鼠疫工作统计表四份。

赣东各县城鼠消毒统计表 三十六年度

县别	数量	项目	蒸熏鼠穴(个)	封闭鼠穴(个)	灭蚤消毒 DDT 户数	房间数	施放鼠夹次数	捕鼠头数(头)	附注
南城			6,996	12,234	2,136	5,874	2,235	1,389	
南丰				1,423	4,271	9,583		1,693	
黎川					1,920	11,587		1,003	
临川			3,150	4,140	2,501	21,107		2,979	
崇仁			870	1,543	851	3,339		1,042	
金溪					566	1,249		68	
统计			11,016	19,340	12,245	52,739	2,235	8,174	

赣东各县预防注射鼠疫苗统计表 三十六年度

县别/人数/月份	南城	南丰	黎川	临川	崇仁	金溪	统计
总计	20,984	32,168	16,244	16,471	11,232	1,753	98,852
一月份	50	43	240				

续表

县别/人数/月份	南城	南丰	黎川	临川	崇仁	金溪	统计
二月份	192	69	528				
三月份	14	5,416	615				
四月份	4,421	7,930	831				
五月份	5,803	14,315	662	2,619	3,114		
六月份	3,115	2,138	719	5,095	4,547	448	
七月份	1,814	429	938	2,411	974	825	
八月份	1,502	217	660	3,278	1,605	316	
九月份	480	1,488	1,636	673	371	164	
十月份	813	670	1,882	1,231	290		
十一月份	2,626	263	6,840	1,086	331		
十二月份	154	130	693	78			
附注							

（台北"国史馆" 028 - 040000 - 0241）

三、福建

福建省关于1943年度防治鼠疫工作计划进度表办案通知单

（1945 年 9 月 10 日）

右案奉院长谕："交卫生署。"相应通知卫生署。

（台北"国史馆" 014 - 011105 - 0043）

福建省卫生处关于报送该省华安县防治义昭乡鼠疫情形报告书致卫生部部长呈

（1947 年 8 月 20 日）

南京卫生部部长周钧鉴：

　　据本省华安县卫生院呈送防治该县义昭乡鼠疫情形报告书到处；理合检同原报告书一份，电请察核。

福建省卫生处

附华安县卫生院防治义昭乡鼠疫情形报告书乙份。

华安县卫生院防治义昭乡鼠疫情形报告书

一、地区:本年七月十五日以据本县义昭乡公所报以本辖市后保发现鼠疫,本院当即派医师、护士暨卫生稽查员携带药品、疫苗及消毒材料赶往该乡协同防治,现该保疫势已告全部消灭。

二、染疫:查市后保自发现染疫日起至扑灭日止,计患者七人,治愈者三人、死亡四人。

三、治疗:本院人员于十五日下午赶到该乡,后于翌日即赴该保调查患者,强迫隔离。除已死亡二例外,尚有二例仍在垂危,于是日午夜亦救治不及,先后死亡。嗣后又连续发现三例,幸救治迅速,全告治愈。

四、消毒:封闭房屋八家、DDT 油剂喷洒四十二家、焚毁患者床、帘、服、其什物百余件,并督导住民随时用石灰或沸水发撒消毒。

五、注射:举行劝导强迫疫区及近邻各保鼠疫苗预防注射,计受注人数1136 人。

六、宣传:

1. 召开该乡保长及地方人士会议,议决防疫措施。

2. 口头倡导防疫常识。

3. 编发有关各项防疫宣传单、标语宣传。

七、捕鼠:

1. 会同乡公所发动居民举行清洁大扫除。

2. 督促堵塞鼠洞。

3. 鼓励捕鼠灭蚤。

八、其他:查此次市后保鼠疫之发现幸以防治迅速及乡保人士全力协助,疫势未至蔓延不久即告扑灭,然患者均系腺性鼠疫,推究来源目下尚无法确切断定。但本院人员少数,防疫药品、器材有限,今后诚须大量充实之必要。

三十七年七月二十五日报

(台北"国史馆"028－040000－0243)

东南鼠疫防治处处长左吉等关于古田发现鼠疫
请派队前往防治案致卫生部部长呈

（1947 年 11 月 18 日）

南京卫生部部长周钧鉴：

本月十五日午据福建省古田县卫生院十一月十三日急电称："本县旬日鼠疫发现五例，蔓延可虑。除分电卫生处外，请派队莅县防治。"等情。来处。旋即会同医疗防疫总队第四大队组织临时防疫队一队，派本处防疫设施组主任王之瑞率领携带大量药械，备车待发，此经闽省防疫大队派来四员随车前往，即于十一月六日晨专车出发，业经 9917 电呈在案。兹据王之瑞十六日电："该员等已于当日下午四时抵达古田，该县城区及平湖、凤仕、沂洋各乡均有发现。"等情。除防治详情续报外，谨电呈核。

东南鼠疫防治处处长左吉公出

副处长代理处务查良钟叩

（台北"国史馆"028 - 040000 - 0243）

福建省卫生处关于屏南县鼠疫经防治后已平息案致卫生部电

（1947 年 11 月 27 日）

南京卫生部钧鉴：

查本省屏南县长桥镇发生鼠疫，经电报在案。兹饬据查复："查本院闻报长桥镇发生鼠疫，当即派员携带药材前往防范，发现该镇高溪保保民林添进、郑淑贞、江赛容、林春桃、林高台等五人均患腺鼠疫，由本院医师详为治疗，结果均已先后复原。旋在该保及附近岑洋等地普遍施行防疫注射，计有七百余人。兹疫情业已平息，至于蒙发鼠疫苗 100 c. c. 装五十瓶。除另行派员洽领外，理合电请鉴核备查。"等情；除再饬应依照规定填具疫情旬报表呈核外，谨电察核。

福建省卫生处

（台北"国史馆"028 - 040000 - 0243）

东南鼠疫防治处处长左吉等关于晋江永宁镇发生鼠疫调查防治情形致卫生部呈

（1948 年 1 月 31 日）

查福建晋江县属永宁镇本年元月十一日发现首例腺鼠疫,业经元月二十日(37)防字第〇〇九五号代电呈报在案。兹据本处驻晋江第一检疫站三十七年元月二十四日呈称,以该站主任陆建华率同技术佐理员谢华于元月十九日前往该永宁镇鼠疫病发地点之金沙村调查防治,经于三十六年十二月下旬曾发现患者一例,不治而死,复于三十七年元月中旬又发一例,亦不治而死,均经当地医师诊断为腺鼠疫,并据该村居民报告三十六年十二月间发现死鼠甚多,已经当地民众扫除及预防注射,惜未普遍。比经该站加派人员于该村办理全村 DDT 消毒,并协同卫生院施行预防注射后,新病例迄未续发等情。除饬该站仍应严密注意防范外,理合呈报,仰祈鉴核备查。谨呈

部长周

卫生部东南鼠疫防治处处长左吉公出

副处长代理处务查良钟公出

技正吴云鸿代

（台北"国史馆" 028－040000－0243）

四、云南

卫生署关于云南省 1946 年度鼠疫防治费预算案致行政院秘书处电

（1945 年 12 月 21 日）

行政院秘书处勋鉴:

案据云南省卫生处卅四年十一月廿八日乙保二九四五号呈称:"查职处据报钧署所派专员伯力士视察滇西鼠疫防治情形,并日前遏止状况下,年度难免不再发生。为健全机构,应援照本年度鼠疫防治队之设置,并加强工作人员训练及配备,编造卅五年度滇西鼠疫防治预算表一份、员额表一份,仰祈钧署核定即请行政院拨发,以利工作而拯民命。"等情;附呈预算表等件。据此,正核办间,复据该处十一月一日乙秘人二九五六号呈送滇西鼠疫防治计划会议纪录等件到署。查该处所请卅五年度滇西鼠疫防治专款,拟改为

云南省鼠疫防治专款,统筹办理滇省鼠疫防治工作。除该处附呈鼠疫防治人员训练班暂行章程略经修正外,至原列经费预算计划等件,经核尚切实际;相应抄送原件四件,电请誊核转陈赐予核准,以利工作,并希赐复为荷。

卫生署防(34)亥马

云南省卅五年滇西鼠疫防治费预算表

科目名称	金额	说明
第一款 云南鼠疫防治专款	24,000,000	
第一项 薪金	32,160	荐任一人月薪300元、委任一人月薪200元、委任十人月薪160元、委任四人月薪100元、公役四名每人月支45元,全年如上数。
第二项 员工膳食补助费	13,024,800	荐任一人、委任十五人、工役四人,以规定生活补助费再加百分之五十,全年如上数。
第三项 办公费	1,200,000	每月办公费100,000元,全年如上数。
第四项 旅运费	5,000,000	预防注射旅运费1,500,000元、发生疫情调查防治旅费1,500,000元、药品器材运输费700,000元、防疫工作人员旅费1,300,000元。
第五项 训练费	1,200,000	训练防治人员十二人每月每人20,000元,以一至四月计约960,000元,生活训练办公费及教员车马费四月共支240,000元。
第六项 药品器材费	3,543,040	除补助及捐助外,其自行购用之鼠疫苗、血清、消毒、防疫治疗药品约计如上数。
上列预算专系滇西鼠疫防治费。至他县之防治费并未包括在内,合并呈明。		

滇西防疫员额表

医护救助员	四人	100元
公役	四人	45元
会计员	一人	160元
事务员	一人	160元
环境卫生员	二人	160元
检验员	二人	160元

续表

医护员	四人	160 元
队副	一人	200 元
队长兼医师	一人	300 元

云南省卫生处鼠疫防治人员训练班暂行章程

第一条　本处为造就鼠疫防治人员,特设鼠疫防疫人员训练班。(以下简称本班)

第二条　本班训练下列人员:

一、护士

二、环境卫生员

三、检验员

四、医护助理员

第三条　本班之各项人员训练课程另订之。

第四条　本班教授由处长派处内高级人员兼任,或聘富有鼠疫防治学经验者充任之。

第五条　本班训练名额指定护士四名、检验员二名、环境卫生员二名、卫生医护助理员四名至八名。

第六条　本班学员资格,护士、环境卫生员、检验员以仍受上项训练得领正式证书者为合格医护助理员,以滇西第六行政区所属各县保送受训为原则。不足者得就地招考,以初中毕业或具同等学力者为合格。

第七条　本班学员待遇,在训练期间,每月每人津贴生活费二万元,惟训练期满后,须遵令赴指派地点服务,否则追赔学费及生活费。

第八条　受训日期二月。自卅五年一月一日起,至卅五年二月卅一日止。

第九条　受训地点保山。

第十条　本班之各种办事细则另订之。

第十一条　本章程如有未尽事宜,得呈请修正之。

第十二条　本章程自呈准后施行。

卫生署伯力士专员视察滇西鼠疫防治情形

开会检讨今后防治计划纪录

出席:缪处长安成、伯专员力士、王科长启宗、缪科长宇屏

主席:缪安成

纪录:刘秘书敬益

甲、报告事项

一、主席报告:伯力士专员视察滇西鼠疫防治情形公毕返昆,特召集本处有关科主管人参与今后防治工作之检讨,并听取伯专员此次视察所得之各项资料,以作本处防疫工作之参政,如有意见应提出研究。即请伯专员报告。

二、伯力士专员报告:

视察滇西各地鼠疫蔓延及防治情形

本人此次奉派赴滇西视察鼠疫蔓延及防治情形,由昆抵达腾冲后,即拟据原来计划沿盈江流域依次前往曾受鼠疫传染各地(包括南甸、胡萨、弄萨、干崖、河西、蛮允等地),作一全盘地域之调查。嗣得当地政府通知谓胡萨、弄萨等处地方不靖,竭力劝阻未然前往,故仅在南甸、干崖及河西三处视察。兹根据南甸、干崖实地调查情形及云南省卫生处在上述地区鼠疫蔓延期中派员防治所得之资料,暨陈宗贤队长供给疫区一般有关资料,作一总检讨所为报告如后:

(一)根据上述资料,检讨结论滇西鼠疫尚不致成为地方病。

(二)鼠疫地方性,要分两种,一种为永久性,一种为临时性。滇西鼠疫据已知各项因素,应为临时性之地方性。

(三)根据杨处长永年本年二月间视察报告,卫生处李煜谦技正曾到大陇川之实际调查,记录中该地在卅二年九、十月间及卅三年二至五月间,有四十余人为鼠疫传染,死亡由大陇川蔓延至萝葡县,再沿至南甸,经积极防治而扑灭,先后共估计病例有八百至九百。嗣又由大陇川另向胡萨、弄萨蔓

延,至今年夏季,蔓延至干崖,其传染来源始终应为大陇川无疑。

（四）此次视察南甸最后一病例为干崖蔓延回来。至八月底南甸又有二病例,据调查八月底前南甸第二次所发病例,系为一病兵由干崖带菌来南甸死亡,故第二次疫情或为重行感染。

（五）干崖疫势较南甸第一次蔓延时为严重。今年五、六月间,为干崖流行传染顶点。

（六）河西在大盈江对面,最后于十月底在该地调查有两病人为恢复状之病例,系在十月中旬所得感染。

（七）整个流行皆为受第二次干崖疫势蔓延期,系为本年二月至十月间,病例总数为二千三百五十例。未及治疗死亡数字为一千二百五十例,受治疗死亡数为一百例,治愈数为九百例,未受治疗而愈者数为一百例。

乙、讨论事项

流行蔓延趋势及防治检讨

一、滇西鼠疫无福建省之病亡严重,但传染蔓延之势则较迅速。

二、干崖为滇西鼠疫第二次流行之地,其爆发趋势异常急烈,最大因素为该地老鼠太多,故一经感染老鼠死亡相继,因之而形成爆发性流行。

三、前次公谊救护队罗明远报告,注射鼠疫预防针有加重病人病势现象,此亦已证实不确。据此次调查,在老鼠初期死亡时,即行注射预防针之地病例很少,如在老鼠已大批死亡后,再行预防针之地则病例仍多。故知老鼠死亡后,已得感染者再行预防针当然无效,因之当时现象以为系疫苗有问题,实不知注射预防针者早已感染矣。

四、滇西鼠疫以后是否尚有后发趋势问题,在此防治以遏制之阶段,可分为二点因素论之:

A. 临时性之地方性因素:在人之方面□可以现在已完全息灭。

B. 外传感染因素:现在老鼠因谷物生长或群驱稻田,是否将来再有疫菌重行,感染老鼠而再发生,当然不知。

丙、建议以后之防治设施方案

一、应组织一永久性防治鼠疫机构

A. 设置地点以保山、腾冲、南甸三地为适合条件，尤以南甸为适中，但南甸居民知识水平太低，于防疫工作不甚了解，不能得到合作，故仍以设于腾冲为佳。

B. 防制机构组织应分为总站一个、分站三个。腾冲为总站，设立地较大，大陇川设一分站、干崖设一分站、滇西公路之芒市设一分站。其工作人员之分配，应为总站医师二人、检验员二人、环境卫生员二人、受训练之非技术人员(最好为曾受训练之医护人员)四人至八人。每分站设受训练之非技术人员各二人。(事务员一人、会计员一人)

C. 分站及总站受过训练之非技术人员给四种工作：1. 认识腺鼠疫症状，即师磺胺剂治疗；2. 注射预防针；3. 能应用DDT灭蚤；4. 碳酸钡灭鼠使用法。

二、防治工作之实施

A. 上述总、分站所设非技术人员，应就当地觅取适当人员，给与上述四种工作之短期训练。

B. 总站所设之四人，应负责南甸防疫事宜。每三个月编替互换工作一次，俾资调节。

C. 预防注射应在事先实施，不应等疫情发生时再做。

D. 应注意此次未受传染之乡村，先施预防接种。

三、防制期间人员任用规定

A. 防制机构暂定一年。在一年工作以后，如无疫情发生即行撤销，或将已受训之非技术人员即由当地卫生院任用，俾可协助防疫而减轻经费之负担。

B. 所有防疫人员均以专任为原则，期能专心工作。

四、其他问题

(一)滇西鼠疫发生于大盈江流域，但迄未沿江蔓延。此点当为本地人未利用河流为交通工具，故均依陆路交通线为传播路线。

(二)训练人员如当地无适当人才，应考虑在他处招之。

（三）检疫机构宜设立，惟需费甚大，且设置地点至少需为四处，如由印缅政府及我国境内双方实施检疫，此点当留供卫生署参考，或由中央向印缅政府交涉。

（四）预防针有限期限为本年，应在未发生疫情之区域普遍注射。每年两次，第一次应注射三针，第二次只须一针。

（五）腾冲储米站现在已不适用过去，为军队购米特多，可以分批消毒。现在军队减少，民众买卖零星，不能集中消毒。

（台北"国史馆"014－011105－0034）

国民政会参政员陈赓雅等七人关于芒市鼠疫蔓延请迅拨专款救济案致行政院宋院长电

（1946 年 7 月 8 日）

京行政院宋院长勋鉴：

滇西芒市发生鼠疫，未及半月蔓延畹町、遮放、龙陵、腾冲、梁河、莲山、陇川、盈江等县镇，幅员广达千余里，居民多至百万人，报载疫威所至，竟有全村死亡，无一幸存者。近且内袭保山，未经宿即死百余人，各地求救，电函多如雪片，匪但疫区同胞死无噍类，如下关、明远各地亦将转瞬被蔓延，惨遭燎原之祸。回忆光绪辛酉年，保山曾一度患鼠疫，殷鉴照然，死人无真不寒而栗。现今患疫各县地，当滇疆要冲，暂时供应，甲于全国，继以沦陷，死伤更难数计，现复罹斯浩劫，宁忍坐视不救。本省卫生机关鉴于疫情严重，虽组队出救，但缺乏医药人才及交通工作，据派往人员仅十余人，所携疫苗仅三十余万西西。抢救保山一带，尚难敷用，以治滇西全区，更属杯水车薪，用敢电请院长救灾如救火，迅拨专款，分饬救济总署及卫生署多派专门技术人员携同大量医药器材，火速飞运疫区，从事紧急措施，广泛治疗，以保一方民命，而培国家元气，则不胜迫切盼祷之至。

国民政会参政员陈赓雅、赵澍、严惇、李培炎、张鹗珍、李鉴之、范承枢

（台北"国史馆"014－011105－0034）

保山县旅省同乡会关于保山鼠疫猖獗请加派卫生人员
广施急治案致行政院院长电

（1946 年 7 月 9 日）

南京行政院院长宋钧鉴：

　　窃我滇西保山，地接印缅，抗战以还，人力、物力靡不捐献国家，洎敌寇南侵，滥施轰炸，霍乱流行，死亡枕藉，今日思之犹有余痛。因地当要冲，形成反攻基地，地方军民配合国家作战，故当时恤死抚伤，无断顾及，所幸怒江之役一股败虏，胜利来临，共庆更生。回顾中产之家，盖已百无一存，十室九空，哀鸿遍地，正思休养生息，徐图自救。讵料鼠疫竟越怒江之天堑编，民又陷入死亡恐怖之中，日死数十，哭声震野，呼吸之间，生命危殆。务恳体念八年抗战，不无供献兵燹余生，优予惜存，准加派大批卫生人员，增发多数预防药品，星夜兼程，广施急治。现保山数十万生灵，咸仰望予政府之救济。谨电迫切，伏祈鉴核，迅赐施行。

保山县旅省同乡会、保山县旅省学会同叩阳印

（台北"国史馆"014－011105－0034）

卢汉关于云南鼠疫蔓延请拨款迅速救治案致行政院院长呈

（1946 年 7 月 10 日）

京行政院长宋钧鉴：

　　据第六区专员李国清巳感电称："保山乡区数处发生鼠疫，亡者已有数十人，病者十余人，情势危急。经立即发动本第所有医生，尽力办理检疫隔离治疗等项工作，请令卫生处，即日派车送疫苗十万西西及大部血清、硫酸制杀虫、DDT 等来保为祷，能用飞机送来更佳，迟则恐病势愈烈。"等情；并准参政员陈赓雅等电及云南省参议会咨请转呈钧院，火速飞运医药器械，从事紧急措施。又准救济总署滇西办事处电及："据保山县电报鼠疫严重。"各等情。查此案前据报后，经以巳俭电呈在案。兹复据前情，查本省医药器械有限，现虽组队出发，积极抢救，但杯水车薪，无济于事，日有蔓延之势，不速谋防止，不惟三迤，受害无穷，且波及邻省，尤属可怕。

除分行外,谨电请钧院俯准,将前呈鼠疫防治专款二千六百万元迅赐核发,并请分饬救济总署及卫生署迅派技术人员,携带医药器材,火速飞滇救济,实沾德便。

职卢汉叩 356 午灰秘一印

(台北"国史馆" 014 - 011105 - 0034)

卫生署关于云南省腾冲一带发生鼠疫请速施急救案致行政院秘书处电

(1946 年 7 月 15 日)

行政院秘书处公鉴:

案准贵处本年七月四日第二六三三三号通知单以:"李根源电告滇西腾冲盈江一带发生鼠疫,请速施行急救一案,奉谕:交卫生署迅赐核办具覆。"等因;抄送原电一件到署。查滇西发生鼠疫,经本署最近拨发该卫生处氰化钙、碳酸钡等鼠疫防治药材一批,并就美军剩余医药器材项下拨发云南省医药器材多种,责成云南省卫生处统筹办理。除另饬云南省卫生处加紧防治外,特电复请查照转陈为荷。

卫生署防(35)午删印

(台北"国史馆" 014 - 011105 - 0034)

卢汉关于滇西疫情严重请速派员前往救治并拨专款事宜致行政院院长电

(1946 年 7 月 20 日)

京行政院长宋钧鉴:

据卫生处呈:"处长缪安成率赴滇西疫区督饬防止鼠疫,设置检疫站,组织防治队及防疫委员会,扩大防治并先后将疫苗运至保山。因疫区辽阔,疫情较巨,疫苗不敷注射,请转请层峰迅发大量疫苗及碳酸,并选专员补助药品,核发专款,以济急需。"等情。查此案前据报后,迭经以巳俭、午灰、午元电呈在案。据呈前情,除照案分行办理外,谨电请钧院俯准核发专款,并分饬善后救济总署及卫生署,迅派专员携带药品,火速来滇救治为祷。

职卢汉叩卅五午瑬粮一印

(台北"国史馆" 014 - 011105 - 0034)

行政院关于滇西鼠疫防治及药品拨发事宜致云南省政府电

(1946 年 7 月 29 日)

昆明云南省政府:

　　午东秘一、午灰秘一、午哿粮一三电,均悉。查防治滇西鼠疫,前据李根源电请到院,经饬据卫生署拨发氰化钙、碳酸钡等药品一批,暨美军剩余医药器材多种,交该省卫生处统筹办理。除再饬知卫生署外,特覆知照。

行政院午艳九印

(台北"国史馆"014-011105-0034)

云南省卫生处处长缪安成关于保山县人和镇鼠疫情形致卫生部呈

(1947 年 8 月 7 日)

　　案据保山县卫生院院长孙秉干呈称:案据人和分院主任金鑫于六月二十五日呈报,该镇热水塘发生鼠疫,日趋严重,祈示。正核办间,又接驻保防疫医师熊镇东来函及电话:"鼠疫复炽,言同前情,并已渐及龙潭寺复性乡之土马村,死亡已有二例,病状与去年一样,有扩大可能"各等情;据此,职以事关人民健康,情节重大,立即面陈专员李公、县长杨公,并请电达钧处鉴核在案。一面及拟具紧急措施防治办法三项:(1)集中人和、由旺、施甸三分院所职员于人和桥组成一医防队,加紧工作;(2)请训令发生鼠疫地区军警协助管制交通,以免流行其他乡镇;(3)请拨疫苗款汇省卫生处代购疫苗补充。呈请县府核准去后即同时展开工作。谨将工作情形分二点报告如下:一、职即于七月三日携带大量疫苗及药品驰赴该镇发生鼠疫各地督导防治,并以显微镜查诊证实为腺鼠疫无疑,巡视数村落统计,共患已达二十五人,人心惶惶。乃与施甸、甸阳中学乡镇长、士绅开防疫会议,经议决要件数案,克日(七月十日)成立临时防疫队,队长由熊医师镇东兼充,以各分院所主任医师以乡镇之防疫干事为干事加紧工作,防治尚早,组织细分,想不致眼呈巨灾;谨附此次出巡鼠疫死亡统计表一份;二、职于乡镇归来,又在本城召集西医同人各私人医馆,及城外板桥分院医务人员组织防疫免费注射两队,游动于街头扼要处,及邻近乡镇工作,由三青团及警察协助下,强迫注射,并委托海涛医庐、张钦章诊所、博爱医院、隋文林诊所等四处代理长期注射,以达普遍防治之目的,而符层峰推行卫政之本旨。所有以上呈请县府核准三项,及职工作经过情形二点。当否之处,理合备文呈请钧处核示祗遵等情。据此,除指复严予防制并分报外,理合备文呈请钧部鉴核备查。谨呈

卫生部部长周

云南省卫生处处长缪安成

(台北"国史馆"028-040000-0244)

云南省卫生处处长缪安成关于保山卫生院呈报鼠疫防治报告书案致卫生部部长呈

(1947年9月11日)

卫生部部长周钧鉴:

案据保山县卫生院院长孙秉干呈报该县鼠疫防治工作报告书称"查本县鼠疫流行,前于上月三日首,由施甸人和镇发现,当经职会同防疫医师熊震东及板桥分院主任张相宜前往调查。一面呈请第六区行政专员公署及县府迅予筹组医防队赶就,一面由职派员在城区邻乡调查,及开始注射防疫针,并通令所属各分院就地同样办理。兹人和桥方面,经该队前往按户强迫注射预防疫苗,并指导病人家属强其隔离医治,现已缓和,共计死亡一六人,治愈一九人,尚有患者七人,已令其隔离医治。复于本八月六日,城内又有发现,首由上水河及下港街,继而通商港等地,经职前往调查,并抽腺液化验,查出有鼠疫形杆菌,乃立即派员在附近各街巷注射预防疫苗;正准备寻屋,将患者隔离,因无适当地点,而职院住院病人又多,不便收容。翌日又在南门街发现同类病人多人,并延至附近县府街一带,发现更多。又据板桥分院主任张相宜报告,城北区域该镇所属之汉庄、小寨、凤仪镇之清水沟、北上镇之即义村等地,均有同样病症发现,其病人数约三十余人,死亡者二十余人。时至今日,严重异常,职院因医院编制医护人员过少,不敷派用,防疫经费无着,院内疫苗亦已用罄,乃商同专员李公、县长杨公迅予设法防治,以免蔓延。一面电请钧处代购鼠疫疫苗,一面草拟防治办法,呈请县府召开紧急

会议,当经议决通过是项办法,立即开始实施。谨将实施工作情形报告如下:

一、由地方款项下暂拨国币一千万元作开办费。

二、由党政参联合电请钧处救济,并电保山旅省同乡会在省呼吁,请政府迅予设法救济。

三、先由第六区行政督察专员公署购获卅七年春季期鼠疫苗一箱,及由保山公库领获磺胺药品一部备用,并电请钧处代购鼠疫苗二箱。(由侨午梗电汇四百四十万元)

四、通令各乡镇保甲长组织调查队,调查各该区病人,并授予鼠疫一般症状,以资鉴别。

五、由党团学校联合组织宣传队,并散发预防鼠疫须知,使民众深刻了解鼠疫之危险性及预防法。

六、会同党团、警、保甲、学校联合举行清洁大扫除,及组清洁巡回分队分区巡导。

七、由警局负责举办死鼠调查、消毒、掩埋等工作,刻正加紧工作中。

八、组织医防队三,现已成二队,一队由熊震东医师率领,二队由廖信昭医师率领,第三队之人选正在物色中,并派前经受训之地方防疫干事协助之。各保甲则分区逐一按户,强迫注射防疫苗,现已普遍施行。

九、函托县医师公会转饬县境开业医师,各就近防治,于每日午后一至四时专为注射防疫针,现已普遍施行。

十、成立检疫站一所,负责在各交通孔道严加检查,惟人员尚未决定,俟决定后即可开始工作,并分函下关永平县府查照亦同时设立,以免感染及他县。

十一、成立隔离医院一所,暂由职院组成之地点决定在王关屯,惟因经费尚在筹措,对于目前病人之食宿及运输等问题,极感困难,故未开始收容,只有指导患者暂时自行隔离他房医治用DDT。每日于患家消毒一次,并将患者住房封锁,令其家属迁移邻居,以免传染扩大。现正积极实施,一俟隔离经费核定,即可正式成立。

以上各项工作,为职院近日以来之紧急措施,其余应进行之各种计划,因县经费支绌,兼之职院医护人员过少,不敷分配,对各项防治办法不易进展,影响匪浅。除死亡情形另案呈报外,兹谨将本年度发现鼠疫防治情形先行呈请钧处鉴核备案,并祈电请中央拨款救济。嗣防止根绝后,遵即专案报核"等情;据此,查前据该院电报鼠疫波及城区,职处为迅赴事机,计特派防疫股主任王天祚携带疫苗及药品赶往疫区督导检疫防治工作,并调派驻腾冲防疫队队员白余华在保协助防制。又关于检疫工作,有赖于军警及交通机关,已分别电请协助核办施行在案。除分电云南省省政府鉴核外,理合备文电请钧部鉴核,并恳照卫保字第五六八二及五七○二号代电,拨款救济为祷。

云南省卫生处处长缪安成

(台北"国史馆"028－040000－0244)

云南省卫生处处长缪安成关于滇西鼠疫严重请速派防疫队协防致卫生部部长电

(1947 年 9 月 15 日)

南京卫生部部长周钧鉴:

据保山卫生院院长孙秉干及此次职处派赴疫区督导王天祚主任电称:"该县鼠疫患者计八十二人,死五十六人。本周患者十三人,死六人。疫区至板桥镇之小寨等村(在保山县城之北十余里,为滇缅公路所经之地),较去岁严重。……疫苗仅存八十瓶,地方款有限,祈援助。"等情。查本年滇西鼠疫较上年为严重,若不迅予防制,则一旦蔓延后患无穷,何堪设想。查职处于八月廿四日据保山卫生院电称该县县城病亡患者十八人,后当即函令六区专员公署及保山县政府卫生院迅组防疫队三队,并派防疫股主任王天祚携带疫苗、药品赶往疫区督导、检疫防制工作,并调派驻腾环境卫生人员在保协助防制。计本年度,职处先后发往滇西疫苗已达十余大箱,至储存疫区之磺胺类药品亦达十余万粒、纯 DDT 粉千余磅,及其他大量防疫药械,惟因疫区辽阔,防疫器材需用甚多。现职处虽拟即勉力再组织防疫队二队,驰保协助并续购疫苗数箱应用,惟仍感难于应付,故拟恳请钧部迅派防疫队二队来滇协助,并恳先行急电中央防疫处免费拨发鼠疫苗八大箱,以应急需。临电迫切,勿任盼祷。

云南省卫生处处长缪安成叩(36)申删印

(台北"国史馆"028-040000-0244)

云南省卫生处处长缪安成关于请拨疫苗药品及经费案致卫生部部长呈

(1947 年 9 月 25 日)

卫生部部长周钧鉴:

　　查滇西鼠疫防制措施情形,业经以卫保字第 5814、5682、5866 号呈报鉴核在案。本月廿二日接职处派赴保山防疫人员王主任长途电话,以保山疫情似已稍戢,上周仅发现患者八人,经治疗后死者甚少。现已将卫生院一部分并发拨作隔离病院免费收治患者,并于上周发动毒鼠及灭蚤运动,毒鼠结果已发现死鼠三千余头,其死于洞中及无法发现者尚未统计在内;灭蚤工作则已用去 DDT 粉剂二万五千磅、油剂一百加仑。又据该员九月十五日代电,略以(一)永顺镇保安县城南十五公里第三保,大小秀林寨于本月十日又发现鼠疫病例,共十三例,死五例,已于十五日派第一防治队前往防治;(二)保山城内新患五例,死四例,现尚有新旧患者五例。板桥(保山县城东北十余公里)本周新患三例,死一例。现有二例;(三)前后总计患者一零二例,死六六例(此系指县城及其附近村镇,不包括施甸县各村镇);(四)已成立保山鼠疫防治委员会,由各有关机关主管负责,并于白马庙(瓦窑与板桥间)设置检疫站一个,原拟设于功果桥,因距保山较远,不便指挥,故改设于此。复由专署令知永平县府在霁虹桥亦设置检疫站,以管制小路、渡江客商。该县又于九月八日在新生路车站要道设站,实施检疫及预防注射;(五)于十五日起,在保山城内举行毒鼠运动,并拟于短期实施全疫区 DDT 石灰粉撒布及 DDT 油喷射;(六)今后防治工作,比去年较为困难,即疫情不灵,多数患者均隐瞒不报(因去年地方当局焚化一鼠疫患者尸体,故今年一般患者恐受同样处理,或恐被封锁及不准久停棺柩,故多隐而不报),或采用土法治疗(中医公会尤为极力宣传),迷信鬼神。而患者及家属均多不愿将患者隔离治疗,故死亡率较去年为大;(七)城区及板桥一带,已挨户注射预防针一次,现又开始第二次注射,惟尚有百分之五不接受,或规避注射。又城内疫势渐越北半部,并在保岫路北廊近亦发现患者数例;(八)第四区运输处已开始对到昆旅客实施检疫,并作汽车及行李之 DDT 喷射,所用 DDT 粉及疫苗均由职供给等情。查滇西鼠疫已成地方性,病发时息殊难扑灭,职处对滇西鼠疫防治已尽最大力量,惟因疫区辽阔,所需药品器材及经费甚多,实感难于应付,拟恳钧部拨发大量疫苗、药品并拨发经费,由职处就近组队防治,以济急需。临电迫切,勿任盼祷。

云南省卫生处处长缪安成叩(36)申有印

(台北"国史馆"028－040000－0244)

云南省卫生处处长缪安成关于保山鼠疫防治工作情形致卫生部部长呈

(1947 年 10 月 20 日)

南京卫生部部长周钧鉴:

查前据保山鼠疫猖獗,经派职处防疫股主任王天祚率防疫人员携带疫苗、药品赶往防制,并会全当地卫生人员组织防疫总队,由该主任任总队长。兹准云南省第六区行政督察专员公署保一卫字第一三一九五号酉冬代电开:"查保山鼠疫情势严重,城区及板桥等处患者一〇二人,死亡六六人。经组织保山鼠疫防治委员会,设立防治总队部加紧防治工作,其会议纪录业以申筱代电,附奉查照在案。其议决防疫应办工作,有普遍洒布 DDT 一项,当即督饬该防治总队部迅即实施。兹据该队申有代电称:据职队于九月十七、十八、十九日暨二十三、二十四、二十五、二十六日由防卫队及警察局派人协助,于城区内外普遍洒布 DDT 粉剂及油剂,计喷洒房屋一千四百余户,共房间六千三百七十间,动员军警及青年团员一百三十人,耗去 DDT 石灰粉二二万五千磅、DDT 石油溶液一百加仑。谨代电核备。复据该队代电称:职队于九月二十日于板桥镇市区内外喷洒 DDT 油剂,并商由该镇镇长金尚科购买石灰粉二千觔,由职队发交该镇 DDT 粉二十五磅自兑石灰挨户撒布,计喷洒住户三百一十一户、房间九百四十七间,耗去 DDT 石油溶液十五加仑。

谨电核备。各等情;据此,查该总队长王天祚工作勤劳,保山城区及板桥经其领导,普遍洒布DDT,疫势不再蔓延,所有鼠疫病人另复设有隔离医院完全免费收治,因此,疫情顿见缓和。据电前情,除电覆嘉勉外,相应电请查照。"等由。除分电云南省政府鉴核外,理合电请钧部鉴核。

云南省卫生处处长缪安成叩(36)酉晋卫保印

(台北"国史馆"028-040000-0244)

卫生部关于昆明市政府呈报碧鸡关检疫站成立暨开始工作日期
并呈实施办法一案致云南省政府电

(1947年11月14日)

昆明云南省政府公鉴:

卅六年十月廿九日省秘字第六五六三号代电以:"昆明市政府呈报碧鸡关检疫站成立暨开始工作日期。"等由;抄附昆明市检疫站检疫实施暂行办法一份。准此,应予备案。相应电复查照,饬知为荷。

卫生部防戊寒印

(台北"国史馆"028-040000-0244)

云南省卫生处处长缪安成关于设置滇西鼠疫防治站
办理鼠疫防治事宜案致卫生部部长呈

(1947年12月4日)

南京卫生部部长周钧鉴:

窃查滇西鼠疫为患,年来愈演愈烈,本年度已蔓延至保山县城区及其他以北地带,今年流行防治情形,业经先后呈报在案。下年度若不及早加强防治设施,严密防范,其来势将不免延及近省区域,或更向邻省扩大流行。经钧部于本年十月间,派专家伯力士博士及视察刘志阳到滇西各疫区实地考察后,与职会商设计结果,佥认为下年度开始,除项目呈请钧部调派医防大队一队来滇主持防治外,并须于疫区及其附近各县分别设置鼠疫防治站,加强防治,以免疫势继续蔓延。兹谨拟据设置鼠疫防治站工作计划书一份,及所需开办经常费、员工生活补助费、防疫基层人员训练等费预算书各一份,电请钧部鉴核,迅赐办理转请行政院核拨专款,以资办理。除分呈云南省政府,转呈行政院,并分咨钧部鉴核办理外,谨将计划书及预算表电呈鉴核。

　　　　　　　　　　　　　　　云南省卫生处处长缪安成叩陷印

附鼠疫防治站工作计划书一份、预算书表一份。

云南省卫生处滇西各鼠疫防治站工作计划书

　　查滇西鼠疫年来愈演愈烈,且疫情有向东北方向蔓延之趋势,若不及早加紧防范,势将进而祸及全滇或邻近省份。经卫生部于本年十月派专家伯力士及专员刘志扬前往疫区实地考察后,与本处会商结果,佥认为下年度开始,除专呈请卫生部请派医防大队一队来滇主持防治外,并拟于疫区及附近各县份分别设置鼠疫防治站,加强防治,以免疫势蔓延。经商定于保山、腾冲、云龙、下关、永平、莲山、盈江、潞西、龙陵、泸水、陇川等十二县局分别设置防疫站各一站,以资防范。兹将各站组织及工作规划如下:

　　A. 组织:鼠疫防治站设主任一人、医师一人、医护员二人、工友一人以办理疫区鼠疫防治事宜。

　　B. 待遇:防治站员工待遇,均照云南区待遇支发薪金及生活补助费。

　　C. 隶属:防治站职属省卫生处,并受防大队之监督指挥,必要时并可调动工作。

　　D. 工作范围:

　　(一)各该区民众之预防注射。

　　(二)灭鼠运动之推行及指导。

　　(三)鼠疫疫情之搜集报告。

　　(四)发现鼠疫患者之隔离治疗。

　　(五)检疫及协助检疫工作。

　　(六)疫区消毒灭蚤工作。

　　(七)宣传工作。

　　(八)疫区当地基层防治人员之训练。

　　(九)其他有关防疫设施之一切工作。

（十）贫病之遥察救济。

E. 所需器材之补给:由云南省卫生处库存美捐品项下,及项目请领防疫器材项下,按照实际需要拨发之,事后并呈请列册向请领机关核销后转报备查。

云南省卫生处三十七年度滇西各鼠疫防治站十二站预算汇总表

款别	预算支出数/元	备考
开办费	240,000,000	计防疫站十二处,每处开办费需 2,000 万元,全年度共需如上数。细目详预算表。
经常费	432,000,000	计防疫站十二处,每站每月需经费 300 万元,全年 3,600 万元,十二站全年共需如上数。详分预算表。
防疫人员生活补助费	624,000,000	计防疫站十二处,每处月需员工生补费 433.6 万元,年合 5,203.2 万元 12 处,计年需如上数。
防疫人员训练经费	3,000,000,000	计训练防疫人员二期,每期五十人,计训练三个月,两期需训练费如上数。细目详预算表。
总计	1,560,384,000	综计卅七年度滇西鼠疫防治站十二处经常临时费共需 1,560,384,000 元。

说明:本表系将防疫站十二处之开办费及年需经常费、员工生活补助费暨训练两期防疫人员之训练经费汇总编列,其细目详各预算表内。

云南省卫生处卅七年度滇西各鼠疫防治站开办费预算表

经常门临时部份　开办费		
科目名称	预算支出数/元	备考
第一款 滇西鼠疫防治站开办费	240,000,000	计滇西应设防治站十二站,共需开办费如上数。
第一项 保山防治站	20,000,000	该县设防治站一处,计需开办费如上数,其开办设备情形详工作计划。
第二项 腾冲防治站	20,000,000	全上
第三项 云龙防治站	20,000,000	全上
第四项 下关防治站	20,000,000	全上
第五项 永平防治站	20,000,000	全上
第六项 莲山防治站	20,000,000	全上

科目名称	预算支出数/元	备考
第七项 盈江防治站	20,000,000	仝上
第八项 潞西防治站	20,000,000	仝上
第九项 瑞丽防治站	20,000,000	仝上
第十项 龙陵防治站	20,000,000	仝上
第十一项 泸水防治站	20,000,000	仝上
第十二项 陇川防治站	20,000,000	仝上
总计	240,000,000	
说明:本表拟列预算数字系以卅六年度十一月份物价指数为标准,如物价涨落时,得按此数字标增减之。		

云南省卫生处卅七年度滇西鼠疫防治站经常费预算表

经常门常时部份 每站经费如本表规定,年需 3,600 万元。			
科目名称	每月份支出预算数/元	全年度支出预算数/元	备考
第一款　○○防疫站经常费	3,000,000	36,000,000	每站月需经费300万元,全年 3,600 万元。细目各项目栏。
第一项 俸给费	610	7,320	
第一目 俸薪	570	6,840	计委任一级主任一员,月支 200 元;三级医师一员,月支160 元;医务员委七级一员,月支 110 元,委八级一员,月支 100 元。共计四员,支薪如上数。
第二目 工饷	40	480	工役一名,月支工资40 元,月支工饷如上数。
第二项 办公费	2,999,390	35,992,680	每站月需办公费如上数。细目详各目栏内。

续表

科目名称	每月份支出 预算数/元	全年度支出 预算数/元	备考
第一目 文具	500,000	6,000,000	本目每站月需如上数。
第二目 邮电	500,000	6,000,000	全上
第三目 消耗	400,000	4,800,000	本目每站月需如上数。
第四目 印刷	400,000	4,800,000	全上
第五目 旅运	600,000	7,200,000	本目每站月需如上数。
第六目 什支	599,390	7,192,680	全上
总计	3,000,000	36,000,000	

说明:本站所列预算数系每站之预算数,计防疫站十二处,合每月共需经常费 3,600 万元,全年共需经常费 432,000,000 元。

云南省卅七年度滇西鼠疫防治站员工生活补助费预算表

经常门临时部份 每站员工生活补助费如本表规定。

科目名称	每月份支出 预算数/元	全年度支出 预算数/元	备考
第一款 ○○防治站员工生活补助费	4,336,000	52,032,000	本表列之标准系按三十六年十月份调整规定云南区基数 67 万元薪俸加倍数二千二百倍计列,每站年支如上数。
第一项 职员	3,934,000	47,208,000	职员四员,合共支基数 268 万元,薪俸共 570 元加二千二百倍,合 125.4 万元,总计生补费月支如上数。
第一目 主任	1,110,000	13,320,000	委任一级月支 200 元,基数 67 万元,加倍数 44 万元,共月支生补费如上数。
第二目 医师	1,022,000	12,264,000	委任三级一员,月薪 160 元,基数 67 万元,加倍数 35.2 万元,共计月支生补费如上数。
第三目 医务员	1,802,000	21,624,000	委任七级一员,共二员,月薪共 210 元,计基数 134 万元,加倍数 46.2 万元,共计二员生补费月支如上数。

续表

科目名称	每月份支出预算数/元	全年度支出预算数/元	备考
第二项 工役	402,000	4,824,000	工役一名,月支基数六成,计合40.2万元,合支如上数。
总计	4,336,000	52,032,000	
说明:本表所列预算数系每一防疫站之员工生补费支出数,计共设12处合月需52,032,000元,全年合需624,384,000元。			

云南省卫生处卅七年度防治鼠疫训练防疫人员训练经常预算表

经常门临时部份　防疫人员训练费

科目名称	每月份支出预算数/元	每期(三个月)概算数	备考
第一款 防疫人员训练费	100,000,000	300,000,000	防疫人员训练两期,每期三个月为限,约需训练费如上数。
第一项 第一期训练经费	50,000,000	150,000,000	本期训练五十人,需训练费如上数
第二项 第二期训练经费	50,000,000	150,000,000	仝上
总计	100,000,000	300,000,000	
说明:训练防疫人员训练费所需情形详工作计划。			

（台北"国史馆"028 - 040000 - 0244）

云南省政府主席卢汉关于滇西鼠疫流行请调派医防大队来滇主持防治案致行政院呈

（1947年12月19日）

案据卫生处呈称:"窃查滇西鼠疫历年来愈演愈剧,疫势渐由西南向东北方向蔓延,本年度已至保山县城区及城区以北地带猖獗,有大流行之势。下年度若不及早加强防范,势将延及近省会区域,或更向邻省蔓延,后患堪虞。经卫生部于本年十月间派专家伯力士博士、视察刘志扬到滇西实地考察后,复与职处会商设计结果,佥认为于卅七年度开始应请卫生部调派医防大队一队来滇主持防治,以资防患而免疫势蔓延。经职处于卫生部伯、刘两君未离昆以前,即与之商定拨派成立医防大队办法四项如下:(1)由卫生部按照部订医防大队编制人数、所需经常开办等费按月拨发经费来滇;(2)医防大队队长由职兼任,或由职推荐人选担任,受职指挥监督。其余员工计七十余人,亦因卫生部吾人足资拨派,由滇就地物色人员组织成立;(3)所需防疫器材药品,大部分由卫生部拨发。(其品名、数量已由职处与伯、刘两君签定,另案呈请拨发);(4)所有以后滇西鼠疫防治事宜,即由该医防大队负责办理。兹谨专电呈请钧府迅赐转呈行政院,饬由卫生部并分咨卫生部拨派来滇主持办理滇西鼠疫防治事宜,免罹巨灾,则全滇人民幸甚,国家民族幸甚。除分电卫生部鉴核办理外,敬祈钧府迅赐办理为祷。"等情;据此,查所呈各节尚属切要。除指令外,理合具文呈请钧院鉴核示遵。谨呈

行政院院长张

云南省政府主席卢汉

(台北"国史馆" 014 - 011105 - 0034)

医疗防疫总队兼总队长容启荣等关于报送滇西鼠疫勘查报告书案致卫生部呈

(1947 年 12 月 23 日)

查本总队视察刘志扬,前奉派偕同钧部专门委员伯力士,前往滇西指导当地鼠疫防治工作,该员遵于十月十日启程,业经于本年十月九日以京八人字第三三九一号呈报核备在案。兹该员于十一月廿七日返京复命,在滇工作历时一个半月,调查所得编有报告书一份。理合检同组件随文呈实,敬乞鉴核。谨呈

卫生部

医疗防疫总队兼总队长容启荣

代理总队长职务兼副总队长蔡方进

附呈滇西鼠疫勘查报告书一份。

滇西鼠疫勘查报告书

(1947 年 11 月)

刘志扬

三十六年十月,奉派偕伯力士医师前往滇西勘查鼠疫流行之实际情形,于十月廿三日抵保山,在疫区勘查历一个月,溯历年疫势蔓延之路线,经腾冲、梁河、盈江、陇川、瑞丽直至缅边,再由畹町经遮放、芒市、龙陵返保山。谨将勘查所得列陈于次:

甲、近年来滇西鼠疫流行概况

近年来滇西鼠疫肇始于廿九年二、三月间,在接近缅边之瑞丽(孟卯)发现病例。先是在二十八年缅境南坎曾有严重之鼠疫流行,南坎与瑞丽仅隔一瑞丽江,瑞丽城东南十二里对江之木姐与南坎有汽车可通,数小时内可以往返,交通频繁,二十九年瑞丽之鼠疫实肇源于廿八年南坎之流行。卅一年滇西沦陷后,在陇川、西南之铁臂关一带复有鼠疫流行,铁臂关位于陇川通缅境八莫之小路上,莫为近年来缅境鼠疫流行之中心地区,铁臂关流行之肇源于缅境殊无疑义。

卅二年九、十月间陇川及附近村落发现病例,卅三年二月流行甚烈,死一百四十八人,在日寇占领下,日军皆迁驻山顶,并未加以防治,遂继续向东北两面蔓延。卅三年五月,陇川北约六十里之户发现病例,流行甚烈,至七月始戢,同时西北面约七十里之拉撒亦遭波及。陇川东百余里梁河属罗卜镇之蛮东寨,在三十三年六月底,亦发现病例,自七月至九月间赓继蔓延全县村寨五十二家,染疫者十处,前后发现病例一三八人,死一〇五人。陇川附近粮产丰富,户撒、拉撒与罗卜县一带则产粮不敷自给,多向陇川购运,鼠疫之蔓延胥由于所运食粮中杂有疫蚤所致。

同年十一月罗卜县之流行波及腾冲属之九保,与梁河属之遮岛。遮岛与九保相距仅五里,统称南甸,为陇川、腾冲及盈江间交通要冲,距罗卜线约八十里,东北距腾冲约七十里,而距盈江约八十里。九保自三十三年十一月间,始发现鼠疫病例,其传染途径当系来自罗卜县者,最初三周内每日发现两三例,十二月下旬发现一百例,三十四年一月上半月流行仍烈,染疫者一四一人,至一月底疫势始戢。同时遮岛亦发现病例,且九保北面、大盈河北岸、腾冲属河西乡西头之村落中亦遭波及。同时在另一方面,户撒、拉撒鼠疫之流行,复继续向北扩展,及于大盈河南岸之盈江(干崖)及北岸之莲山(盏达),盈江属之小辛街及弄璋,与户撒相距六十里,小辛街之对江即为莲山之太平街。卅四年五月间,盈江、莲山鼠疫之流行,至为猖獗,至九月间始稍戢,十月中犹有散发性之病例发现,仅盈江一处可考之病例总计二三五〇人,死一三五〇人。

至卅四年八、九月间,南甸一带复发现病例,在卅四年二月间在罗卜县东南百余里外,沿公路之芒市及附近拉昌村中曾发现死鼠,三月中发现两例,七月中在芒市附近拉来村中绪有死鼠,惟迄未发现病例。此一地区之鼠疫来源,究系来自罗卜县,抑系直接经畹町由公路自缅甸传入,殊难臆断。

卅四年陇川城内及东北之清平街与西南之章凤一带复有流行,可考者计一五〇例,死五〇人,至九月间疫势始戢。三十五年七月陇川城内绪有流行,计八〇例,死六人。户撒亦有流行卅例,死三人。盈江小辛街在卅五年六、七、八月中发现三一例,死三人。莲山六月中蛮充有六三例,死二人。七月中太平街有五十六例,死三人。梁河自八月迄十月有六五例,死二三人。三十五年二月腾冲城西四十里之县派村发现一一例,死一人。六月下旬河西乡蛮东村、猛蒙村及永海村皆有少数病例。七、八月间酒保发现三四例,皆经治愈。九月中清水乡之朗蒲寨有七例,死一人,十月中又有十九例,死二人。距朗蒲寨四里之户家寨亦有三例,皆经治愈。此外沿公路之芒市,在卅五年五月间亦发现一〇例,死四人。那木寨有十余例,死四人。距芒市五〇里之孟晋亦有六例,死三人。

以上所述之鼠疫流行,在卅五年以前完全系在大盈河与瑞丽江两流域之间。自三十五年以后,疫势继续蔓延,除在染疫区内继续扩大流行外,竟扩展至潞江以西,在保山滇南之地区流行。卅五年二、三月间距保山城南五十里之施甸县内人和镇东北之老关庙村发现死鼠,二十余日后发现患者,前后二十余日死十七人。一月后人和镇发现死鼠,二十余日后镇上群居于草棚内之乞丐数人,相继病死,此后居民遂相继染疫。六月后人和镇附近村落中皆发现死鼠,三岔河于七月二十日发现患者二人,保山城内在六月廿九日发现一例,系返自芒市在人和镇暂住,迁入城内者。七月十九日距城十五公里之苹街发现病例,至廿五日止共十例,死三人。八月上旬三岔河续有一五例,死二人。总计可考者凡二○七例,死六○人。三十五年保山鼠疫流行之区域,主要者在施甸县内,城区尚未波及,疫势以八、九两月中为最烈,至十月下旬遂行消杀。

乙、本年度滇西鼠疫流行概况

本年度滇西鼠疫之流行,以保山区与腾冲区较为严重,保山区之疫势较腾冲区为烈,其余在大盈河流域西岸、梁河、莲山之流行则较为轻微。陇川方面仅于四、五月间发现两例,芒市则仅于五、六月间发现少数死鼠,并未发现病例。兹将各处流行概况分述于次:

一、保山区本年度鼠疫流行概况

保山鼠疫在卅五年仅在施甸县流行,本年疫之流行则不仅在施甸县继续流行,且波及城区并已向城郊各村镇中蔓延,且除腺鼠疫之流行外,复发现肺鼠疫十六例。本年一月间保山施甸县曾发现十例,死七例,此实三十五年度之余波。本年雨季开始后,七月初施甸县内复性乡土马村开始发现七例,全部死亡,至八月二十日止,络续在施甸县内村落十处发现病例,总计五六例,死一六人。八月十六日保山城内正阳南路发现一例死亡,八月廿四日城内继续发现二十七例,全部死亡。九月一日起至十三日,城内络续发现一八例,死七人。九月十五日在城南郊永顺镇之秀林寨发现一七例,死九人。九月廿一日城内又发现三例,城北郊板桥街发现二例,皆经治愈。十月九日城东郊河上村二例。十月廿日至廿九日城内又发现五例,死一人。廿一日城北郊廖官屯有九例,死五人。廿六日北郊板桥镇复有一例。十一月一日北郊董官营发现一例。一日至三日,北郊海棠村发现三例,皆死亡,十日复有一例。自十一月三日至九日,城内复络续发现十例,死一人。以上病例全系腺疫。

此外在九月中旬,在城南郊约三十五公里之双寨发现肺鼠疫,在一星期内连续发现十六例,除一例已恢复外,其余皆不治。其最初之一例,为当地一李姓之十四岁男孩,在保山城内鼠疫流行时,入城投考学校,寄居其亲戚家染疫(腺疫),后返双寨家中,遂转为续发性之肺疫,于九月十五日死亡。临死前,其三十四岁之寡母李赵氏,以口吻之呼气遂继染疫,于九月二十日死亡。李赵氏病时,其妹杨赵氏及妹之嫂,自城东郊河上村来双寨探病亦沾染肺疫,杨赵氏于返河上村后死于家中,其嫂则死于途。同时李赵氏之另一妹偕其夫段体寿,自施甸县来双寨探病,亦相继染疫,其妹死于双寨,段体寿染疫后雇轿抬回施甸,卒死于途,轿夫二人据报亦染疫死于家中,惟未经证实。九月廿三日第一例之八岁幼弟亦染疫死亡,于是附近邻人家遂连续发现肺鼠疫病例,至十月一日止,邻人染疫者计六家,凡九例,死八人,此后并无肺疫病例发现。自九月中旬至十月初,在双寨发现之肺鼠疫,总计十六例,死十五人,其未死之一例,在本人到双寨勘查时,已经痊愈。据谈初起时,曾发热,五日继之咳血痰,三、四日并未遵服县卫生院医师所给之 Sulfa-diazine,因服后呕吐,故仅延中医用土法治疗云云。据调查所得,双寨鼠疫患者皆曾咳血,其为肺疫无可疑异。

本年度保山鼠疫分三区流行,第一区为施甸县一带,自七月初至八月中旬有五六例,死一六人;第二区为城内,自八月十六日起,至十一月上旬,先后发现六四例,死三七人;第三区为城郊村落,自九月十五日起,至十一月十日止,先后发现五一例,死三一人。总计保山区本年自七月初,至十一月中,发现一七二例,死八四人。以上统计系根据保山县医防队之纪录,有登记表可考者,其确实人染疫,人数当不止此数,总在二五〇例左右,死亡者当在一三〇人左右。

二、腾冲区本年度鼠疫流行概况

本年度腾冲区鼠疫,除在卅五年染疫区域之九保继续流行外,并扩展至大盈河北岸之河西乡,疫势至为猖獗,惟患者症状多不甚严重,死亡率甚低。本年六月中旬九保发现二九例,死三人,至七月上旬继续发现二二例,皆经治愈。六月下旬清水乡马茂村发现三例,至七月下旬复有九例,未及治疗皆死,八月中旬该村又发现二八例,死一人,八月下旬复有四例。八月初起,河西乡开始发现病例,在该乡蛮东村、蛮幸来、爬沙沟、蛮龙、永乐、大坪子线多有余。盖连、孟颂、蛮发、孟来、蛮别、东碑、丙赛等十七村络续流行,发现二四一例,死二七人,至十月上旬疫势始熄。在八月底腾冲城内发现一例,系来自梁河之患者,未经治疗即死亡,在本人到达腾冲时,疫势已戢。本年度腾冲区自六月中旬,至十月上旬止,共发现鼠疫患者三三七例,死四一人。

三、梁河区本年度鼠疫流行概况

本年度梁河区鼠疫,以遮岛之流行为烈,发现六例,五月二十一日又有一例,皆经治愈。六月二十日罗卜县之蛮东寨发现七例,死二例,七月三日复有四例,死二人,自七月十三日至八月十二日络续发现十八例。其他村落,红坡、蛮满在七月下旬发现四例。八月六日,杷木寨发现一例,死亡,八月廿二日又有三例。自八月十八日起,至九月上旬,遮岛继续发现五三例,死二五人。八月下旬西岗村发现一例,死亡。自八月二十六日至九月上旬,另一村落挪小靠络续发现十五例,死五人。本年度梁河区鼠疫自四月下旬起,至九月上旬止,共发现一一四例,死三六人。

四、盈江区本年度鼠疫流行概况

盈江区本年度鼠疫流行较卅四年为轻。本年五月底在县城西南三十里之蛮掌及六十里之弄璋发现八病例,死二人,七、八、九三月中络续发现三八例,皆经治愈。六月底盈江旧城发现一例,八月中又有一例,皆经治愈。本年度共发现四八例,死二人。

五、莲山区本年度鼠疫流行概况

莲山区在三十五年六月至九月中,曾有较大之流行。本年仅六月至八月间,有散发性之鼠疫病例一八例,死六人。

六、陇川本年度鼠疫流行概况

陇川区原为滇西鼠疫流行之根据地,三十二年至卅四年流行最烈。本年度仅城内四月间发现一例,五月间发现一例,皆经治愈。

丙、地方各卫生机构防疫工作推进情形之检讨

在滇西染疫区各县及设治局所在地皆设有卫生院,当地防疫工作自应由卫生院负责推进,但事实上各县政府及设治局之经费异常窘迫,对于当地卫生院经常费用之筹措,深感困难,且并经常费用都不能按月支给。在梁

河、盈川、陇川各属卫生院之维持,完全仰赖当地土司之施与,更无论防疫之
事业费矣。省卫生处对于地方之防疫费补助,在本年度仅得一亿元用于保
山者达七千万,对于其他疫区之补助费,实属不敷。

　　关于防疫之药品、器材方面,行总滇西分署曾有一部份之磺胺剂、鼠疫
疫苗、敌敌替等之补助,滇省卫生处亦有一部份磺胺剂及疫苗之分配,但以
滇西交通困难,除保山在公路在线,尚可得较多之补助与分配外,其余各县
所得者,有供不应求之感,且有时因公文手续之转折分配太迟,或疫苗过期,
虽应急需,分配机关对于鼠疫预防所急需之疫苗、敌敌替、毒鼠剂之未能及
早分配,实为本年度保山、腾冲等地鼠疫蔓延之主要原因。

　　人员方面,各县卫生院除保山、陇川两院在院长下另有医师两人,腾冲
另有医师一人外,其余仅由院长兼医师,其余人员每院三四人,多为未经正
式训练之护士,或助产士,或事务员。各县所属之乡镇中,除保山设有卫生
分院五处外,皆无分院,在鼠疫流行期间医防人员殊不敷分配,加之各县卫
生院院长、医师多未受相当之鼠疫防治训练,在技术上似嫌不足。本年度保
山、施甸一带鼠疫流行时,当地在七月间组织医防队开始工作,八月间省卫
生处复派员抵保协助,加强防治,曾实施预防注射,但为期实嫌过晚,且未能
尽善宣传工作,一般民众昧于医药,实为扩大流行主要原因之一。据省卫
生处派往保山之王医师天祚谈,九月间抵保时,保山报纸上几全为中医
用土法治疗鼠疫之宣传广告,一般民众多惑于所谓祖传秘方之治疗,因
循自误。于此可见,当地卫生机构未能及早尽力宣传工作,未能配合当
地军政力量及早实施防治,实为遗憾。在保山鼠疫流行期间,昆明之碧
鸡关、下关、永平及保山之白庙皆由当地卫生机构设置检疫站,检查行
旅。事实上,工作人员多未能切实执行其任务,未能与军警方面切实联系,
殊难期有何成效。

　　在医疗方面,仅保山曾设有传染病院,系城内鼠疫流行后始附设于卫生
院者,先后仅收容二十余人,城外各处发现病例多,因交通困难,报告需时
多,不能及早治疗。保山、腾冲方面,在鼠疫流行期间,由省卫生处补助经费
成立医防队,在各乡镇作巡回医防工作,其他各县则以经费困难,无法办理

巡回工作。梁河、莲山、陇川各县卫生院除应付寥寥无几之门诊外,几无其他防疫工作可言,其主要原因,厥由于药品人员经费不足为切实推进滇西鼠疫之防治工作、人员之补充及训练。药品之充实、经费之补助费,实属当务之急。

丁、明年度滇西鼠疫防治要点

滇西鼠疫自卅一年陇川流行后,在敌军占领之下,任其流行扩大,无防治可言,逐渐向北面滋蔓,大盈河流域两岸之梁河、莲山皆遭沾染成为鼠疫流行之中心地点。三十五年二月扩展至腾冲城西南、九保附近各村镇,至六、七月间竟在潞江东岸距保山城南五十公里之施甸流行。本年度腾冲疫势复扩展至距城较近之河西乡各村落中,保山疫势亦赓续向北蔓延,城区内及北郊村落中亦相继流行,十月下旬始稍戢直。至十一月十七日,本人离保时,尚有少数病例发现。目前已交冬令,气候转冷,当不致剂续流行,顾明年度之流行恐属不可避免,苟不及时加以防治,其继续向东北蔓延之趋势,不难想见。谨就管见所及,将明年度滇西鼠疫防治之要点列陈于次:

一、加强邻近保山东北各县之预防工作

本年度保山疫势已越过城区,向东北扩展,明年度可能更向东北蔓延,永平、云龙两县首当其冲。永平与保山间有公路及小路可通,尤为重要,万一明年度疫势穿过澜沧江,波及永平,则下关必难幸免。下关为滇中交通枢纽,如鼠疫在下关流行,则滇省全部将受袭击,疫势将广泛传播而不堪收拾。是以,明年度在永平、下关一带应切实加强鼠疫之预防工作,以遏止疫势之蔓延。

1. 普遍宣传鼠疫防治常识:在上述各县城镇村落中,应普遍宣传鼠疫防治常识,如灭鼠灭蚤、预防注射、疫情报告、医疗方法等等,使民众了解各种防治措施之重要,俾能接受并协助防治工作之推进。同时,可召集各乡镇户籍人员予以短期之医防训练,俾能协助工作。

2. 及时灭鼠:明年度二、三月间,在永平、下关、大理、凤仪等城镇乡村中应实施碳酸钡灭鼠工作。

3. 及时实施预防注射:明年四月以前,在永平城镇村落中应实施普遍预防注射。

4. 加强保山及永平检疫工作:明年度应加强保山及永平之检疫工作。本年度保山沿公路之白庙镇曾设检疫站,但距白庙镇滇南不远之板桥已有流行,明年度白庙本身恐亦难免染疫,故明年度沿公路之检疫站,应移至保山北端之九窑,该镇为保山通永平公路与云龙公路之交叉点。自保山至永平除公路外,另有小路可通,亦应实施检疫,可在永平境内之杉阳街设站检疫工作。对于人之检疫,固应切实办理,对于足以藏匿鼠蚤之物资,如米粮、棉花等之运输尤应注意。盖腺疫之传播,由于染疫人之为媒介者实少,大部分胥由于疫蚤之转运,最好在检疫站设蒸熏间,凡足以藏匿鼠蚤之物资及车辆皆应加以蒸熏,可利用滇省处存有之氰化钙等粉,此项工作应配合当地军警严格实施。

二、加强保山及腾冲两县医防工作

本年度保山、腾冲鼠疫流行较烈,明年度之赓续流行,势所难免,当地医防工作之加强亟应早为之计。

1. 及时实施灭鼠蚤工作:明年二、三月间,在当地未发现鼠疫前应在保山、腾冲两县普遍实施碳酸钡灭鼠工作,必要时,再洒敌敌替灭蚤。

2. 及时实施预防注射:明年四月前,应行普遍实施。

3. 训练乡镇户籍人员协助医防工作:明年二、三月间,当地县卫生院应召集所属各乡镇户籍人员,施以短期之医防训练,俾于发生鼠疫时能协助工作。最低限度对于疫情报告一项,应能切实做到。

4. 设传染病院:保山、腾冲两县为滇西较大城市,应筹设传染病院,可由卫生院兼办。在鼠疫流行期间,应尽量收容鼠疫患者,同时在各流行较烈之乡镇中心地区,距城较远处,应设隔离治疗所,必要时应实施巡回治疗。

三、充实边区卫生院加强医防工作

盈江、梁河、陇川、莲山各地自卅一年来,历年皆有鼠疫流行,医防工作至为重要。当地能皆设有卫生院,但终以经费、药品、人员之缺乏,防疫工作之推行实属困难,亟应设法予以充实,甚盼滇省卫生处能于明年度切实加以改进。

1. 及时并适量分配医防药材:上述各设治局以地处滇边交通为山岳梗阻,每年滇省处分配之医防药品多难能及时运到,最好能在边区适中地点设药品器材库,俾能就近分配,以免延误。关于分配数量问题,亦应按实际需要,予以调整。

2. 确定各卫生院经常及防疫经费:上述各卫生院之经常经费多未确定,工作至为困难,滇省卫生处应尽量设法督促各设治局予以确定。关于当地防疫经费,省方亦应予以适当之补助,据缪处长谈明年度滇省防疫经费预算共列约十五亿,推征之本年度省防疫经费仅领到一亿元之事实,明年度究能领到若干,殊成问题,省财政如确属困难不足之数,似应由省方边列预算项目,呈行政院请拨专款。

3. 就地训练乡镇防疫工作人员:上设各设治区城内鼠疫流行多在雨季,交通至为困难,当地防治工作如仅赖卫生院,人力有时事实上确有不逮,应就所属各乡镇中遴选户籍人员,施以短期训练,灌输鼠疫医防常识,俾能协助推行工作。

四、为求当地卫生机构能切实推行防疫工作,在经费上、技术上及药品器材需求上,实应予以充分之补助。谨将滇省卫生处所希望于中央补助之各项列陈于次:

1. 经费方面

(1)希望明年度中央能补助一个医防大队之编制及经费。

(2)希望明年度中央对于滇西鼠疫防治工作拨给专款。

以上两项经费,缪处长商妥由省政府项目向行政院请求。

2. 技术方面

据缪处长谈滇省医护人员并不缺乏,希望本部能指派检验及卫生工程专门人员前往协助训练,并指导工作。

3. 药品器材方面

希望本部能大量补助鼠疫医防药品器材,主要者为磺胺剂、碳酸钡、敌敌替、疫苗及应用器材。

(台北“国史馆”028-040000-0244)

卫生部关于拨款设置滇西鼠疫防治站暨请调医防一大队来滇主持防治鼠疫等事宜致云南省卫生处电

（1948 年 1 月 28 日）

云南昆明卫生处：

　　据该处卫保字第 6632 号代电："请转呈拨款设置滇西鼠疫防治站,暨调派医防大队一队来滇主持防治鼠疫。"各等情；附工作计划及预算到部。查：一、据称事项计划预算已分呈滇省府转呈行政院有案,惟迄未奉交核到部；二、所请设置鼠疫防治站一节,值兹中央财政困难之际,请款未易,准应将发生鼠疫各县卫生院设备加以充实,不必另设机构；三、应扩充省防疫队列入省卅七年计预算,或呈请行政院核拨专款；四、训练防治鼠疫基层人员,应由省自行筹办。本部可派员协助,高级技术人员可选派赴东南鼠疫防治研究（该处本年三月间,将开班训练,招收医师工程师等）；五、应请省府宽筹卅七年度防疫经费,预储防治鼠疫器材,必要时本部可酌量补助。综上各节,合行电复知照。

卫生部防(37)子俭印

（台北"国史馆"028－040000－0244）

卫生部关于请核拨专款由云南省自组医防大队案致行政院秘书处电

（1948 年 1 月 29 日）

行政院秘书处公鉴：

　　准贵处卅六年十二月廿九日服四内字第 106677 号通知："为云南省政府呈以滇西鼠疫历年流行,请卫生部调派医防大队来滇主持防治一案,奉谕：交卫生部核复。"等因；抄附原呈一件过部。查滇西鼠疫流行,经前卫生署于卅三、卅四两年先后派外籍专门委员伯力士及卫生工程师过基同、医师陈宗贤等率领技术人员前往指导并协助防治。卅六年十月间,本部复调派医疗防疫总队卫生工程师刘志扬,偕本部专门委员伯力士携带药品前往疫区策划协防。俭以该省鼠疫疫区范围颇广,如仅赖中央之少数防治人员,自感应付困难,故当地鼠疫防治机构亟应力谋健全与充实,以期确能负起责任。本部医疗防疫总队原计划于卅七年度增设两个医防大队,分驻滇、浙两省办理鼠疫防治及抗疟工作。旋奉令卅七年度总预算依照卅六年度总预算特编半年,因经费支绌,致此项计划未能实施。最近浙东兰溪、赣东、上饶等地鼠疫复炽,有威胁京沪之趋势,浙赣铁路沿线防疫工作倍形重要。所有各医防单位目前实无法调队前往,而滇省亟需添加工作人员,确属迫切,拟请钧院核拨专款,由滇省自行组设医防大队一队,以资办理防治鼠疫工作,并由该省选派高级技术人员参加福州本部东南鼠疫防治处训练班,研究防治鼠疫技术配合工作,以赴事功。相应电复查核转陈为荷。

卫生部防(37)子蒹印

(台北"国史馆"014-011105-0034)

五、安徽

安徽省政府民卫会关于本省防御鼠疫计划及经费预算等案致行政院电

(1947 年 4 月 24 日)

行政院钧鉴:

据卫生处案呈以:"奉卫生署寅俭代电以南昌发现鼠疫,蔓延堪虞,该处应积极防患。仰即拟具工作计划及所需经费,呈由省府转呈行政院核示等因;经饬据医疗防疫大队拟具防御鼠疫计划及经临费预算表,呈报到处。理合检同原计划及预算,呈请核转。"等情。经核所拟,尚属切要。理合抄同防御鼠疫计划及经临费预算表各一份,电请核示为祷。

安徽省政府民卫会防卯回叩

附件

安徽省防御鼠疫计划

一、目的:因江西连年发生鼠疫,传染区域逐渐扩大(见江西省卫生处卅六年二月份疫情报表)。最近南昌市亦有腺鼠疫与肺鼠疫发现(见三月十八日皖报,其他京沪各报迭有纪载)。查赣省毗连皖境,交通甚便,为预防鼠疫蔓延入境起见,拟请于安庆设检疫所,并于邻接赣省之交通地区及沿江各县设置检疫分所。所有往来旅客均须一律注射鼠疫疫苗,执有鼠疫预防注射针者,方准上下车船,以资防堵。

二、组织:安庆设检疫所,宿松、望江、东流、祁门、至德、休宁、贵池、铜陵、芜湖等处各设检疫分所。按照目前情形,组设实施防御工作外,得视疫势情形,组织防疫委员会,并配合地方团体及所在地卫生机构,随时动员防疫人员。

三、编制:检疫所设所长一人、医师五人至八人、护士十人至十五人、卫生工程员八人至十六人、配剂员二人、事务员四人、雇员四人、会计员一人、会计佐理一人至二人;检疫分所各设主任一人、医师二人、护士三人、配剂员一人、卫生工程员一人、事务员一人。

四、经常费:如附表。

五、事业费:防疫经费、旅费、交通费、宣传费及交通工具燃料费(如附表)等,务须先行拨发,以期行动敏捷,随时展开工作,庶能迅速防治。

六、设备:拟转请以最迅速方法,拨发活动房屋卅幢、床位一百张及全套医疗器械药品与细菌检验设备。

七、交通工具:在工作期间,拟请拨借汽艇一艘及汽车三辆,以利检疫所工作人员随时出发工作。所有汽艇及汽车驾驶技术人员等,另由拨借机关一并借用,统受所长指挥。

安徽省防御鼠疫检疫所工作概要

(一)公共卫生宣传

(二)行政管理

1. 组织防疫委员会。

2. 厉行疫情旬报。

3. 公共场所之管理。

4. 防疫人员之动员计划。

(三)灭鼠运动

1. 灭鼠

(子)捕杀。

（丑）诱捕。

（寅）毒杀。

（卯）熏蒸。

2. 防鼠

（子）防鼠建筑。

（丑）保藏粮食。

（寅）清洁处理。

3. 灭蚤

（四）检疫

1. 外出旅客之管制

（子）检查旅客。

（丑）将可疑之旅客，临时留验于检疫所，或检疫分所。

（寅）断绝交通。

（卯）行李消毒。

2. 节制货物运输

3. 过境交通工具之管制

（子）火车。

（丑）汽车。

（寅）船舶。

（五）防疫准备

1. 院舍准备

（子）隔离医院。

（丑）化验所。

（寅）情报所。

（卯）检疫所。

2. 药械之准备

（子）疫苗及血清。

（丑）磺苯胺噻唑锭。

（寅）注射用具。

（卯）灭鼠及蚤物品。

（辰）其他必须供应品。

3. 防疫人员应有之准备

（子）防蚤衣帽(每人二套)。

（丑）橡皮手套胶皮靴。

（寅）护目镜。

（卯）口罩。

（辰）其他用具。

（六）尸体处理

（七）撤离—焚屋

安徽省防御鼠疫检疫所卅六年度经常费预算分配表

岁出经常门常时部分

科目名称	全年度预算数	各月分配数	备考
第一款 本所经常费	41,964,960	3,497,080	
第一项 俸薪	71,520	5,960	
第一目 所长俸	4,800	400	一人月支如上数。
第二目 医师俸	18,240	1,520	六人月支 280 元、260 元、220 元各二人,合如上数。
第三目 护士俸	18,240	1,520	十二人内护士长一人开支 180 元,余月支 140 元三人、120 元四人、110 元四人,合如上数。
第四目 卫生工程师俸	19,440	1,620	十二人月支 180 元、160 元、140 元各二人,120 元、100 元各三人。
第五目 配剂员俸	2,880	240	二人月各支 120 元,合如上数。
第六目 事务员俸	4,800	400	四人月各支 100 元,合如上数。

续表

科目名称	全年度预算数	各月分配数	备考
第七目 雇员薪	3,120	260	四人月支 70 元、60 元各二人,合如上数。
第二项 主计人员俸	3,360	280	
第一目 会计员俸	2,160	180	一人月支,如上数。
第二目 会计佐理俸	1,200	100	一人月支,如上数。
第三项 工饷	4,320	360	
第一目 工程工饷	3,600	300	十人月各支 30 元,合如上数。
第二目 厨夫工饷	720	60	二人月各支 30 元,合如上数。
第四项 办公费	12,900,000	1,075,000	
第一目 办公费	12,900,000	1,075,000	
第五项 特别费	180,000	15,000	
第一目 所长特别费	180,000	15,000	
第六项 分所经常费	28,805,760	2,400,480	分配预算另编。
第一目 宿松分所经常费	3,200,640	266,720	
第二目 望江分所经常费	3,200,640	266,720	
第三目 东流分所经常费	3,200,640	266,720	
第四目 祁门分所经常费	3,200,640	266,720	
第五目 至德分所经常费	3,200,640	266,720	
第六目 休宁分所经常费	3,200,640	266,720	

科目名称	全年度预算数	各月分配数	备考
第七目 贵池分所经常费	3,200,640	266,720	
第八目 铜陵分所经常费	3,200,640	266,720	
第九目 芜湖分所经常费	3,200,640	266,720	

安徽省防御鼠疫检疫队第　分所民国三十六年度经常费预算分配表

岁出经常门常时部分

科目名称	全年度预算数	各月分配数	备考
第一款 本所经常费	3,200,640	266,720	
第一项 俸薪	19,200	1,600	
第一目 主任俸	3,600	300	一人月支如上数。
第二目 医师俸	6,480	540	二人月支 280 元、260 元各一人,合如上数。
第三目 护士俸	4,320	360	护士长一人月支 140 元、护士二人月支 120 元一人、100 元一人,合如上数。
第四目 卫生工程师俸	1,440	120	一人月支如上数。
第五目 配剂员俸	1,440	120	一人月支如上数。
第六目 事务员俸	1,200	100	一人月支如上数。
第七目 雇员薪	720	60	一人月支如上数。
第二项 工饷	1,440	120	
第一目 工程工饷	1,080	90	三人各支 30 元,合如上数。
第二目 厨夫工饷	360	30	一人月支如上数。
第三项 办公费	3,000,000	250,000	
第一目 办公费	3,000,000	250,000	
第四项 特别费	180,000	15,000	
第一目 主任特别费	180,000	15,000	

安徽防御鼠疫检疫所请领员工生活补助费

机关名称	人数		月支俸薪预算	每月应领生活补助费				备考
	职员	工友		基本数	加成数	工程生补费	合计	
	43	12	6,240	6,020,000	5,928,000	1,008,000	12,956,600	

分所请领员工生活补助费

机关名称	人数		月支俸薪预算	每月应领生活补助费				备考
	职员	工友		基本数	加成数	工程生补费	合计	
	10	4	12,800	1,400,000	1,520,000	336,000	3,256,000	

九个分所合计 39,304,000 元

安徽省防御鼠疫检疫所三十六年度临时费预算表

岁出经常门临时部分

科目名称	全年度预算数	备考
第一款 本所各所属临时费	1,010,000,000	
第一项 防疫费	200,000,000	
第一目 防疫费	200,000,000	本所及各分所平均每全年二千万元,合如上数。
第二项 旅费	384,000,000	
第一目 旅费	384,000,000	本所月需 5,000,000 元,九个分所各需 3,000,000,合如上数。
第三项 宣传费	66,000,000	
第一目 宣传费	66,000,000	本所 3,000,000 元,九个分所各 6,000,000 元。
第四项 交通费	240,000,000	
第一目 交通费	240,000,000	运输药械时之舟车及搬运等费,本所及所属各分所每月暂以二百万元,其如物价工费上拨,得先例增加,合如上数。
第五项 其他	130,000,000	如拨借汽艇汽车时需用燃料及补充工具材料暨医药器材之用。

（台北"国史馆"014－011105－0004）

安徽省政府民卫会关于呈送该省防御鼠疫计划及经费预算案致行政院电

(1947 年 5 月 17 日)

行政院钧鉴：

　　具卫生处案呈以："奉卫生署寅微代电以南昌发现鼠疫蔓延堪虞，应积极防患，仰即拟具工作计划及所需经费呈由省府转呈行政院核示。"等因；经饬据医疗防疫大队拟具防御鼠疫计划及经临费预算表呈报到处。理合抄同防御鼠疫计划及经临费预算表各一份抄电，请核示为祷。

安徽省政府民卫会防部叩

（台北"国史馆"028－040000－0225）

关于安徽省政府呈送本省防御鼠疫计划及经临费预算案致行政院秘书处呈

(1947 年 6 月 3 日)

行政院秘书处公鉴：

　　案经贵处卅六年五月十七日发服字第 31606 号通知："为安徽省政府呈送该省防御鼠疫计划及经费预算请核示，案奉谕：交呈部核复"等因；附抄送原代电及附件全份到部。经核皖省防御鼠疫计划及经临费预算表应予修正兹另拟皖省防御鼠疫计划原则，随电抄送，即希督照转陈。

呈部防(36)辰江印

　　附件

　　查皖省重要交通孔道之各县，均设有卫生院，安庆芜湖设有省立医院、本部第二医防大队全部驻在皖省境内，可以协助工作。目前皖省距离疫区尚远，在未发见鼠疫病例之先，似毋庸另设机构，故所拟之计划原则系依据当地目前急需办理各项防御工作，同时又顾及国家财政困难情形，核实编拟拨发五千万元经费。

　　兹奉谕"皖省卫生处能否办到，应切实注意"等因。自当切实斟酌办理。为顾虑实际困难情形，似有增加经费之必要，谨将防御计划原列第二项经费修改为拨发一亿元以兹办理。当否？请示。

五月二十七日

附件

安徽省防御鼠疫计划原则

查皖省邻近该省之东,此防御鼠疫播染自属需要,惟查鼠疫原因由于鼠疫杆菌先在鼠族中传播,然后由鼠蚤传染于人,防御办法应以防止染疫鼠族及蚤类传入,并随时检查染疫鼠族及蚤类已否传入为原则。兹拟皖省防御鼠疫计划原则列左:

一、检疫机构:皖省在未发现鼠疫病例之先,不宜增设机构,应充分利用原有之省立医院、卫生院及省医疗防疫大队及分队。

二、重要沿江巨埠之检疫:安庆、芜湖为皖省沿江巨埠,应注意检疫(包括当地鼠族蚤类及疑似鼠疫病例之检查)。安庆方面,应由省立安庆医院负责办理;芜湖方面应由省立芜湖医院负责办理,并由本部驻芜湖第二医防大队协助其他重要交通孔道之检疫,仍应责成皖省卫生处与驻皖省之医防大队及本部长江检疫所密切联系。

三、充实设备调整人事:皖省重要交通孔道之检疫,既由当地省县工作单位办理,须自适当之设备,合作之技术人员应由皖省卫生处设法充实及调整。

四、筹备捕鼠灭蚤器材:皖省就有之防止鼠疫药物器材,应预先筹备,对于联总所发物资如DDT及其他可资防治鼠疫之药材,应尽量节省,不宜用于其他用途。

五、关于预防注射:皖省距离疫区尚远,暂勿举行普遍预防注射,但应酌量准备鼠疫疫苗,并经常检验鼠族蚤类及疑似鼠疫病例至为重要,如及早发现疫鼠,应即采取紧急措施,可免蔓延。

六、经费:皖省检疫经费应准核发,拟请准予核发医疫原,并请饬知依照以上各项原则编列分配预算,专为防御鼠疫之用。

以上拟代电行政院秘书处察核转陈附件存查。

防疫司

五月二二

(台北"国史馆"028－040000－0225)

卫生部关于安徽省抄送该省防御鼠疫计划原则致行政院秘书处电

(1947 年 6 月 3 日)

行政院秘书处公鉴:

　　案准贵处卅六年五月十七日发服玖字第 31606 号通知:"为安徽省政府呈送该省防御鼠疫计划及经费预算请核示,案奉谕:交卫生部核复"等因;复抄送原代电及附件全份到部。经核皖省防御鼠疫计划及经费预算表,应予修正。兹另拟皖省防御鼠疫计划原则暨电抄送,即希督照转陈为荷。

卫生部防(36)辰江印

(台北"国史馆"014-011105-0004)

行政院秘书长甘乃光关于安徽省防御鼠疫计划原则案致卫生部电

(1947 年 6 月 26 日)

　　贵部三十六年六月三日防(36)字第一〇二七号代电。诵悉。关于另拟安徽省防御鼠疫计划原则一案,业由院依照贵部所拟,饬知安徽省政府并拨发经费一亿元,以资应用,函请查照。此致

卫生部

秘书长甘乃光

(台北"国史馆"028-040000-0225)

六、东北

东北行营政治委员会兼主任委员熊式辉关于东北鼠疫防治经过及拟设东北防治处等事宜致行政院院长呈

(1946 年 5 月 18 日)

南京行政院院长宋钧鉴:

　　据卫生署东北特派员李文铭报告称:"窃查关于东北鼠疫防治情形,职曾先后三陈钧座在卷。兹谨再将最近经过简陈于后:(一)沈市之鼠疫已于三月底以前完全扑灭。第一个病人发生于二月二十六日,系来自白城子者,由此一人辗转相传,有三十九人被染患病,其中只有三个人因服大量之磺胺

大金,得以复生,故死于症者为三十六人。此次鼠疫完全为肺型鼠疫,而能短期得以完全扑灭,未致扩大流行,实赖天时与人和。因(1)肺型鼠疫多在于冬季流行,故于初春始行发生,其势当难扩大;(2)洮市前卫生局局长项显达及所有防疫工作人员,均奋不顾身,努力工作。又加以善后救济总署东北分署人力、药力之协助,以易于扑灭。(二)卫生署军医署及善后救济总署所派前来东北视察鼠疫专家容处长启荣、专员伯力士、李少将育仁、叶上校天星及王组长福溢等,已先后抵洮考察鼠疫流行情形,惜因交通阻隔,未能前往北满疫区考察。该专家等均认中央应即于东北设置鼠疫防治处,以专责成。"等情。查东北鼠疫从未根绝,随时有蔓延之可能,亟应设置东北鼠疫防治处,防患未然,敬恳准饬卫生署从速筹设,仍候核示祗遵。

东北行营政治委员会兼主任委员熊式辉叩洮政民辰巧印

（台北"国史馆"014－011105－0011）

卫生署署长金宝善关于东北鼠疫防治经过并请设东北鼠疫防治处案致行政院秘书处电

（1946年8月17日）

行政院秘书处公鉴:

案准贵处卅五年六月廿六日礼京玖字第八四〇五号通知:"略以经委员长东北行营熊主任电转东北鼠疫防治经过,并请设东北鼠疫防治处一案,奉谕:交卫生署核复。"等因;附抄原电一件过署。自应详加核议。查东北鼠疫为患已数十年,远之于清末民初及民国九、十年间之大流行,死亡各达六万人及二万人左右,天津、北平、山海关、满南、大连及海参崴等地均经波及。近之于民十七年以后,南满一带已形成地方性疫区多处,敌伪之间南满疫区更形扩延。胜利后,自上年九月二十日至本年三月底,再度剧烈流行,疫区扩及吉林、辽北、嫩江与安热河及辽宁六省、廿八县旗,先后曾由本署派往东北接收人员携带防治器材前往调查防治。嗣后,由本署加派防疫处长容启荣、外籍专门委员伯力士前往协导防治,另由善后救济总署组织东北区医防大队,交由本署医防总队兼管及拨运器材。经各方努力防治结果,自四月后疫势幸告平息,惟征诸已往经验,本年秋间颇虞复炽,是因以图根治。东北在我前自民初起,即召东北防疫处之设置,处址设哈尔滨,先后并成立检疫医院、隔离病院四所,设备人员均优,成效卓著,颇得国际间好评,惜因九一八事变,被迫解体,敌伪亦曾设专门机构防治。现为配合今后东北建设,根治鼠疫尤称首要。据本署容处长等视察报告,此次本署接收之长春卫生技术厂内部设备颇佳,勘为鼠疫防治之用,如能利用成立永久性之防治机构,将来再就联总运达之鼠疫防治器材予以充实,并由联总外籍专家协助,即可着手根治。谨转检复本署东北鼠疫防治处工作计划草案、东北鼠疫防治处组织条例草案及经常费开办费概算书、本署派往东北防疫人员调查防治报告书,及外籍专门委员伯力士东北鼠疫防治问题备忘录原文及译文等各一份,电请誊核转陈,赐准见复为荷。

卫生署署长金宝善

东北鼠疫防治处工作计划草案

一、目标

(一)配合善后救治工作,切实调查疫区范围,并作初步紧急防治之措施。(第一期:一年)

(二)配合东北国防建设,就地训练鼠疫防治人员,提高防疫技术标准,并对防治工作确实研究有效办法,以图根治。(第二期:暂定五年。必要时,斟酌实际情况再计延长若干年)

二、工作范围:原则为(一)行政配合技术;(二)以实际研究之结果,应用于实地防治,以实地防治之经验启迪实验研究;(三)利用疫区就地训练人员,本此原则确定工作范围如项:

(甲)有关鼠疫流行病学之调查、防疫人员之实地练习、疫区防治工作之设计实施、交通检疫之筹组及其他紧急防治措施之执行等。

(乙)有关鼠疫预防用品之实验研究及实际应用。

(丙)有关环境卫生及防鼠建筑之改善实施。

(丁)有关鼠疫细菌病理之检验。

(戊)鼠族及鼠蚤之鉴别研究。

三、组织：东北各省地方卫生机构尚未树立初基，既无力从事特殊传染病之防治，而疫区扩及吉林、辽北、嫩江及辽宁六省廿八县旗，更非认一省人力、物力、财力所能胜任，故须由中央设立专门防治机构，广罗专门人才，配备优良设备，使实验研究与实地防治并垂，并与地方卫生机构密切连系，进图根治。因之内部组织、技术部门力求健全，多列技术人员名额。至事务、行政机构及人员均尽可能紧缩至最低底线。处址设长春，因该处接近疫区，交通便利且可利用敌伪设备，将来以此为基地，逐步发展，视实际需要，再在各疫区设立实地防治之附属机构，如检疫站、隔离医院，详细情形，详组织条例草案。

四、经费：值此国家财政齐绌之际，自应力求紧缩编列，但以为达成技术业务之任务，轫设之际，必须有充裕之设备及修缮费。其后并须有经常事务费，始推进工作。其他办公费等均系按最低需要编列，另详开办费及经常费概算。

五、器材：一部份拟利用接收敌伪之长春卫生技术厂者，一部份已向行总转请联总拨助。关于鼠疫苗及小量预防用品，该处并可制造，而达自给之目的。

东北鼠疫防治处组织条例(草案)

第一条　东北鼠疫防治处(以下简称本处)直隶于卫生署。掌理东北鼠疫防治事宜。

第二条　本处设左列各组

一、防疫设施组

二、医药实验组

三、卫生工程组

四、细菌病理组

五、昆虫动物组

第三条　防疫设施组，掌左列事项

一、关于鼠疫流行病学之调查、研究事项。

二、关于鼠疫防治之设计、考核事项。

三、关于疫情统计及工作报告事项。

四、关于鼠疫防治人员之训练事项。

五、关于交通检疫之设计实施事项。

六、关于鼠疫管制之其他紧急措施事项。

第四条　医药实验组,掌理左列事项

一、关于鼠疫患者之隔离、治疗事项。

二、关于治疗鼠疫药物之药理研究及临床实验事项。

三、关于预防鼠疫之生物学及化学药物之研究实验事项。

四、关于隔离病院之设置及管理事项。

第五条　卫生工程组,掌理左列事项

一、关于灭鼠灭蚤之设计及推行事项。

二、关于防鼠建筑之设计及推行事项。

三、关于防治鼠疫之其他环境卫生改善事项。

第六条　细菌病理组,掌左列事项

一、关于鼠疫病人之检验、诊断事项。

二、关于鼠族之细菌检验事项。

三、关于鼠疫细菌学之研究事项。

四、关于染疫病人及鼠族之病理检验事项。

第七条　昆虫动物组,掌左列事项

一、关于蚤类之鉴别及其传播鼠疫之调查研究事项。

二、关于鼠族及其他传播鼠疫动物之调查研究事项。

第八条　本处置处长一人、副处长一人,简任。承卫生署署长之命,总理权处业务。副处长辅助处长处理处务。

第九条　本处置技正六人至十二人,其中二人简任,余荐任。分任技术督导研究事项,技士十六人至廿四人,委任。

第十条　本处各组置主任一人,荐任。分掌各组事务。

前项各组主任,得由本处技正兼任之。

第十一条　本处置秘书一人、事务主任一人,均荐任。事务十二人至十六人,委任。办理文书、出纳及庶务事宜。

第十二条　本处因技术上之需要,得置技术专员十二人至十六人(其中六人简派、余荐派)。技术佐理员二十人至廿四人,委派。

第十三条　本处得酌用技术生六人至十人,及雇员八至十二人。

第十四条　本处置会计员一人、会计佐理员二至四人,均委任。依国民政府主计处设置各机关岁计会计统计人员条例之规定,掌理本处岁计、会计与统计事务,受处长之指挥,并分别受卫生署主办会计统计人员之监督指挥。

第十五条　本处置人事管理员一人,委任。依人事管理条例之规定,掌理人事管理事务;佐理员二人,委任。承人事管理员之命,办理事务。

第十六条　本处得设隔离医院、检疫站及鼠疫防治人员训练班。其组织规程另定之。

第十七条　本处办事细则另定之。

第十八条　本条例自公布尔日施行。

东北鼠疫防治处开办费概算

科目名称	金额	备考
第一款 卫生署东北鼠疫防治处开办费	100,000,000	
第一项 购置及设备费	60,000,000	购置一切防治用之普遍笨重设备及办公用具等。
第二项 修缮费	25,000,000	房屋修理费约计如上数。
第三项 其他	15,000,000	赴任人员旅费、器材运输费及其他不属于上述二项之开支,约计如上数。

东北鼠疫防治处经常费概算　　卅五年八月份起

科目名称	八至十二月份概算数	八至十二月份每月概算数	说明
第一款 卫生署东北鼠疫防治处经常费	25,000,000	5,000,000	

科目名称	八至十二月份概算数	八至十二月份每月概算数	说明
第一项 俸给费	110,000	22,000	
第二项 办公费	5,000,000	1,000,000	
第三项 防治事业费	16,000,000	3,200,000	
第四项 特别费	3,890,000	778,000	

说明:

第一项 处长一人支 640 元、副处长一人支 600 元、简任技正二人月各支 600 元、荐任技正七人月各支 400 元、技士九人月各支 200 元、秘书一人、事务主任一人月各支 360 元、事务员十人月各支 200 元者三人,180 元者七人、技术专员十人月各支 680 元者二人,平均月支 400 元者八人、技术员九人月支 380 元者一人、余各月支 340 元、技术佐理员七人月各支 200 元者四人,120 元者三人、技术生五人月各支 80 元、雇员十二人月各支 50 元、会计员一人月支 300 元、会计佐理员二人月支 200 元者一人,180 元者一人、人事管理员一人月支 240 元、人事佐理员一人月支 200 元、工役卅二名月各支 45 元。合计如上数。

第二项 包括(1) 文具邮电 150,000;(2) 租赋 150,000;(3) 消耗 450,000;(4) 印刷 100,000;(5) 杂支 150,000。合计如上数。

第三项 包括(1) 免费病人伙食费 1,500,000(每月以 100 人,每人以 15,000 计);(2) 环境卫生事业费 600,000;(3) 检验事业费 200,000;(4) 疫区旅运费,包括员工派赴疫区工作旅费及运输器材费)900,000。

第四项 包括(1) 特别办公费,计处长月支 8,000 元、副处长月支 5,000 元、简任技正二人月各支 3,000 元、荐任技正兼组主任五人月各支 3,000 元、荐任技正二人月各支 1,500 元、秘书一人、事务主任一人月各支 3,000 元、简派技术专员二人月各支 3,000 元、荐派技术专员八人月各支 1,500 元、荐任技术员九人,其中月支 3,000 者一人、余各月支 1,500 元、会计员一人月支 3,000 元、人事管理员月支 3,000 元。共 82,000 元;(2) 疫区员工膳食补助费,职员以 30 人,每人每月 20,000 元、工役 10 人,每人每月 9,600 元。共 696,000。

东北鼠疫调查防治报告书

一、流行简述

宣统三年十月至次年四月(1910—1911 年)东北肺鼠疫大流行,始自北满后渐及南满,疫势蔓延达六十余县旗,死亡四万三千九百四十二人。据伍连德氏调查记载,此次大流行竟波及大连、山海关、天津、济南,死亡总数达六万人。第二次大流行在民国九、十年间,仍以北满一带流行较为广泛,严重疫区计达十八县旗,并曾波及苏联之海参崴,此次流行死亡共达九千三百人。民国十七年后,北满西部虽告平息,但通辽及南满一带腺鼠疫仍不断为患。九一八事变后,疫情未尽明了,但据伪满洲国年报卫生部门报告,自民廿二年起,南满一带历年均继续流行,而以民廿二年、廿九年及卅三年为最剧,计形成地方性疫区者,包括辽宁、辽北、吉林、嫩江及热河五省内十九市县、五旗。在敌伪期间,南满鼠疫显已较前蔓延。

敌寇投降后,根据善后救济总署东北分署及本署派往东北接收人员调查,自三十四年九月廿日至三十五年三月底,流行疫区计有兴安省之王爷庙、吉林省之扶余、伯都难、嫩江省之洮南、大赉、泰来、辽北省之四平街及辽宁省之彰武、沈阳等地。三十五年四月,本署及善后救济总署鉴于东北鼠疫严重,特加派本署防疫处处长容启荣、外籍专门委员鼠疫专家伯力士会同善后救济总署卫生业务委员会防疫保健组组长王福溢等前往实地视察,督导防治。根据该员汇集各方调查报告,详为分析,获知此次流行区域扩及吉林、辽北、嫩江、兴安、热河及辽宁等省,凡廿八县旗,疫区之广为历次流行中所仅见。该员等对沈阳鼠疫流行及防治曾作详尽之调查,惜因战局关系未克至其他各疫区视察。确断此次流行,各方报告是否完全属实,但根据附表一及附图一所示,可确知自民国廿二年至民国三十三年,东北鼠疫流行之实况。

二、防治经过

关于东北鼠疫,本署早在上年十二月六日即接本署派往大连之接收员范日新,十一月十五日报告兴安省王爷庙及吉林扶余腺型鼠疫流行,当即就近调查具报。一面并迳商东北行营驻渝办事处,提前分配本署由渝转发东北之接收人员机位及空运吨位,俾可携带防治药品驰往,兼办东北鼠疫防治调查,惟因运输困难,此批人员于三月初始由渝飞平。本署鉴于东北鼠疫防治至为迫切,不容稍辞,故在该员等苗渝候机时,即另电行总东北分署卫生处主任兼代本署特派员李文铭,训即派员赴长春转赴疫区调查防治,并电行总迅运东北鼠疫防治器材,以应切需。嗣由李主任于一月卅日派该分署卫生组副主任檀树芬由平飞长,切实防治。檀副主任于二月一日即在长组成调查队三队,分别派赴王爷庙、大赉及洮安三处调查。当时因一切行动须仗苏军保护,且受监视,故调查结果未尽满意,但已确知洮南省自卅四年十二月廿五日至卅五年一月卅一日,因罹腺鼠疫而死亡者,计廿四例。洮南自一月十一日至卅一日死亡卅二例。王爷庙据地方报告死亡均三百例。当由李主任转报本署及行总,并强调该区防治器材及人员均感缺乏,恳速设法解决。本署获讯后,立电行总促运器材并请提早成立行总原拟本年度在东北增设之一医防大队,以便就地罗致技术人员,积极派赴疫区防治。当由行总于三月间拨发防治器材一批,包括大量 DDT 及磺胺类药品,由沪轮运至秦皇岛转运,并决定在东北成立一医防大队,着由所属东北分署卫生处檀树芬副主任兼任大队长,并汇开办费及一月经常费,饬立即成立开赴疫区工作。其后本署复迭准东北行营熊主任及长春赵市长,电以彰武、沈阳四平街等地先后均告鼠疫流行,蔓延勘虞,请速加派人员前往防治,本署当即饬李兼代特派员文铭迅亲率本署派往东北之接收人员驰往主持防治。最后复加派本署防疫处处长容启荣、外籍专门委员鼠疫专家伯力士,会同行总卫生委员会防疫保健组主任王福溢前往视导防治。该员一行于四月二日,由沪飞平,在平因候机接洽运输防治器材,稍为耽搁,于四月十二日由平飞沈。

沈阳鼠疫系有一旅客李某,来自白城子(洮南)所传入,李某于二月廿五日抵沈,廿六日发病,廿七日即死亡。自三月二日起,沈市居民及日侨即因此外来患者之辗转传染,相继发病,旋经证实为肺鼠疫,截至三月底止,计有患者三十九例,死三十六例,其中有日侨廿一例死十八例。本署李兼代特派员系于三月九日由平飞锦州,获知沈市疫讯即派接收员马敬之前往防治,马接收员抵沈后,当即策动沈市敌伪技术人员参加防治,因设备及人员缺乏,仅作下列之紧急处理:(一)将患者之住所划为隔离区,由所在地之警察局派警严禁出入,患者及家属所属之物须由防疫人员代购送往每区。如在两周内无新病例发见,隔离即解除。先后经划分六隔离区(详附表三);(二)自三月十六日以后,因行总由沪运东北之器材抵达,即用磺胺类药品治疗及预防,结果自三月廿五日后,即无新病例发见;(三)预防注射:由东北保安司令长官部卫生处就地向日侨价购廿三万人剂量之干燥鼠疫苗,分发各部队注射,计约注射 161,100 人。其后,行总鼠疫苗运到后,即供民众注射之用。

本署防疫处处长容启荣等抵沈后,即分赴沈市各疫区视察。当时疫势已平息,为彻底明了此次渖市鼠疫之源,辗转传染经过,就地搜集材料,听取结果,详附表二。原拟再至四平街、长春等地视察,但因战局影响,未果。该员等鉴于东北局势特殊,军民联合防治,至为重要,否则难收实效,故在渖逗留十日,几经向各方商洽,始促成东北临时防疫联合办事处之组织。东北防疫机关之合作连系,因此而日益密切。(附东北临时防疫联合办事处组织章程)

三、今后防治之建议

(一)成立东北鼠疫防治处:东北在民初即成立东北防疫处。处址设哈尔滨。先后并附设隔离医院、检疫医院数所,人员设备均优,对东北鼠疫防治确达减轻疫势及限制蔓延之初步目标。惜因九一八事变,被迫解体,敌伪期间虽有鼠疫防治机构,但不健全,以致形成南满一带鼠疫之扩延。今后东北鼠疫欲图根治,非中央设置专门防治机构,配备优良之人员,非必调查研究,使实验与实地防治并重,则难收成效。现长春有敌伪设立之卫生技术厂,建筑及设备均佳,亟应利用此厂设置东北鼠疫防治处,罗致优良技术人员并请行总转请联总拨助专门设备,将来可望以此机构,假以时日而助东北鼠疫根绝。

(二)东北临时防疫联合办事处仍应继续存在。军民防疫应有统一之对策与实施,此在目前东北现局下,尤为重要,故东北临时防疫联合办事处仍应继续存在,并应先充分发挥其联防之效能。

(三)行总东北区医防大队即应充实加强:行总本年三月间,在东北成立之第三医防大队,以当时需要迫切,仓促成立,故设备及人员均未臻健全,即应充实加强,已由容处长转嘱该大队檀大队长据核定组织,在短时内将各单位人员补足。至所需器材,亦已另请行总迅予分配并从速运达,以便应用。

(四)附件

沈阳市各隔离区开始及解除隔离之日期

沈阳市各隔离区开始及解除隔离之日期

	区别	地址	开始隔离日期	解除隔离日期
1	第一隔离区	东亚街一段六十三号	3月5日	3月23日
2	第二隔离区	东亚街三段六号	3月9日	3月31日
3	第三隔离区	吉人医院区域	3月10日	3月26日
4	第四隔离区	天津大旅社区域	3月11日	3月26日
5	第五隔离区	霞町六十六号	3月12日	预定4月25日
6	第六隔离区	江岛町十五号	3月17日	3月27日

（五）东北临时防疫联合办事处组织章程

东北临时防疫联合办事处组织章程

第一条　卫生署、军医署、善后救济总署所属驻东北各有关防疫单位，为分工合作，联络周密，而利东北防疫起见，特联合其他有关单位共同组织东北临时防疫联合办事处（以下简称本处），并订定本章程。

第二条　本处委员以左列各委员担任：

1. 卫生署东北区特派员

2. 军政部东北区特派员办公处军医组组长

3. 善后救济总署东北分署卫生组主任

4. 东北保安司令长官司令部卫生处处长

5. 后方勤务司令部第三兵站总监部卫生处处长

第三条　本处设主任委员一人，由委员中公推一人担任，综理全处一切事宜。委员会议每月一次，临时会议由主任委员于必要时召集。

第四条　本处设左列各组，由参加各机关全部或一部工作人员负责分担。仍由原机关支薪，所需事业费由参加各机关分担。

一、疫情组；二、检验组；三、预防组；四、治疗组；五、检疫组；六、宣传组；七、总务组

第五条　各组职掌简列如左

疫情组　关于法定传染病发生情况，搜集报告及转报等事项。

检验组　关于细菌、寄生虫、昆虫及病理检验、检查等事项。

预防组　关于施行预防接种及其他预防措施。

治疗组　关于传染病人之隔离治疗事宜。

检疫组　关于疫病流行时交通管制、旅客检验等事项。

宣传组　关于防治传染病之宣传事项。

总务组　关于文书事务、会计及不属于其他各组之事项。

第六条　本处拟聘请国内外专家为顾问或技术专员。

第七条　本处应选择适宜地点,各组合署办公,以利事功。

第八条　本章程如有未尽事宜,将随时修订之。

第九条　本章程经通过后,分别呈报备案。

(六) 附表四

本署及行总运往东北防治鼠疫器材列表

卫生署及善后救济总署拨运东北防治鼠疫器材列表

品名	数量	单位
(1) 卫生署拨运者		
Stethoscope	2	Sets
Microscope	1	Set
Slide	4	Bx.
Cover glass	4	Bx.
Haemocytometer	2	Sets
Rubber gloves 7″	12	Prs.
Rubber gloves $7\frac{1}{2}″$	12	Prs.
Cynogas	1	Drum(125 lbs.)
Acid Carbolic	25	Lbs.
DDT	20	Lbs.
Barium Carbonate	25	Lbs.

续表

品名	数量	单位
Tab. Sulfathiazole	24,000	Pcs.
Glass Syringe, 10cc.	2	Doz.
Needle, hypo.	24	Doz.
Amp. Adrenaline, 1 : 1000, 12 amp.	10	Bx.
Tab. Phenobarbital	1,000	Pcs.
Thermometer, Rectal	1	Doz.
(2) 第一批 善后救济总署拨运者		
Sulfadiasine	150,000	Tabs.
DDT, 10%	15,000	Lbs.
DDT, Purs.	500	Lbs.
Dusters	50	Pcs.
Sprayer	5	Pcs.
第二批		
Sprayer, Insecticide	5	Each
Sulfathiazole, 1,000 tabs.	228	Bot.
Plague Vaccine	720	Vials
DDT, 100% (125 lbs. drum)	5	Drums
DDT, 10% (100 lbs. drum)	50	Drums

（台北"国史馆"014－011105－0011）

卫生署关于各方电促提早成立东北鼠疫防治处案致行政院秘书处电

（1946 年 9 月 3 日）

行政院秘书处公鉴：

　　前准贵处通知,属议复关于设置东北鼠疫防治处一案,经将拟就接收敌伪设备,成立东北鼠疫防治处,缘由于本年八月十七日,以京防(35)八一二九号午筱代电请察核转陈在案。近月以来,本署迭接各方电报东北安东、麓安、辽原、通化四处腺鼠疫流行,疫势猖獗,并以当地历年均有鼠疫发生,过去日伪在此有严密之防治组织,充分之医药准备,尚不免死亡数字惊人。现是项组织人员、器材均有散失,不复存在,催请迅予东北组织永久性、强有力之防制鼠疫机构,以资根治。又据报东北军政长官对鼠疫均特注意,当地廖司令官致行营熊主任电中有,如本年中央主管不设法防堵,而鼠疫蔓延,威胁士兵,惟有退出防地之谈。最近复据本署东北区特派员李文铭未佳电称:"东北鼠疫素来闻名,每年均有局部发现,在已往数年间常有流行,应亟设法根除,以保民命。此项工作实非地方政府力量所能及,应由本署设置鼠疫防治机构,负责办理。"等情。证诸各方来电,对于东北鼠疫防治处之设立,迫切呼吁,确属需要。而胜利之后,政府积极东北建设,不遗余力。为配合一切工作,根除鼠疫,尤属首要,亦已电饬本署东北特派员切实调查疫情,协助防治并厉长春血清厂赶制疫苗应急,暨分电善后救济总署续拨 DDT 及防治鼠疫药品,充实防治工作。惟为应付实地防治工作,需款孔亟,拟请准拨本署东北鼠疫临时防治费乙亿元,以便统筹支配,容后另编概算呈核,转并电请誊核转陈,迅赐照拨,并准提前成立东北鼠疫防治处,以利防疫,并希赐复为荷。

卫生署防(35)未江印

(台北"国史馆"014－011105－0011)

吉林省政府主席梁华盛关于该省1947年度鼠疫预防工作计划纲要案致卫生部电

(1947 年 9 月 22 日)

卫生部公鉴:

查本府为防制鼠疫流行确保人民生命起见,特制订本省三十六年度鼠疫预防工作计划纲要通饬遵行。除呈报东北辕备案外,相应检同该计划纲要一份电请查照。

吉林省政府主席梁华盛吉民卫申养印

附三十六年度鼠疫预防工作计划纲要一份。

吉林省三十六年度鼠疫预防工作计划纲要

一、为防止鼠疫流行,特订定吉林省三十六年度鼠疫预防工作计划纲要。(以下简称本纲要)

二、各县市旗政府及省立防疫所对于三十六年度防疫事宜,悉依本纲要办理。

三、各县市旗防疫事宜,以该管卫生机构办理为原则,但牧复地区与外界接临处所如公主岭、哈达湾暨农安德惠磐石九台等县城(乡间除外)其防疫事宜,由省立防疫所主办,各该管县市旗政府仍应接受防疫所之指导切实协助。

四、各县市旗政府对于鼠疫之防制事宜,如因技术上之需要,须请省立防疫所协助时,防疫所不得拒绝,惟各县市旗政府应负担该所技术人员之食宿费。

五、三十六年度鼠疫预防时间暂定为三个月,自九月十五日起至十二月十五日止,必要时得延长之。

六、为宣传防疫常识无形消弭鼠疫起见,各县市旗政府应发动广从文字上或口头上之宣传,并切实规划举行大规模之扑鼠运动。

七、各县市旗政府及省立防疫所于疫情发生前,应实施预防注射并应发给注射证明书。

八、各县市旗政府需用疫苗,应自行垫款向长春血清实验厂洽购。省立防疫所价购疫苗由本府垫款,将来于注射时收费归垫。

前项预防注射费每人每次不得超过流通券四十元,贫苦者并应免收。

九、凡接近匪区及毗连邻省之交通重镇,应设置检疫站以防鼠疫蔓延。

十、在防疫期间,无预防注射证明书者一律不准搭乘车、船,由各该防疫主管机关与当地交通机关及军、警、宪检察机关洽商办理。

十一、各县市旗政府应切实注意疫情之调查及报告,如遇有类似鼠疫发生,立即送交医院慎密检查,并将检查结果报府,同时通知省立防疫所。

十二、如疫情已经发生,各县市旗政府及防疫所应参酌地方实际情形,为下列之措施:

1. 指定或设置传染病院治疗病人。

2. 划定隔离区域。

3. 实行疫区消毒。

4. 掩埋或火葬死者尸体。

十三、各县市旗政府及防疫所对于疫情发生后之处理情形及死亡人数,应随时报府备查。

十四、各县市旗政府应遵照本纲要所定原则,缮具详细实施办法连同预算书呈核。

十五、在防疫期间,本省各公私立医院及境内开业医护人员均应接受当地卫生主管机关委托征招,协办防疫事宜。

十六、本纲要自公布之日施行。

(台北"国史馆"028-040000-0243)

东北鼠疫之防治问题

民国十七年南满、通辽一带,首次鼠疫流行。其后该区不仅年年复炽,且渐波及邻近各地,以致形成今日东北鼠疫之广泛。自民廿三年至卅三年历年流行情况,统计如下表:

年份	病例数	备考
二十三年	793 例	
二十四年	435 例	
二十五年	147 例	
二十六年	247 例	
二十七年	718 例	
二十八年	657 例	
二十九年	2,551 例	
三十年	704 例	

续表

年份	病例数	备考
三十一年	878 例	
三十二年	1,961 例	
三十三年	1,171 例	
三十四年	—	数字尚未齐全，暂缺

　　本年春间，各该区流行情况，尚无确切疫情报告可资参考，但据各方报导，至少其中若干地区已有严重之流行，此实杌惶不安。盖迄今南满一带，鼠疫恒示秋季流行之周期性，其余各季仅有极少数病例发见，也已往历次流行殆全为腺型。本年春间，肺鼠疫在上述地方性疫区必已存在，因推三月初此疫经旅客向他处传入沈阳，致沈阳肺疫流行，至少有卅九人继之而死。故目前南满鼠疫情况极为严重，已无疑义，且今秋尤惧剧烈流行。

　　廿一年以还在敌伪鼠疫防治机构下，不能防止上述疫区疫势之扩延。虽迄今无法至各该区视察，但敌伪卫生机构料必已全部被毁，即使在短期内恢复此类地方卫生机构，为冀其有效管制，该区鼠疫恐示必落空，故至少急需即早成立防治鼠疫之特殊中心机构。如环境许可，此机构必须以长春为基地，因该处敌人曾创设较大规模之抗鼠疫研究机关，或仍可利用也。

　　除非最近即着手集中上述鼠疫防治机构所需之技术人员、经费与器材，今秋南满鼠疫一旦复炽，往后图遏止将措手不及，尤以秋间如肺疫形成，则其结果将为严重之大灾祸。

MEMORADUM ON PLAGUE AND PLAGUE
CONTROL IN SOUTH MANCHURIA

Plague which first appeared in the Tungliao distriot of South Manchuria about 1917，not only continued to recur annually there but gradually spread to adjacent regious so that by now a considerable area is involed. The annual inoidence of the disease from 1934—1944 may be gathered from the following table：

Year	Case No.	Year	Case No.
1934	793	1940	2,551
1935	435	1941	704
1936	147	1942	878
1937	247	1943	1,961
1938	718	1944	1,171
1939	657	1945	Figures not yet complete

Total　10,262

No exact information is available regarding the plague incidence in these parts early in 1946. From what could be learnt, serious outbreaksco-ourred at that time in some localities at least. This is rather disquieting because up to the present plague in South Manchuria showed a definitely autumnal incidence outbreaks were formerly of an almost exclusively bubonic charator. Pneumonic plague must have been present in the endemio areas early in 1946 because infection in this form as carried by a traveller at the beginning of March to Mukden where a pneumonic outbreak claiming at least 39 victims followed. The present plague situation in South Manchuria is therefore no dobut serious and there is much reason to fear a major outbreak next autumn.

Up to 1932 it was comparatively easy to control plague in South Manchuria because much assistance could be given in the work by the expert staff of the North Manchurian Plague Prevention Service. Though with the methods then available it was not possible to eradicate the infection, its spread to the rain railway line from Changchun via Mukden to Dairen could be prevented.

Control work carried out since 1932 under a Japanese anti-plague organization was unable to prevent a considerable extension of the affected areas.

Though it was not possible up tonow to inspect these regions, it must be feared that the health organization there must have completely broken down. Even if it should be possible to re-establish them at an early date, it would be vain to hope that the local health organisations could assume effective control of the plague situation. It is therefore necessary to create as soon as possible at least the nucleus of a special plague organisation. If conditions permit this cught to be based in Changchun where a major anti-plague institute formerly run by the Japanese might be still available.

Unless measures to assemble the expert staff, funds and supplies needed for such a special anti-plague organization would be initiatedin the near future, the plague situation in South Manchuria next autumn might get out of hand even if belated attempts would then be made to stem the tide. Partioularly, should the infection again assume penumoic features in autumn, a major accatastrophe mighe result.

Respectfully submitted by

Dr. R. Pollitzer,

SeniorTechnaicl Expert,

Weishengshu

（台北"国史馆" 014 - 011105 - 0011）

第三章　报刊资料

一、中央

《西南医学杂志》关于鼠疫防治的报道

（1943 年）

（一）卫生署医疗防疫总队第二大队大队长施毅轩，与署方高级职员十人，奉派飞印，研究鼠疫防治。

（二）教育部所呈拟之中央教育机关拨给医药卫生技术人员特别研究津贴办法要点及概算，已提经行政院第五九七次会议，议决修正通过。

（三）盐务署缪总办应军政首长李济深、李宗仁、白崇禧、张发奎、黄旭初等之函请，拨款二百万元至桂林作为扩充广西省立医学院附属医院及省立桂林医院之经费。

（四）广西省三十二年度省卫生经费经中央核定为 6,961,165 元，较之三十二年度已增加 954,077 元。

（五）陆军军医学校鉴于目前军医参考书籍之缺乏，组织军医提挈编纂委员会，分门撰著，编有《军医提挈》一书，即将出版。

（《西南医学杂志》，1943 第 3 卷第 2 期，第 37—38 页）

二、浙江

《保险界》关于宁波鼠疫情况的报道

(1940 年)

迩来宁波鼠疫流行猖獗,死亡相继,据云甲部隔离医院,新收患疫者五人,死八人,连前共计死四十七人,尚在救治中十四人。乙部隔离医院,新收三十五人,连前共六十七人,内男三十三人,女十四人。丙部隔离医院患者约八十人。鄞县府为加紧推行防疫,特召集各科等重要职员,各医院医师开会检讨,决议设立防疫处,推定各处工作人员,每日上午七时半至十一时半,下午一时半至五时半,集中在县府办工,如有紧急事宜,则临时召集,工作人员业已分别派定。

(《保险界》,1940 年第 6 卷第 22 期,第 17—18 页)

《浙东》关于宁波城区开明街一带开展扑灭鼠疫工作情况的报道

(1940 年)

此次城区开明街一带,发生鼠疫,各校皆纷纷停课,本校以地点尚属安全,仍照常上课,弦歌不辍。惟为全体学生安全起见,对于防疫运动,进行仍不遗余力。十一月七日,校内特举行大扫除一次。平日则与外界隔绝,以免传染,此外并协助江北镇公所作清洁调查云。

又讯:本校为谋学生彻底安全起见,由医药室主任俞熊飞先生办到大批鼠疫苗,业已开始注射云。

(《浙东》,1940 年第 5 卷第 4—5 期,第 5—6 页)

《上海医事周刊》关于宁波发生鼠疫的报道

(1940 年)

宁波近日发生鼠疫,死亡相继。当地人士来电请求沪上各机关团体设法救济。现悉浙江省卫生处处长与中央防疫队人员业于十一月九日携带大批防疫血清莅甬,从事治疗及预防工作,以期早日扑灭云。

(《上海医事周刊》,1940 年第 6 卷第 47 期,第 4 页)

《浙赣月刊》关于衢县发生鼠疫及防治情形的报道

（1940 年）

本会近以衢县发生鼠疫，势颇严重，为防止沿线传染起见，业已饬由车务处，警察署会同玉山医院组织衢县车站临时检疫处，对该站上车旅客实施检查，兹录该处组织及实施办法如次：（一）衢县车站临时检疫处，由玉山医院警察署车务处会同组织，办理衢县上车旅客鼠疫检查事宜；（二）检疫处指定由玉山医院院长负责主持，有关检疫各人警察役由医务车三方面调用，工作之分配，由医院院长处理；（三）检疫处应需费用得核实报销，并先发周转金□□□元应用；（四）旅客检疫事宜照下列规定办理：1. 除军人乘车，应凭军政部防疫队所发检疫证购票外，普通旅客应先受检疫处之检查；2. 旅客经检查后，如未受鼠疫，即由检疫处发给检疫证，凭证向站购票，无检疫证者应拒绝售票；3. 检疫处如检得有染鼠疫之旅客，应速使离开车站，就近送交防疫大队隔离之；4. 持有检疫证之旅客于购票时，应将检疫证送售票司事查阅，至于入口时，交由检票路警收下备查；5. 检疫证之有效时间以检查之当日为限；6. 车站出入口及四周加派宪兵及护路队警驻守，严禁无检疫证及闲杂人等逗留出入；7. 车站灯光应予加强，以备检查，入口处及检疫处各置汽油灯一盏，各月台两端各置汽油灯两只（共六只）；8. 为便利检疫及受检疫人员购票起见，衢站应提前两小时售票；6. 樟树潭站暂停发售客票；10. 各项货料列车经过衢县站时，严禁军人旅客上车；（五）检疫处应与地方当局取得密切联络，并请其协助；（六）检疫处办公地点及检疫人员休息处所另行择定之；（七）检疫证格式另定之。（辰）

（又讯）本路新生活运动促进会，曾于十二月七日假座特别党部大礼堂，召集在玉各机关代表举行防止鼠疫及清洁运动谈话会，讨论结果如下：（一）关于预防鼠疫宣传：一、拟编印鼠疫的发生预防及治疗小册子，分发本路各部门员工阅读；二、拟定预防鼠疫标语；三、各分会各区党部出版预防鼠疫专号版墙报；四、绘制预防鼠疫图画。（二）关于注射防疫针，各分会劝导员工踊跃参加注射，并请路方添购防疫药品。（三）关于监视敌机散布疫菌，拟函地方政府通知防空当局，注意并指导民众，发现时应即报告。其余各项，如关于清洁运动应如何推行，亦有详细讨论，至于注射防疫针一项，本路各部门员工已由玉山医院朱院长亲自率同医师普遍注射完竣，其他各讨论事项，均正在进行中，不日当可全部实现。（谢）

（又讯）本路玉山第一公余社于十一月廿九日举行清洁灭鼠运动，将大礼堂、书报阅览室、中山室、浴室、理发室、消费物品代办部、办公室、厨房、职员宿舍、工人宿舍、锅炉间、水井间、厕所、储藏室，全部大扫除。三十日举行劳动服务，由全体工作人员铺路、修树、浚池。（辰）

（《浙赣月刊》，1940 年第 1 卷第 12 期，第 68—69 页）

《西南医学杂志》关于敌机在浙江散布鼠疫菌扑灭经过的报道

（1941 年）

施则青

一、鼠疫菌培养证实

（本刊金华通讯）敌从侵华失败，乃施用恶毒之手段，自上月起，接连在宁波、金华、衢县等处，散放鼠疫病菌，其所散布之物，其形态如鱼子状颗粒，经金华民众医院检查主任沙士升，收集材料，报告县政府，由省卫生处处长陈万里，当地中央军事卫生行政机关派一等军医正舒琦，并本城医师鲁介易及沙士升等会同研究，用细菌培养方法，结果证明是鼠疫菌。

二、疫情一斑

据鄞县卫生指导室统计，自疫症流行以来，患者达三十六人，死者十六人。

四日隔离病院新收病人七人，死亡七人。

五日甲部隔离病院死十一人，潜离疫区在区外死者九人，死者有在北门，西郊，江东等处。

六日疫区内新患者五人，死亡者八人。

七日新患者二人，死亡者六人。

八日隔离病院死亡者八人。

九日隔离病院内死亡者二人，潜出疫区在慈溪死亡者二人。

十日隔离病院内死四人,疫区外之中山东路死二人。

十一日隔离病院内死八人。

十二日甲部隔离病院内死四人。

十三日甲部病院死亡二人。

根据十一月十四日宁波各报的公布,甲部隔离病院尚待救治者八人,乙部原有一五一人,新收一一人,共一六二人,丙部尚有九人,总计在病院者一七九人,染疫而死者半月来总计已八十三人。

衢县自发生鼠疫以来,已有半月,疫区虽未扩大,但日有死亡,总计将近三十人,尚有患者数人,正在救治,至隔离于船上者约有一百二十余人。

三、扑灭经过

宁波东后街、开明街发生鼠疫,经当局竭力扑灭后,为彻底根除计,经防疫会议决定,将鼠疫区所屋于一日晚五时,完全举火焚烧,事前均分别布置妥当,消防警务人员全体出动,当焚烧时,火光烛天,历二小时许,将疫区内房屋焚烧无遗,总计焚去住户一一五户,房屋一三七间,金华衢县亦已相继扑灭云。

(《西南医学杂志》,1941 年第 1 卷第 1 期,第 49 页)

《中国红十字会会务通讯》关于浙江衢县鼠疫的概述

(1941 年)

战时防疫联合办事处

一、二十九年度疫情检讨

浙江衢县,于二十九年十一月间,发现鼠疫,自十一月十二日至十二月五日,先后计有患者二十一例,由于军民各方努力防治,疫势未致扩大,其传染来源,是否与二十九年十月四日,敌机在衢掷下大麦、荞麦、粟米,及蚤类有关,因发现时未作动物试验,不能确定,且衢县鼠疫系在鄞县发现鼠疫后两周发生,斯则衢,系由鄞县或庆元或闽北等地传来,亦属可能,惜无真实证据,无法决断。

二、再度流行之情形

本年三月,衢县再度发生鼠疫,距上次发生之时间,约三月余。据军政部第四防疫分队电告,衢县第一鼠疫病例,系于三月五日发现,三月十九日以动物接种证实,嗣后续有发现,又据福建全省卫生处处长陆涤寰(奉某战区顾司令长官电,派往衢协助防疫)电告,衢县自三月五日至四月四日,由尸体确定二十四人,类似三十九人,鼠类检验一一五头,其中发现鼠疫杆菌者五头,斯可见衢县鼠疫之发生,同时鼠族内亦有流行。另接后方勤务部转据第四防疫分队报告,衢县自三月五日至三月三十一日,计死五十三人,经显微镜检查,确定者十八人,临床诊断疑似者三十五人,迨四月四日以后,疫势稍灭,自四月五号至七号,计死五人,嗣以浙东战事紧急,衢县屡遭敌机轰炸,防疫工作,无法推进,故疫势又趋严重,迄五月上旬止,计患鼠疫死亡者一一五人,其中疑似三十五人,至五月十七日后,即未接到衢县鼠疫报告。

三、防治工作一斑

自衢县鼠疫经证实后,各方即分头办理防治工作,不遗余力,卫生署除电饬浙江省卫生处加紧防治外,并调十七医疗防疫队前往协助防治,同时福建全省卫生处处长陆涤寰,奉第　战区顾司令长官电调赴衢协助诊断防治。战时防疫联合办事处于四月三日,举行第八次委员会议,讨论衢县鼠疫再度流行防治办法,决议各项,均已先后积极办理,兹简述于后:

(一)关于人员方面,除已由浙江省卫生处长陈万里、福建全省卫生处处长陆涤寰、军政部第二防疫大队长刘泾邦、第四防疫分队长齐树功,及卫生署医疗防疫队第十七队人员就地办理防治事宜外,卫生署并于四月二十二日,派国联防疫专家伯力士博士(Dr. R. Pollitzer)、医疗防疫队大队长周振,偕同其他医护及工程人员,携带疫苗药品,前往指导防治。

(二)关于药械方面——美国医药助华会捐赠卫生署之鼠疫疫苗200,000剂,氰酸气两吨、喷雾器二十四只等药械,托山红会救护总队部,及江西省卫生处代为运送及分发,以济各方应用。

(三)关于宣传方面——由战时防疫联合办事处译印国联防疫医官伯力士编著之鼠疫防治实施办法,分发各方参照实施,另由中央卫生实验院卫生推广组,赶编鼠疫通俗刊物,分发各地,俾广宣传。

四、传播根源之探讨

此次衢县鼠疫再度流行之原因,吾人不外有两种推测,系去岁衢县焚毁疫户时,封锁鼠道,未尽严密,致鼠遇火后,遂四出奔窜,致为今年鼠疫发生之根源,根据陆处长涤寰检验鼠类发现鼠疫杆菌之报告,亦信此种推测之有可能性。另一则系有由邻省传来之可能,据报衢县□□□□,计有工人一万五千余名,第一病例即系该处职员,在衢县民众鼠疫病例未经证实前,该处工人已死二十余名,及后因种种原因,工人分散,致将疫源传播。查工人中多系由福建、江西、安徽地点招来,而福建政和、永吉等地,于一二两月均发生鼠疫,故衢县鼠疫系由工人由福建携来自极可能。惟此两种推测,尚难作肯定决断,但吾人就流行病学原理之观察,实不出此两项原因也。

五、防治工作困难之点

此次衢县鼠疫流行时期,自三月上旬至五月中旬历时两月余,其所以未能迅即扑灭之原因有二:(一) 此次疫区散漫,封销困难,在□□□□工人发现鼠疫后,因顾及该项工程之亟须赶成,故未宣布,及后疫势渐严,工人遣散者至数千名之多,致将病原到处传播。(二)因浙东战争吃紧,衢县迭遭敌机狂炸,人民疏散,鼠疫防治委员会及县卫生院均被炸毁或震坍,故防治工作,中间一度无形停顿,且风鹤频惊,致各项防疫应有之设施,不能尽如理想。迨五月上旬,江山及光泽两地,亦告发现鼠疫,恐系由衢县及闽北传播,江山于五月二十二日死二人一似鼠疫,光泽死亡数十人,详情未悉,但正在努力防治中。总之,防鼠如防火,贵在迅速。设少迟缓,遗患无穷,斯不可不注意者也。

（《中国红十字会会务通讯》,1941 年第 5 期,第 4—5 页）

《永康县政》关于永康严防鼠疫及成立防治鼠疫委员会等事宜的报道

（1941 年）

本县县府以义乌城区突然发生鼠疫,势颇猖獗,本县与义乌毗连,交通便利,行旅频繁,自应加速防范,以免蔓延。特于上月十八日召集机关法团举行会议,成立永康县防治鼠疫委员会,内分总务、检疫、宣传、征募、治疗五股,并决定筹款二万元为防治鼠疫经费,一面呈请省卫生处拨发预防疫苗,以便广为注射,及奖励人民捕捉鼠类,以断疫源,并于上月廿一日起,分别召开城区各保民大会,并由县政府、县党部、卫生院等分别派员主持指导,并分发宣传品,以广宣传,一面复定于廿八、廿九、三十,三日举行全城清洁检查。至其他各项防治工作,如筹设隔离所等,现正积极进行中。

(《永康县政》,1941 年第 34 期,第 2 页)

《民生医药》关于宁波鼠疫的消息摘要

(1941 年)

自去年十一月七日报纸上传播了宁波鼠疫的消息后,空气中起了巨浪般的激动,直到两星期后,才告平息。期间在报上络续登载的消息,却也不少,现在把它摘存下来;明日黄花,犹存余悸,藉此剪裁所得,或亦可作医事上的参考吧。

十一月七日 宁波于十月三十日突发生鼠疫,其区域在城厢开明桥东后街一带,染者死亡相继,已逾廿人,当地政府,封锁该段交通以资隔离,并设立临时隔离医院及防疫办事处,疫区房屋,实施火熏,以期根绝鼠蚤。城区各戏院均停演,以防染疫者之混入传播疫菌,并请省方拨派卫生队来甬协助扑灭。至检验方面,业经宁波华美医院证实,即将染疫者血液,注之一头荷兰鼠腹内,未及廿四小时,即已毙命,故确为真性鼠疫云。县政府并布告封锁交通:(1)中山路东—开明街至太平巷,(2)开明街—中山东路至关帝巷,(3)太平巷—中山东路至东后街。

十一月八日 宁波电略称:鄞城内东大街之东南后街,开明街间在卅日发生鼠疫业已证明,病者卅余人,已死者廿余人,二日起将该区封锁,区内病者与未病者分别集中隔离,严防蔓延,幸未延及他处。

十一月九日 宁波防疫状况,电讯如下:(一)浙省卫生处防疫人员,一行卅余人,昨日抵甬,将会同宁波防疫人员工作。(二)宁波防疫处昨日发表,甲部隔离医院新收患疫者五人,死八人,连前共计死四十七人,尚在救治中十四人,乙部隔离医院新收卅五人,连前共六十七人,内男卅三人,女二十四人,尚有七十余人,经消毒后可送丙部隔离医院,丙部隔离医院又检查出患疫者七人。（三）县府与各医院医师会议决设立防疫处,推定各部人员,每日上午七时半至十一时半,下午一时半至五时半,集中办公,如有紧急事宜,临时集议,工作人员,业已分别派定。

十一月十一日 甬电讯,防治鼠疫情形如下:(一)中央防毒队今日可抵甬,协同扑灭及防治鼠疫。(二)县府对疫区附近一带,决挨户注射预防针,又甲部隔离医院,昨日又有八名,病情殊为危险,生命堪虞,其病状为红肿、头痛、热度极高、遍身红斑,甚至有吐血者,乙部隔离医院,原有病人二十六名,昨又新收十名。(三)防疫组搜索队,昨又搜获自疫区逃出病人十二名,均送入乙部隔离医院,又在开明街发现患疫黑犬一头,用枪击毙后,由掩埋队收埋。

甬九日电:宁波发生鼠疫,死亡相继,现将东大路自二二四号起至二六八号止一带,严密封锁,区内住户,分别迁住隔离病房,数日来疫区以外,幸未蔓延,如彻底扑灭,只得将疫区房屋杂物一概焚毁,但被灾各户,应予设法救济。

甬十日电:前电计达,鼠疫封锁区,已先用大量硫磺消毒,并于周围筑墙,疫区外民众,按户实施防疫注射,疫尸则予深埋僻处,并于埋葬周围,挖沟实灰,以防毒水渗入河流,中央防疫队明日可到甬,截至今日止,计已死亡六十一人,隔离医院甲乙丙三部,现尚收容病人共一百六十五名。

十一月十二日 中央防疫队三十余人前晚抵甬,昨已开始扑灭及防止鼠疫工作,昨日甲部隔离医院患疫者十六人,又死二人,其余所患者十四人,病势亦甚危笃,丙部隔离医院续收病人四名,连前共计十二名,内有五人,经治疗后,病势转好,不日即可出院。又鄞县防疫处,昨接慈溪城区防疫办事处电告,谓有住开明街患疫二人,逃至慈溪,已于昨日亦告身死,当由慈溪防疫队掩埋在荒郊中,并在住居房屋,予以消毒。又甬警备组搜索队,昨续搜获自疫区内逃出居民二人,业已送入隔离医院中。

十一月十三日 宁波鼠疫情形益严重,昨日甬电,中央防疫队、鄞县防疫队,已协同工作,浙省卫生处携来大量防疫苗,可供三万人注射,全体工作人员开防疫工作检讨会,对扑灭鼠疫各项设施有详密商讨,防疫处人员,并至南门外老龙口掩埋场视察,对于消毒隔离等工作,有所改进。又昨日甲部隔离医院又死亡四人,又有中山东路"老大有"号店伙二人,患鼠疫死于店内,经防疫处掩埋队将尸抬赴老龙场掩埋。

宁波旅沪同乡会接甬电:鼠疫封锁区,业经中央防疫队省卫生处专门人员暨地方人士慎重商讨,决定除区内文契账册及其他贵重物品予以移出消毒外,所有房屋及无法消毒者,则悉予焚毁,房东房客,酌发救济费,以示体恤,并组疫区善后委员会积极进行。隔离病院内收容之病人,续有死亡,区外尚无蔓延现象。

十一月十四日 宁波鼠疫之防治状况,昨续据甬电称:(一)中央防疫队第十七队及浙省卫生处人员,会同鄞县防疫处,积极进行消毒工作,统力合作,以期早得扑灭;鄞县防疫处另行增设预防注射队检疫队等,以最大决心,清除疫患,一面成立善后委员会。(二)甲部隔离医院,昨又死七人,现住甲部患疫者,尚有十人。(三)慈溪孝西镇亦发现鼠疫患者一人毙命,查其人自宁波疫区逃避来慈,该县防疫处据报后,即召开紧急会议,当经决定:1. 断绝永明寺交通;2. 城区续施交通管制;3. 分电各警局及观海卫警局,严密防范。

十一月十五日 宁波防治鼠疫工作,已积极展开,昨续电称:防治鼠疫,再接再厉,甲部隔离医院又有四人死亡。鄞县府并出布告为各学校学生注射预防针,自昨日起每日注射三次,以策安全。

十一月十九日 (1)宁波自发生鼠疫以来,经各方积极防治,疫势渐趋消灭,防疫工作,将于本月底结束,现防疫处善后委员会开始办理善后事宜。(2)昨日各隔离医院之病人,病势好转,一无死亡。(3)全境卫生队,犹在各处工作中。(4)防疫处消毒队,昨出发至厂塘街消毒,因该处发现死一乞丐,年约四十左右,嗣经防治组医师诊断,并非患疫而死,系饥饿而毙。(5)东大路九十一号中华袜厂,前曾一度消毒,昨日下午二时至四时,复由消毒队彻底消毒,隔邻八十九号破布店,亦同时消毒,并切实劝告居民迁移。(6)防疫处据报,黄寺岙有自疫区逃出之居民,即由消毒队搜索队会合前往工作。(7)续行防疫会议,董孝子庙隔离医院限期成立,消毒灶建造完成,成立防疫经费筹募委员会,区内食品限期一律施行消毒检查后再行发还。(8)甲部隔离医院前晚又死亡二人。

十一月二十日　宁波鼠疫,经当地竭力消毒扑灭,形势已缓,查此次鼠疫,其来源不明,闻最近东北长春附近农安地方,曾发生鼠疫,死亡达二百余人,惟此次宁波疫区范围甚小,故当不难扑灭。上海方面,在民国十六年间,海关港口验疫所曾验得一自港来沪之旅客,患有鼠疫,其症象为骤发寒热、扁桃腺肿胀、皮肤败血症,其潜伏期有二日者、有七日者,至十日以上者甚少,病发即行死亡。其预防方法,大概言之,可由飞机在疫区散布扑灭鼠疫疫苗,疫区施行隔离,自疫区来之旅客船只车辆施以严密验疫消毒,而当地最重要之预防方法,即为扑灭鼠患,如发现有鼠匿居屋内,即须报告卫生当局派员捕捉。

十一月廿一日　鄞县防疫处,续开会议,增设焚鼠组,并由卫生队收买死鼠,又昨日甲丙两隔离医院均维持原状,乙部于十五日停止收容,消毒队日夜仍照常出发工作,据悉该地鼠疫,谅可不致再有蔓延。

由浙驶沪轮只,海关施以检疫手续,并须离浙省口岸六昼夜,方准进口云。

(《民生医药》,1941 年第 54 期,第 45—46 页)

《保险界》关于宁波鼠疫迄未扑灭的报道

(1941 年)

宁波鼠疫复燃以来,迄已数月,城区内因检查较严,未见大事蔓延,但疫菌始终未予扑灭,据悉,最近衢县亦已发现鼠疫,且蔓延至江西之光泽、上饶及福建之永安等地,幸经各该地方当局迅速防治,未遭巨灾,现卫生署当局已派专员携大批药品驰赴各地,会同县政府协力彻底防治。因际此炎夏,如不根本扑灭,危险堪虞。

(《保险界》,1941 年第 7 卷第 14 期,第 19—20 页)

《浙赣月刊》关于积极推行防止鼠疫运动的报道

(1941 年)

本路推行防止鼠疫及清洁运动经过详情,已志上期本刊;兹再将本路新生活运动促进会订定之"推行防止鼠疫及清洁运动办法"暨检查表,探录如次:(甲) 推行防止鼠疫及清洁运动办法:一、本会为推行防止鼠疫及清洁运动起见,特订定本办法;二、防止鼠疫及清洁运动,由本路特别党部、线区司令部、东段管理委员会、教育委员会、新生活运动促进会,暨本路各部门共同负责推动之;三、推动清洁运动事,首重在日常生活之清洁,防止鼠疫之注射,及捕鼠,以资防范;四、防止鼠疫应设法备置简便捕鼠器,以遏乱源,而收宏效;五;推行清洁运动,每周由各负责机关派员分赴所在地,各部门及员工家属住所,举行清洁检查一次;六、推行防止鼠疫及清洁运动,各负责机关得参照各该地情形,规定时日举行扩大防疫宣传;七、本办法经本会订定施行。(乙) 本路防止鼠疫及清洁运动查表:一、车上清洁状况:1. 地面、2. 厢壁、3. 门窗、4. 桌椅、5. 痰盂、6. 厨房、7. 盥具、8. 厕所、9. 车厢外部、10. 地毯、11. 垃圾处置方法、12. 捕鼠工具数目、13. 鼠类发现、14. 捕鼠数目。二、站上清洁状况:1. 办公室、2. 候车室、3. 月台、4. 墙壁、5. 门窗、6. 桌椅、7. 痰盂、8. 餐室、9. 盥具、10. 厕所、11. 站外马路及旷地、12. 沟渠、13. 轨道、14. 垃圾处置方法、15. 捕鼠工具数目、16. 鼠类发现、17. 捕鼠数目。三、机厂清洁状况:1. 办公室、2. 宿舍、3. 墙壁、4. 痰盂、5. 浴室、6. 厕所、7. 盥具、8. 垃圾处置方法、9. 沟渠、10. 捕鼠工具数目、11. 鼠类发现、12. 捕鼠数目。四、其他(办公室员工宿舍学校员工俱乐部等):1. 办公室、2. 宿舍、3. 讲堂、4. 墙壁、5. 桌椅、6. 痰盂、7. 厨房、8. 盥具、9. 厕所、10. 屋外马路及旷地、11. 饮水设备、12. 垃圾处置方法、13. 捕鼠工具数目、14. 鼠类发现、15. 捕鼠数目。五、检查结果:1. 上列各点清洁与否应分别负责填注,其认为特别清洁者画(○),认为清洁者画(＋)字,比较清洁者画(一),不清洁者画(×);2. 扫除垃圾数量栏,系估计重量;3. 垃圾处置方法栏,为掩埋运输及分类焚化等;4. 鼠类发现及捕鼠数目栏下,可书写有无及其数目。

(《浙赣月刊》,1941 年第 2 卷第 1 期,第 67 页)

《上海宁波公报》关于宁波发生鼠疫及防治经过的报道

（1941 年）

矢 石

鼠疫之害，甚于洪水猛兽，吾甬不幸，于去年十一月底，发见斯症，幸赖当局防治得力，迅速扑灭，蔓延未广，当此本报三周年纪念之日，对此腾传众口之大灾象，不可以不志，爰将发生情形及防治经过详录如下：

初起病状

宁波城区开明街转角至东后街一带，于去年十月三十日，发生一奇突之传染症，一日之间死亡九人，其初起病状，为头痛、恶寒、发高热，旋即不省人事，闻时有疼痛性腺痛，小便中白血球增加，地亚差反应阳性，蛋白质阳性，死后皮肤有黑斑，在传染后，潜伏中一二日不见病象，至发热后，淋巴腺肿涨，即多告不治。越二日，患者愈多，死亡愈增，鄞县政府以此病蔓延颇烈，经县府卫生指导室鄞县卫生院及各公私立医院检验结果，断定确为鼠疫，并有患者八人，至华美医院诊治，初尚不能断定其为鼠疫，后将病人淋巴腺血液，抽取少许注射于荷兰鼠内，越三十一小时后，即行死去，经化验结果，始告确为鼠疫，即于十一月四日，在开明街民光大戏院旧址，设立扑灭鼠疫临时办事处，开始扑灭工作，嗣改组为鄞县防疫处。每日之间，死亡人数六七人，或十余人不等。至十一月上旬，居住于隔离病室之病人，势均好转，后即未见死亡。至廿二日诊愈病人，由防疫处发证出院，以后未闻续有发生。

封锁疫区

扑灭鼠疫临时办事处全体人员，于三日晚出发，漏夜工作，将疫区暂行封锁，不准住民出入，以防传染。其划定疫区范围：（一）中山东路开明街至太平巷，（二）开明街之关帝巷，（三）太平巷至东后街。疫区外周，初以绳索绷系，四面均有警士把守，以防病人逃往别处，继由防疫处决定警卫疫区，分内外二线，内封锁线由保安警察负责，外封锁线由行政警察负责，并为严密封锁疫区房屋起见，在疫区周围，建筑一隔离围墙。

施行消毒

一面以科学方法，进行消毒，并捕杀鼠疫及传染媒介之蚤类。四日晨七时开始,由防疫卫生人员督率建设科工程队、卫生警清道夫等,穿着防疫制服,入蔓延严重之地区,施行消毒,并用硫磺蒸熏,事前疫区房屋门缝及板壁缝中均用白纸黏封,以防透气,同时为防治火患起见,由消防队救火车至各街道防备,当时有工务队队士二人被蚤咬叮,立时红肿发炎,经医治后,幸未染疫,蒸熏完毕后,再将屋内天花板地板拆毁,搜索死鼠,同时屋内发现大如碎米颜色深红之疫蚤甚多,一并予以焚化,区内粪便,令粪夫屬入石灰后,掩埋于地土中,不再充作肥料,关于由疫区逃出之病人,其居住或死亡处所,均由消毒组前往消毒。待至鼠疫扑灭后,区内物品,如账簿及贵重什物等,于廿八日起,一律施行消毒,检查后一一发还户主。

交通管制

鼠疫发生后,县政府以公共场所,聚集人众,恐遭传染,即于十一月四日起,令各戏院一律停演,旅馆业同业公会亦通告各旅馆客栈,切勿容留患鼠疫之病人。江北岸大同旅馆于五日自动停业。慈奉、余姚各县政府,为严防鼠疫,均限制人民来甬,并在各路要口,严密盘查,禁止来往。余姚、奉化各小轮,亦曾奉令一度断航,其形势之严重,向所未有。上海方面由江海关布告,凡自浙省沿海口岸驶来船只,均经于吴淞口外,施以验疫手续,方准入口。

组防疫处

当甬埠发生鼠疫时,俞县长适赴省出席各县县长会议,得县府电告后,于五日晚偕浙省卫生处第三科科长王日槐由万岩抵甬,即于次日召集各科室重要职员,及各医院医师开会讨论,决议组织防疫处,推定俞县长为主任,秘书章鸿宾为副主任,并派定各组组长,规定时间,集中在县府办公,防疫处组织,在正副主任之下,设防治等四组,防治组下设隔离医院。甲部设在同顺提庄内,收容症状显露之病人。乙部设在永耀电力公司营业部,收容疫区居民有潜伏危险性者。丙部设在大禹王庙,收容疫区之疑似病人。院下设治疗室、消毒室,及消毒队、担架队。总务组下设调查统计股、征集布置股、会计庶务股、供应股、宣传股。工务组下设工程队、掩埋队,警备组下设搜索队、警卫队、埋葬监视队,各尽其职,努力扑治,七日中央防疫队闻宁波发生鼠疫，由中队长叶树棠率领队员九人，于九日晚由松阳赶抵宁波，省卫生处长陈万里，携带可供三万人之用之预防鼠疫注射苗药二千九百瓶，亦于九日由省抵甬，协助防治工作，经会同商讨后，决以中央、省、地方，三单位通力合作，在鄞县原有防疫处组织中，加设技术室、预防注射队、环境卫生队、检疫队等，以臻完善。十七日军政部防疫队亦拨助能注射一万七千人之鼠疫苗，派员送甬，因是时甬埠疫势已戢，此项鼠疫苗，遂留作预备军队注射之用。

协力防治

最初防治工作经县府召集有关人员各分局长等开会决定设立隔离病院，分甲乙两部。甲部设该区附近同顺提庄内，乙部设在开明街开明讲堂内，凡受疫重者送甲部救治，未患病者送乙部留居。一面布告民众，拒绝收容疫区内逃生之亲友，以防蔓延，并通告各乡镇，如有发现鼠疫病症者，迅即电告，以便派医救治，同时又通告各学校如系疫区寄宿生，绝对禁止返家，如系通学生，暂行停课一月，以防传染。县东镇镇长毛家生，赠送防治鼠疫之工作人员消毒口罩一百只，并奖励人民捕鼠，无论捕获死鼠活鼠，每只可领奖一角，捕获之鼠，由防疫处另行增设焚鼠组，在新河路、湾头、南门薛家山等处焚鼠所焚化，关于染疫而死者之疫尸，均深埋于北门外老龙□一带，并于埋葬地周围，挖有沟渠，实以石灰，以防毒水渗入河流。

搜索病人

当时疫区居民，恐遭波及，有私自逃回原籍或亲友家中暂住者，中有潜伏疫病之人，死亡后，致谓某处亦发生鼠疫，某地亦被传染之说，防疫处恐疫症蔓延，严饬警备组搜查患疫之病人。九日慈溪县亦有患疫者二人死亡，经该县召开紧急会议，决定半浦至城区，实施交通管制，分电各分局在观海卫严密防范，断绝至永明寺交通，一面请省卫生处派王科长赴慈，协助预防工作。嗣由鄞县防疫处派消毒组将死者之住所房屋，予以消毒后，未闻续有传染。又传鄞南姜山史家及奉化孔岇等处，亦发生鼠疫，经查明均系疫区病人逃返家中躲避者，由搜索队一一追回，送入隔离医院救治。

注防疫针

鄞防疫处，为预防传染起见，决定零行增设预防注射队，于十三日起城区各校学生,注射鼠疫预防针,每日三次。疫区附近划定注射区域,东至碶闸街,南至大梁街,西至南北大路,北至苍水街。由鄞县卫生院,会同各该镇公所,携带户口册,按名注射。

焚毁疫区

鼠疫扑灭后,防疫处决定于十二月一日晚,处及警察局动员三百余人,先将疫区房屋,用煤油灌浇,而后纵火焚烧,同时消防队在疫区前后,预事防守,焚毁疫区房屋,是晚五时许,防疫以防蔓延。历二时,火始自熄,计共焚去房屋一百三十七间,住户一百十五户,焚烧前后情形,由防疫处派员摄影存案。

死亡人数

此次鼠疫死亡人数,据调查所得,染疫区域,自中山东路一四八号起经开明街至东后街一四二号止,其居住人口,为一七三人,罹疫者八十人,死亡者七十二人,毗连疫者之家,无一幸免。且发生疫病时,均在十一月三十日起至十二月十七日止,其传染力之大,可见一斑!

救济灾户

防疫处为彻底扑灭鼠疫,经第七次会议议决,不能消毒之房屋,决予以拆毁或焚毁,决定募款五十万元,救济无家可归之灾民。第一期募三十万元,第二期募二十万元,除房屋捐抵补外,其余款项,另组机构讨论。事前曾由徐专员俞县长商会周主席等致电宁波旅沪同乡会,请转致旅沪同乡,一致劝募振款汇甬,以安居民。嗣经甬同乡会开会议决,先由会垫付五千元汇甬,一面登报劝募。同时浙省府黄主席闻宁波发生鼠疫,极为关怀,电俞县长拨款一万元救济善后。嗣经防疫处十次会议议决,成立防疫经费筹募委员会,推金廷荪、竺梅先、周大烈等为委员,并推金廷荪为主委,竺梅先副之。该会成立后,其筹款方法,由宁波商会劝告各同业公会及会员商号劝募薪金一月,由各商号与职员各半负担,自开始征收以来,各大工厂及职员因境况优越,当无异议,一般普通商号职员,以自身生活窘迫,无能为力。

防疫展览

鼠疫扑灭后,鄞县卫生院发起防治鼠疫展览会,会地设青年会内,于十二月二日起举行展览三天,陈列死鼠、疫菌模型,及各项挂图,说明鼠疫传染经过,及鼠疫种类,种种病象并防治方法,每晚并请名医师担任演讲,以唤起民众注意卫生,保持清洁,而勿使再有发生此不幸灾象也。

(《上海宁波公报》,1941 年,三周年纪念特刊,第 46 页)

《广东医药旬刊》关于浙江鼠疫区防疫情形的报道

(1942 年)

浙江鼠疫区归客谈,浙省有东洋义乌等三县,鼠疫流行颇剧。伊奉派到该区实习,见患鼠疫者,十无一生。其主要症状,为淋巴腺肿大,高热肺炎嗽血等,廿四小时即可杀人,该区早已封锁,只准医师入内执行工作,医师各穿防毒衣,冠面具,状如猴。工作专为捕鼠捉虱。虱与狗虱无异,用显微镜细查,则略有不同。其吮人后,疫菌即由其舒针传染。捕鼠法,有用砒剂毒鼠饼,有打毒气于地孔面加封固,使鼠与疫菌同归于尽。有在街道掘深坑,使鼠跌下不能逃走,种种不一。捕获之鼠,即剖检有无疫菌,如有,则按其鼠之所在地,面加以严密消毒。有患鼠疫死者,即将其住宅家私焚毁。邻近人家,亦须经硫黄蒸气消毒,此病合家死亡甚多,传染之捷,如风如电,此种情形,可云严重之极。吾们中医界大都未甚寓意。又云,浙省防疫大队长亦不慎染疫身死。经照坏病治法,如用白浪多息、黄色素、白喉血清、脑膜血清、抗毒素等,亦无效云。

(《广东医药旬刊》,1942 年第 1 卷第 11—12 期,第 55 页)

《卫生报导》关于鼠疫化学治疗的报道

(1943 年)

薛庆煜

白色芳里迈(Sulfanilamide)发明后,其转化物相继问世,于是化学疗法,日新月异,无时不在突飞猛晋。于兹非但一般急性传染病之治疗,别辟新径,抑且对鼠疫之医疗,亦露一线曙光。据一九四〇年印度哈佛金氏实验室(Haffkine Institute)之报告,二百三十七鼠疫病例中,曾试用四种不同疗法:一、抗鼠疫血清;二、色芳砒定(Sulfapyridine);三、色芳雪麝(Sulfathiazole）；四、碘液静脉注射。结果以色芳雪麝最有功效,惜经试用之患者,仅三十二例（五例死亡）,为数太少,实难遽下结论。关于鼠疫化学疗法之报告,向极鲜见,而在国内此类文献,更付缺如。中国红十字会总会救护总队第三一二队故前队长刘宗歆氏,于去岁曾服务浙江疫区,参予衢县、义乌等地之防制鼠疫工作,先后曾用色芳雪麝医治患者四十余例,数字虽少,然此药之用,在国内恐尚系初试,或富相当趣旨,缘代擢笔,汇集成篇,幸识者共鉴焉。

（一）材料

鼠疫病例五十七则,有病历记录者四十六例,其四则因记载太简,而原来之诊断且多疑问,故与无病历记录之十一病例,一并删除。所以本文统计,仅系根据有记录之鼠疫病例四十二则。四例系于民国三十年六月二十日至九月末期间内,收治于衢县隔离病院者。（按:此四例业经故刘队长本人为文于三十年冬付梓军医杂志——期卷则无从查考。）其余之三十八例,则系于同年十月二十六日至十二月十六日期内,投义乌隔离病院求治者。

四十二病例中二十五人为男性,十七例属女性;有年龄之记载者三十九例,最幼者为五龄,最长者为五十七岁。（见表一）

表一　四十二鼠疫病例性别与年龄之分配表

性别 病例数 年岁组	0—9	10—19	20—29	30—39	40—49	50—59	未详	共计	百分比
男	5	5	6	2	5	0	2	25	59.5
女	0	5	6	1	1	3	1	17	40.5
共计	5	10	12	3	6	3	3	42	100.00

（二）诊断

鼠疫诊断,依据患者之病象病征及显微镜检视之结果而定。惟其中四例,除发烧外,其他征象则无说明;但其原来之诊断,则认为确系鼠疫。以衢县原属疫区,与义乌相毗连,而义乌鼠疫虽属初萌,但已酿成流行趋势,故此四例之诊断似无疑义。

四十二病例中，经用显微镜检查者，凡三十三例。其中六例则确知为血片；二例为痰片；一例则为尸体脾脏穿刺涂片；其余二十四例，则仅注镜检阳性，而未叙明其标本来源。

表二 四十二鼠疫病例病象病征之分析（一）

征象	发烧	头疼	谵妄	呕吐	咳嗽	痰内带血	淋巴腺肿疼	镜检阳性者
病例数	41	26	4	13	4	4	14	33
百分比	97.6	62.0	9.5	31.0	9.5	9.5	33.3	78.6

表三 四十二鼠疫病例病象病征之分析（二）

病象病征与镜检	男病例数	女病例数	总数
发烧镜检阳性者	12	8	20
发烧咳嗽痰内带血与镜检阳性	4	0	4
发烧淋巴腺疼肿而镜检阳性者	5	4	9
淋巴腺肿并有镜检阳性者	0	1	1
发烧及淋巴腺肿疼者	2	2	4
仅发烧而原来诊断认为鼠疫者	2	2	4
总数	25	17	42

（三）治疗

所有患者，住院后一经诊断，即开始色芳雪麝之治疗。大部病例，初次服色芳雪麝四公分，四小时后，再给药片二公分，随即每四小时服药一公分，日以继夜，待至体温转趋正常后二十四小时为止。但少数患者，与前治疗之方式稍异，即除初次给药四公分外，随即每四小时投药一公分。至幼童服药剂量，则视年龄与体格之不同酌予递减之。于每次服药时，同时并加服重曹（Sodium bicarbonate），其用意或为减低色芳雪麝之副作用也。

（四）治疗结果

总计四十二病例中，经治愈者二十八名，当患者百分之六十二；死者十六人，占百分之三十八。至其性别年龄之分配可参阅第四表。

表四　鼠疫患者死亡性别年龄之分布

年岁组	0—9	10—19	20—29	30—39	40—49	50—59	未详	共计
病例数	5	10	12	3	6	3	3	42
死亡 数目	0	2	2	2	5	3	2	16
死亡 百分比	0	20.2	16.6	66.6	83.8	100.0	66.6	38.0

　　病例记录中,有发病日期之记载者,仅二十一例,当患者总数百分之五十,其中有发烧淋巴腺肿疼者二例;发烧淋巴腺肿疼并镜检阳性者一例;咳嗽、痰内带血及痰片阳性者二例;仅注有发烧而原来诊断为鼠疫者一例。

　　于此二十一病例中,自发病后于二十四小时内入院者计十四例;于四十八小时内入院者计六例;于四十八小时至七十二小时间入院者一例。结果死者五例,其四皆系于二十四小时后四十八小时前入院,至发病日期未详之二十一病例,死亡则达十一例之多。

表五　已知发病日期病例之死亡及比率

期间(小时)	病例数	死亡数	百分比
0—24	14	1	7.1
25—48	6	4	66.6
49—72	1	0	0
共计	21	5	23.8

（五）检讨与结论

　　治疗的结果,非特视所用药物本身之功能,且与病发后治疗是否迅捷,治疗开始时鼠疫杆菌是否已侵入患者血液,具有重要之连系。惟此四十二病者之记录欠全,有发病日期之记载者仅二十一例,而注有镜检阳性者亦不过三十三例,且多未叙明镜检涂片之标本,系采自何种组织。是故于治疗开始时,其有败血性之鼠疫患者究为若干,殊难揣测。加之此次试用色芳雪麝,并无对照病例,故对此药之正确评价,实不容遽断。不过吾人所知者,过去各地腺鼠疫之死亡率,约在百分之五十左右;败血性与肺鼠疫之死亡尤高。此四十二病例,虽然记录欠全,但依病象病征而云,决不只腺鼠疫一类,死者十六人,仅当百分之三十八,相形之下,似远较已往之鼠疫死亡为低,此差异似由用色芳雪赓所致。

已知发病日期与发病日期未详之患者各二十一例,前者死亡五例,后者则达十一例之多,此不同之点,究作何解释,殊不易有一确切之解答,但推测所及,当不外二端:(一) 或由患者入院太迟,延误治疗,(二) 或为暴发性之传染,救治不及。

此四十二病例,依统计之数字上,实患过小,但检讨前述事实,切可作以下之结论:

(一) 中国红十字会总会救护总队第三一二队故前队长刘宗歆氏,于民国三十年曾在浙江衢县、义乌二地,担任鼠疫防制工作,得记录可稽之患者四十二例,其性别年龄之分配,与夫病象病征之表现,皆分别列表报告。

(二) 色芳雪赓曾一致试用,其分剂之大小,服用之程序,业如前述。试用结果,四十二病例中,死亡十六人,当患者总数百分之三十八,似对鼠疫有显然之功效。

(三) 病发日期与入院治疗开始期间相隔之久暂,似可影响患者治疗之结果,其间隔愈久,预后愈劣,于已知发病日期之二十一病例中,死亡五例,其一系于发病后二十四小时内即开始治疗;至其四则拖延至第二日内始克入院。

(四) 本文仅系检讨事实,因病例数字太少,记录欠详,于此对色芳雪赓之功用,实难遽下结论,其最后之定评,尚待大批临床试用与继续之研究。

(《卫生报导》,1943 第 6 期,第 38—43 页)

《卫生月刊》关于浙东鼠疫猖獗的报道

(1943 年)

浙东新昌、嵊县、义乌等县,近忽发生鼠疫,传染极速,蔓延颇广,死亡率甚高。该地当局正力谋防治,然疫势猖獗,一时尚无法扑灭。浙东行政公署为从事预防起见,除严密检查旅客外,准备在境内普遍注射鼠疫预防针。

(《卫生月刊》,1943 年第 3 期,第 18 页)

《盐务月报》关于龙泉、云和鼠疫疫情及准拨经费的报道

(1944 年)

(两浙局讯)龙泉鼠疫蔓延,金沙邨本局亦遭波及,迭有疫鼠发现,情势

严重;当经紧急处置,施行全部消毒,筑篱隔离疫区,翻折屋面,并请省防疫队协助防治。一面电请总局特准拨给防疫经费十万元,为购备药品及各项防疫措施之需。同时云和疫势亦相当严重,据云和分局请发防疫经费,经在奉拨款内,酌拨应用,现在龙云二地疫势,尚未平戢。

(《盐务月报》,1944 年第 3 卷第 2 期,第 57 页)

三、湖南

《协大周刊》关于成立鼠疫工作救护队相关事项的报道

(1941 年)

近来邵邑城区鼠疫蔓延,校方为防万一起见,特组织鼠疫工作救护队,由各员生自由参加,业经组织就绪,总顾问严惠卿、李孝襟、李保罗等医师。第一组顾问黎天锡教授、叶明勋先生,组长张先大,组员杨玉珠、余金声、高生慧,第二组顾问申鸿荣教授、陈懿祝教授,组长陈泽深,组员邵锦锻、林文□、周纯佳,第三组顾问檀仁梅教授、申绿卢教授,组长陈瑜瑛,组员戴云山、刘葆意、邵庆彰,第四组顾问林观得教授、嘉蒲英讲师,组长杨贞玉,组员谢秉刚、秦华运、苏秀康、陈明志。

八十师军医李保罗到校协助防疫队工作

本校以鼠疫关系,曾电八十师李师长商该师李保罗军医到校协助防疫工作,兹悉李医师业已到校工作。

(《协大周刊》,1941 年第 15 卷第 5 期,第 4 页)

《今日防空》关于湖南省因浙江省鼠疫而特别防范的报道

(1941 年)

编　者

二十九年十一月俭日,敌机飞袭金华,散放颗粒之粘性物,经收集检验,确系鼠疫杆菌,鄞衢两县,发生鼠疫之前一周,亦有敌机在疫区上空散放谷米小麦、中混跳蚤,经医学检定,均认为敌机布毒佐证。查敌寇聚众来犯，历时四年，进扰无功，复以其外交形势日趋绝境，罔顾人道，竟逞毒谋，甬衢等县民众，染疫死亡者已达一百人以上，值此敌寇作最很挣扎之际，难免不随处肆虐，亟应扩大宣传、间密防范。湘省当局，对此极为注意，现已拟定防御鼠疫初步计划实施草案，不久即将展开热烈预防运动，特摘录该项草案于次，一供留心研讨者之参考，一亦促起我社会人士之注意也。

湖南省防御鼠疫初步计划实施办法草案

一、组织防御鼠疫委员会

在本省未发现鼠疫以前，由省政府推定委员一人为主任委员。指定防空司令或副司令及卫生处处长为当然委员，负设计督导监察之责，必要时增聘有关机关长官及专家若干人扩大组织之。

二、组织鼠疫情报网

甲、由省防空司令部及省卫生处密取联系，构成收集情报中心，向各邻省及本省各县市收取情报。

乙、由省政府主席兼保安司令令饬保安及防空司令部，分令所属各监视哨及各县防护团，一面令各专员公署及各县政府转饬警察、卫生机关及乡镇保甲长，遇敌机经过应开导民众注意□空观察，如发现□有胶质颗粒及米麦暨其他可疑物品，或发现浓雾，或遇有鼠疫病象及死亡，立即报请当地团队武装封锁；一面报请县政府电呈省政府，限即刻到，并派医务人员驰往检验防治，在未经扫除消毒以前不得解除封锁。

丙、由省卫生处分别函令中央驻湘及省县各医事卫生机关公私立医院诊所，每遇鼠疫发现，协助诊疗，随时电告，限即刻到。

丁、由省政府分电各电讯机关，凡有关鼠疫邮电绝对不得稽延。

三、组织鼠疫流动检疫队

甲、充实检验鼠疫设备，购置检验鼠疫必要药品器材（见清册），分置常德、沅陵、平江、耒阳等处，必要时出动，作检验诊所。

乙、检验技术人员由省卫生处、省立中正医院及有关卫生院与地方医院随时调用,酌交旅费,核报实销。

丙、交通工具随时向交通机关洽办,必要时电呈战区司令长官司令部协助。

四、防疫宣传

甲、定期举行全省防疫宣传周,宣传敌机散布鼠疫兽行,发动捕鼠灭蚤运动。在宣传周内,最低限度之工作如下:

子、由各地当政机关联合各公法团及政工妇工人员,集合各界群众举行预防鼠疫运动大会。

丑、请各□发行预防鼠疫特刊。

寅、利用国民月会、总理纪念周重复宣传。

卯、发动各级学校及各界知识分子组织宣传队,挨户宣传。

辰、散发传单。

巳、张贴标语。

乙、各县所需之宣传资料,由卫生处印传单、标语、小册,酌量供给。

丙、一遇敌机散布鼠疫,即由卫生处径电中央广播电台,向世界各国广播。

五、发动全省捕鼠运动

甲、提倡家家户户养猫以或设置捕鼠器。

乙、请饬由湖南机械厂大批制造弹簧捕鼠笼及打鼠板,并饬各县提倡土式木质捕鼠器,广事推销。

丙、由省政府通令各县,以机关、学校、住户为单位,分组竞赛捕鼠。由省库拨款颁发奖金,办法如下:

子、从令到之第十日起,以一个月为竞赛期间。

丑、各县住户分城区、乡区两组,各组之中,每户最低限度应捕鼠五头,凡捕鼠在五十头以上之最多数奖国币三十元,次多数奖国币二十元,再次多数奖国币十元。

寅、各机关、学校每一单位捕鼠以五十头为最低限度,其捕鼠最多者由省颁给奖状。

卯、上项优胜奖金于各县完成竞赛呈报到府后,由省府发由各县颁发具领。

辰、各县以机关、学校、住户总数为标准,由省政府考核各该县长办理捕鼠竞赛成绩之优劣,分别奖惩。

巳、本省境内一旦发现鼠疫,拟即改按捕杀鼠头数发给奖金。预计捕杀一千万头,每头奖以洋二分至五分,共约需洋□十万元至五十万元。

临时另案提请省政府委员会核议。

丁、提倡人民严密贮藏食品、扫清食脚,以期封锁鼠粮。

戊、提倡人民闭塞墙洞,以期封锁鼠穴。

六、推行灭蚤办法

甲、宣传灭蚤剂之配制。

乙、提倡人民采用药剂或熏蒸法灭蚤。

七、实施交通检疫

甲、与江西省府切取联络,于界化垄设交通检疫站,配置军警及卫生人员严厉执行。

八、购备防治鼠疫药品器材

甲、从速向中央防疫选购备鼠疫血清疫苗为免疫之用。

乙、速定购入健凰硫化□基丸(磺胺)、红汞质毛□黄□的年□剂及注射器等项。

丙、订购□汞、硫磺、氰化钾、硫酸等项药品,为发现鼠疫后杀鼠灭蚤之用。

丁、购置防疫人员装备(橡皮手套、橡皮靴、无缝手术衣)等。

(《今日防空》,1941 年第 1 卷第 1—2 期,第 3137—3138 页)

《湘师通讯》关于注射鼠疫疫苗的报道

(1943 年)

庆元松溪一带常有鼠疫发生,本校为严防计,迁庆后即请驻□□省防护队来校注射鼠疫疫苗,后又向福建省卫生处购来疫苗计三十小瓶十五大瓶,陆续注射,现本校全部人员,均经注射一次(原须继续五针,每针须间隔一星期,有效期限约为半年),其第一次早在去年六七月间注射者,现已注射第二次。去年九十月时学校附近曾有鼠疫发生,本校师生员工及导师家属等均为安全。

(《湘师通讯》,1943 年第 17 期,第 3 页)

四、福建

《闽政月刊》关于调查福建省西部鼠疫情况的报道

(1939 年)

省防疫所以闽西各县鼠疫症蔓延,势极惊人,近特派技正林秉正赴岩,转往永定下洋、大溪、抚市、龙潭,并折往龙岩辖之适中,南靖辖之和溪,漳平辖之永福,实地调查。一俟将各该县疫症情形,调查清楚后,即返所报告,该所将来已拟在永定之抚市,设一防疫分所,以便兼顾上列各地之防疫工作。

(《闽政月刊》,1939 第 4 卷第 4 期,第 66 页)

《卫生通讯》关于光泽县鼠疫防治工作就绪的报道

(1941 年)

本处方处长率员亲赴光泽主持疫政,业前志本通讯;十月三十日在光泽县政府召开防疫委员会,调整人员,加强机构;并根据本省防治鼠疫暂行办法,拟订鼠疫办法大纲,交由该会切实施行,凡有关技术之工作,则由本处指定技术人员分别担任,并辅助其不足,纳疫政于正轨;并以邵武与光泽相距仅三十一公里,水陆交通频繁,疫势传播颇易,曾先后亲赴邵武详细调查,并与闽卫生处驻邵主持防疫人员,商得严密交通管制及疫情通讯等合作办法,以资联防。方处长,以处务急待料理,并于十一月十二日离光返处,并指定本处卫生指导员胡瑞荣驻光主持。再据悉本月份光泽仅有死鼠发现未有疑似鼠疫患者,邵武疫势,迩来亦告平息云。

(《卫生通讯(江西)》,1941 年第 4 卷第 11—12 期,第 251 页)

《卫生通讯》关于福建省部分地区鼠疫情况的报道

（1941 年）

上月间,据报闽省邵武鼠疫流行,光泽城内亦发现死鼠甚多,当由本处派队携药驰往防堵,并于上月位报告有案,迄今光泽幸无鼠疫病人发生,死鼠亦少。本处方处长已于十三日返泰,仍留妥员及医防队,继续办理检疫消毒预防注射等工作,又据闽卫生处电称,邵武疫势已灭,本省当可无虞。

（《卫生通讯（江西）》,1941 年第 4 卷第 11—12 期,第 257 页）

《闽政月刊》关于举行房屋消毒根除鼠疫的报道

（1941 年）

省会前因发生鼠疫,省府为谋迅速扑灭计,组织省会临时防疫委员会,以专责成。并由卫生处抽调各县防疫工作人员,来省协力防治,鼠疫渐告消灭。该会为根除鼠疫起见,特于防疫工程组下,设立防疫工程大队,下分三队,每队四分队,派定陈泰峰任大队长兼第一队队长,周天柱兼第二队队长,尉书麟任第三队队长。该队工作,过去办理疫区消毒及灭鼠灭蚤工程。由本月一日开始全城大消毒,第一队工作区,以中正路起至北门外止,第二队由中正路起至南门外止,第三队以大溪桥尾为工作区,各队工作均甚紧张,为使居民了解消毒熏蒸灭鼠之重要起见并有通知书在消毒前分送各居户,以便有所准备。

（《闽政月刊》,1941 年第 9 卷第 1 期,第 71 页）

《闽政月刊》关于派员赴邵武县防治鼠疫的报道

（1941 年）

闽北邵武县自十月八日发生鼠疫后,省府即派省卫生处防疫大队驻建阳第一分队队长刘崇宽率同全队人员前往会同当地卫生院实施防治,兹因疫势剧烈,复经加派卫生处第一科科长蒋兴周前往督导,近省府为求迅除疫患,以免蔓延起见,特再饬卫生处处长陆涤寰前往督促防治。陆处长当于十一月十日率同医师及防疫人员等,随带大批药品器械,专车驰往指挥防治,务期彻底扑灭。

（《闽政月刊》,1941 年第 9 卷第 5 期,第 83 页）

《闽政月刊》关于邵武鼠疫情况的报道

（1941 年）

闽北邵武十月八日发生鼠疫,当经由府派卫生处防疫大队驻建阳第一分队全体队员前往,会同当地卫生院实施防治,并加派卫生处第三科科长蒋兴周前往督导,嗣省府为肃清疫患以免蔓延起见,特再饬卫生处陆处长亲率医师及防疫人员等十余人,随带大批药械专车驰往指挥防治,并电饬闽北邵武建瓯政和水吉南平等县于水陆要冲,各设检疫站,实施检疫,凡往来旅客均须受检并注射鼠疫预防针,疫势因得未曾扩大。永安方面,虽亦曾再度发生鼠疫,但因防治得宜,未几即告扑灭。

（《闽政月刊》,1941 年第 9 卷第 6 期,第 148 页）

《经济汇报》关于南平市市情概况的报道

（1943 年）

（甲）一般经济情形:本市鼠疫流行虽经卫生当局设法扑灭,仍未能肃清,省当局令延榕(南平市)停止交通一星期,并在下道安丰桥设立检疫站,来往旅客必须注射防疫针,方许通过。

（《经济汇报》,1943 年第 8 卷第 11 期,第 129 页）

《新福建》关于鼠疫流行及防治经过的报道

（1943 年）

本年一至十月份本省先后发现鼠疫者有福州、莆田、仙游、晋江、永定、闽侯、福清、建阳、南安、同安、顺昌、罗源、安溪、古田、南平、建瓯、浦城、沙县、连江、长乐、惠安、水吉、邵武、龙溪、闽清、政和、宁德、将乐、海澄、平潭、南靖等三十一县市,确染鼠疫患者共四千五百八十三人,其中死亡三千八百零六人,疫势以五月至八月较为猖獗。染疫人数较多者为福州、晋江、莆田、仙游、罗源等县市,历年来流行区域以本年度最为广泛几达全省县市之半数,省府除经饬各县市尽力防治外,并由省防疫大队分别派队赶往协防,疫势已逐渐平息。

本省鼠疫以本年流行情形观之,疫区颇有扩大之趋势,设不急图彻底之遏制办法,其危险不堪设想,但以本省现有之防疫力量,实施上恐难达期望,经电请中央予以有力之援助,俾得早除本省疫患,现已由卫生署加强驻闽防疫队之机构,并派外籍专员伯力士博士来闽协助本省防疫工作及防治鼠疫干部人员之训练,并详经研讨拟定改进本省防治鼠疫工作计划,积极加强省县防疫机构,充实设备,务期各项防疫工作,得以彻底推行。

鼠疫防治人员训练班由卫生署驻闽第四区防疫队会同省卫生处办理,伯力士博士主任讲授,分期调训闽浙赣粤四省卫生人员,第一期于十一月一日开课,学员二十三人,内福建十四人,浙五人,赣、粤各二人,现学科已讲毕分派南平、福州、邵武及浙东龙泉、云和一带实习。

(《新福建》,1943 年第 4 卷第 4—5 期,第 101 页)

《新福建》关于防治鼠疫情况的报道

(1943 年)

闽浙鼠疫,据卫生机关最近研究结果,疫势发展,约分四线,一由古田东区流入宁德;一由松溪逐渐蔓延,迄浙南庆元等处;一由云和经碧湖北进;一由光泽南侵。范围虽广,但有一共同特征,即发现染疫人鼠,十九系在乡村,多沿河道行进。本省卫生机关及卫生署医防第四大队,积极从事防治工作,延榕两地,自本月二十一日起实行,防治费用,已经卫生署核准三百万元,惟协防治鼠疫药品亦经中央拨给一批,即可由粤运闽。

闽侯县顷发动捕鼠奖券防遏疫祸,县府拨米一万六千八百斤,择今年罹疫乡区,发行奖券捕鼠□头换券一张,头奖得米三百斤,二奖百五十斤,三奖一百斤,有奖券共五百余号,即日发券捕鼠,一月中旬开奖。

(《新福建》,1943 年第 4 卷第 6 期,第 70 页)

《闽政简报》关于卫生署拨赠鼠疫苗、奎宁丸及防疫工作的报道

(1943 年)

福州鼠疫继续流行,经省卫生处派防疫大队第三队常驻该地继续防治,近以疫势延及南平,省卫生处处长陆涤寰乃携同防疫副大队长柯恺并各项

药品于八月廿九日亲自前往防治。又近据罗源、建阳、宁德、邵武、平和、建瓯、水吉各县报告发现鼠疫,均经省卫生处分别拨药派员防治,至于沙县鼠疫,经省县协力防治,业已完全扑灭。

卫生署以本省疫疠流行,近拨赠鼠疫苗 532,680 公撮,及五厘奎宁丸五十万粒,先后电本府与省卫生处派员前往贵阳接收站洽领。当经本府委员会通过先拨旅运费十五万元,业由省卫生处派员于八月二十九日前往领运。

(《闽政简报》,1943 年第 8 期,第 4 页)

《新福建》刊载《战时防疫问题》

(1944 年)

徐承干

现在抗战已经七年,最后的胜利一天一天的近了,可是在七年中间,我们无日不处在物质艰难的环境中,我们忠勇战士的衣、食、住、行的问题,也是其中之一;不过这些物质上的困难问题虽大,却很容易看得到,尚有看不到的不知不觉的损失,就是疫症。在酣战之后,不但尸横遍野,血流成渠,而且人民流离失所,饮食起居荡动不定,免不了疫疠的流行。为了增强抗战的力量,我们不能不注重到防疫工作,因为战地民众的逃亡,对于衣食住行自然不能讲究,于是也就很容易得到了疫疠。士兵是团体的生活,于行军时候,也不能注意到卫生,因此也会得到疫病;此外尚有死尸死马等,不及掩埋而腐坏、因此发生疫病的也所常见。据报欧战的统计,死于炮弹的,比较死于疫病的少;而且我国军队缺乏卫生常识者较多,营养不良者尤不在少数,是以体格孱弱,疫疠丛生,无辜而死者,尤不可胜数。如欲保全军队实力,增强抗战力量,防疫之重要,更不待言。

现在是全面抗战,军事本身外,凡可扶助军事于健全者,更当努力加以扶植,直到最后胜利为止。防疫问题是扶助军事健全事项中最重要之一:当然一般人都认为战事发生时,关于救护防疫等事业,占居重要地位,应该努力提倡与推行。我政府鉴于已往事实,例如俄土之战,死于伤者二万人,死于疫病者八万人,第一次欧战时,因病死者较受伤而死者多。我国二十三年在江西作战之中央军发生痢疾，因此而削弱战斗力；由此观之，则防疫问题与战事关系之重要，已可略见一般。但吾人在此强敌压境，全面抗战之中，防疫问题又当采取如何步骤，用何方式以推进之？实有研究之必要。现在我政府对于此种问题，非常重视；中央设有防疫队与防疫医院，遍布全国各省。惟际此时期，应如何计划、如何设施、如何推进，实为目前迫待解决的问题。关于防疫之采取计划、设施、推进诸问题，虽云属于技术部份，但除技术以外，尚须配合行政；二者兼施，始可收效。除人才外，尚须有相当之经济与设备。现在海口封锁，药品来源颇感困难，更须求自给自足，关于防疫应用之药品与疫苗等，均须大量制造，以应需要。首先我们要研究的，就是在战区所发生的是何种疫病？就目前所知道的，最严重的就是疟疾与疥疮，差不多每个士兵都得到此种疾病。其次就是回归热、痢疾，与其他肠胃病。再次就是破伤风与霍乱、脑膜炎、鼠疫。我们能知道战时发生的疫病，则一切研究与计划，便可有所适应。兹为便利起见，特分述于次：

一、传染原因与途径

甲、传染病之传染原因：可分为病源之传递、媒介、环境三项。各种传染病均有各种之病源，不过病源侵入数目之多寡，是以病源毒力之强弱，以及对方之抵抗力如何，以定被传染与否和轻重。病源不外乎细菌、寄生虫及滤过性病毒等三种。媒介传染，实为可怕，此种传染多在不知不觉之间，如疟疾、斑疹、伤寒等；其媒介乃疟蚊、跳蚤。环境对于一切传染病亦有直接间接之关系，如空气、光线、水井、厕所等恶劣之环境，足以妨碍人体之健康，削弱抵抗力，以致受传染不鲜。

乙、传染途径：消化系传染即自口腔至肠胃、如伤寒、霍乱、痢疾等，是以对于饮食务必加以注意。肉眼不能见之细菌附在食物上，小则生病、大则丧生。呼吸系传染即自鼻、咽喉至气管、肺部，如白喉、猩红热等。空气与尘土之附有细菌，为人所忽略，危害甚剧。泌尿生殖系传染，多由交媾而受传染，如梅毒与淋病。皮肤及黏膜，多由皮肤受伤而受到传染，细菌可随时由破皮处侵入，是故近来受枪弹伤者，多注射破伤风抗毒素，以防止破伤风。至于蚊、虱、跳蚤等吮吸血液,亦可随时将细菌侵入血液而使人生病。此外更有由直接或间接接触而受到传染者。

二、预防工作之推行

甲、宣传:各种传染均可予以预防,是以预防工作占防疫问题中最重要之地位。要推行预防工作,必须唤起士兵与民众之注意,把防疫常识的重要性,灌输到人们的脑海中,使人人知道传染病之厉害,此种工作要靠宣传,宣传方法可分下列数种:文字、图画、电影、幻灯、话剧、模型、化装游行、广播、讲话等。

乙、预防注射:预防注射接种在防疫实施工作上,为重要部分之一,但多因民智浅陋,致实施时多被拒绝,在部队则不然;可以强迫施行之,惟实施预防注射时须实行下列各条:

(一)施术者态度应和蔼;

(二)应选择注射部位及局部消毒使其清洁;

(三)一切用具及注射器应严密消毒;

(四)应告知受注射者应注射几次,每隔几日一次。

丙、环境卫生之改善:环境卫生对于防疫之关系至为重要。盖恶劣之环境,足以造成疫疠渊薮,或碍及防治之进行,故改良环境卫生实为至要。举凡饮水、垃圾、粪便、污水等,莫不在环境之内。惟人们对此每多忽略、不加注意,在疫疠流行时,则委诸天命,因此而冤枉死亡者不知凡几。关于暂时环境卫生亟应改良者,除上述之死尸畜实时掩埋外,其次要即饮料改良;因为饮料对于传染病有莫大之关系,且人们非水不可,如伤寒、霍乱、痢疾等,均由水而传播。对于收复之地,更须注意到敌人于撤退时,有无散布毒菌于水中?是故除检验外,更须举行井水消毒,以策安全。

丁、调查工作:防治传染病应从调查入手,各种传染有不同之传染途径及历史,即所以探索病源也。知其源而铲除之,此一劳永逸之计也;此外再加以预防,则传染病可不致于传播。调查可分为:

1. 历史;

2. 初发现之地点;

3. 传播情形。

三、防疫组织与防疫人员之训练

战时的防疫组织，须有系统，组织不健全，犹一盘散沙，有其名无其实，在部队，其军医处或卫生队等，即是防疫组织，在民众方面，须有一防疫委员会，以当地县政府、县党部、军警机关、慈善机关为当然委员，此外更聘当地热心慈善士绅，为名誉委员，会设总务、防疫、医务、宣传四组，拟具计划，分头工作，鲜有不收宏效也。报告对于防疫有密切关系，是以对于乡镇长及保甲长施以短期防疫常识训练，为委员会之基干人员，遇有疫情，依表填报；一面派员调查，如属实则施以管理，此即所谓防疫网也。再者关于战区阵地之防疫事项，亦应兼筹并顾，俾可于恶劣环境中，应付一切；如占领城池后之防疫事宜，战壕中卫生事宜，给水、防水、粪便、垃圾等问题，亦应予以卫生之处理。此种战区防疫人员必须具有服务与牺牲之精神，较之前方之作战，未可稍让；而任务之关系，尤为重要；当作战之时，原有军医人员多忙于救伤，且其所达之范围，只限于所属之队伍，自然是力不从心，或技术缺乏，不能施行防疫之处理。防疫人员各有所长，如井水消毒、检验毒菌等，并非人人都会，将此项人才配合起来，予以权能及便利，俾其本能得以发展，则所收之效果，不在杀敌致果之下。如服务人员缺乏技术能力，应将该项人员再加训练，依技术上分配，指定工作，则于战后防疫不无裨益。

四、厉行检疫制度

防疫机关成立，则负责有人，对于检疫，应严厉执行。当战事发生时，军队之流动性甚大，人民受战事之影响，亦常迁徙流离，非特环境不良，食住恶劣，疾病易于发生，且疫疠之传播力亦较平时为强，故施行检疫，甚为重要。例如过境军队中有一二患天花，若不施以隔离疗治，则后患何堪设想？非至传染全队不可！军队之调遣，每来自远方，其地方性与特殊传染病每可因一二人之传染，而成重大之流行，故检疫制度不能为行军效率而置之不理！再者关于前方调回之部队，应厉行检疫，事实上虽云麻烦，然为整个军事计，不可不行之。此种检疫制度，除执行检疫事项外，尚须附设隔离所及消毒队、灭虱站等，此外更须有沐浴涤衣等设备，以备检疫士兵，在长途跋涉中，借检疫时期，可得沐浴、更衣、休息；而有病之兵士，亦可予以隔离，并可用各种消毒方法扑灭疫症，不至传播。关于旅客及居民之检疫制度，可采用通常之一般检疫方法，设检疫站于交通要道，不必特种组织，不过义民之过境与进入时、应特别注意检疫，不可轻忽。盖义民由战区辗转流亡，群相麇集，非特易生疾病，疫疠亦易为传播。且当地居民亦有连带不利之处，其影响抗战，亦属甚巨。关于新兵及壮丁体格之检验诚属重要，当全面抗战中，新兵入伍壮丁训练，实为作战之生命线，但壮丁及新兵之征募入伍之时，曾施行体格检验，惟多注重于能否服行兵役为标准：而对于服役期间之健康问题，常不能完全顾及，故于入伍后或训练期中，应另行予以体格详细检验，凡有传染病或带菌者，即予以隔离并治疗，其一时不能治疗者即应以缓役，如此组成之队伍，非但体格健全，而战斗力亦因之增强，于长期抗战中定收宏效。

五、药械之准备

防疫应用之药品，如各种预防疫苗、消毒用之药品，如化钙、漂白粉等，治疗用之药品，如各项血清及色芳雪麝、消法灭定等，此外更须配以应用普通药品及材料，各项均须充量准备。间或有药无械无从施用，或者临时无从置办，若不事先准备，则无以谈防治矣。综上各点，除阐明抗战中防疫之重要外，并列举简单可以施行之办法，惟财力物力均属有限，而整个之防疫事宜又属甚巨，故此后一切防疫问题，尚赖众人之努力推行一切，如待疫疠盛行而始顾及，则未免晚了！

（《新福建》，1944 年第 5 卷第 6 期，第 19—21 页）

《新福建》刊载《论推进防疫工作问题》

（1944 年）

牟维康

前言

我国区域辽阔，卫生设施，一时难以普及各地，医药人员，向多聚居都市，自设诊所，以诊病为私业，以营利为目的，地方公益，不遑兼顾，有若干公立医院，亦多偏重疾病治疗，而少注意防疫工作，人民识浅，迷信至深，视疫病之流行,为鬼神作祟之所致者,随处皆是！政府当局,见此可危,乃不避万难；十余年来,创公医制度,设卫生处所,训练干部,罗聘专家,以全国乡村为目的,倡导公共卫生,实施疫病预防；推行以来,成效尚著。然今战时,交通往来,运输频繁,弹药所至,死亡众多,兼且敌人或投细菌炸弹,或放水上毒物,传播所及,均足以引起猛烈之流疫,人民生命健康,实属堪危！笔者不愧自卑,愿就推进防疫工作问题,竭个人之所见,摘要叙录于后,尤望各地贤达,共起研究,并广宣传,以唤起民众对于疫病的认识,使防疫工作早得贯澈、人民早得健康、地方早得安全,实为国家民族之幸也！

一、疫病介绍

在未论及有关防疫问题以前,对于各种急性传染病之"病源"、"传染途径"与"潜伏期"等项,列表如下,先向读者作简略之介绍：

急性传染病一览表

病名	病原菌	传染途径	潜伏期
天花	滤过性毒	接触传染、带菌人传染	七至二十一日
白喉	白喉杆菌	空气传染、饮料传染、带菌人传染	二至五日
伤寒及副伤寒	伤寒及副伤寒杆菌	不洁饮料传染	七至二十三日（副伤寒平均约七日）
流行性脑膜炎	脑膜炎双球菌	空气传染	六至十日
霍乱	霍乱弧菌	饮料传染、苍蝇传染、接触传染、带菌人传染	一至五日
猩红热	溶血性链球菌	接触传染、不洁饮料传染	三至四日
鼠疫	鼠疫杆菌	鼠蚤传染	三至七日
斑疹伤寒	立克次勃罗云氏体	蚤虱传染	五至二十日
赤痢	赤痢杆菌赤痢阿米巴	接触传染、不洁饮料传染	二至七日

上列几种疫病传染至易,蔓延迅速,人民因此死亡者,年不可以数计,若

不先期预防，实不足以言人命安全。然防疫工作，千头万绪，单凭卫生人员设站检疫，消防注射，未可以言万全。如我公教同人，能广宣传，以疫病常识教育民众，使对疫病有相当认识，能于饮食起居之时，谨慎自守，避免传染，则其成效必更千百倍于卫生人员之努力。兹就防疫工作部份与夫人民所应共同注意之点，分项论述；使直接负防疫工作责任之卫生人员，知所检讨，使我各地民众，知所改进，分头进行，双管齐下，即本文之作，或不致为无的之谈也。

二、预防注射

预防注射为最有效之防疫方法，自发明以来，早经医学界所公认采纳，欧西人民，无不乐于接受，盖预防注射既不消耗金钱（因预防注射都不收费），又无丝毫危险，吾人只须将少许疫苗，由皮下射入体内，继续二次经疫苗刺激作用约二星期，即能产生免疫力量，此事有百利而无一弊；惜我人民，不知其详，难以乐从，诚遗憾之事也！实应宣传倡导，力加推广，始可补救。而同时吾人亦知自注射疫苗之后，到产生免疫力量为止，当需二星期之时间。设吾人不注射于疫病未发之先，而仅于疫病流行之后，始事举行，恐时间不及，效力未生，而疫病已早侵入；更何况吾人于注射之后，必有少许反应，新陈代谢遭受影响，人体抵抗本能，亦即稍形减低，此时病来，不独抗拒无力，抑且易于感染，又何能救人于危难？故笔者之意见，卫生主管机关应审定一地情形，厘订各种预防注射日期，照时举行，万不可临危应变，疫来再动。苟能如是，则地方受益，必多多矣！

三、种痘

种痘可以预防天花，虽三尺童孩，早亦深知，且性质与预防注射，类似相同，本无再加烦述之必要。然因种痘有新旧之分，故不得不提请大家予以注意：旧法种痘，痘苗来源，直接取自病人身上痘浆，苗毒未死，危险至大；新法痘苗，经科学方法之练制，可保绝对安全，实有彻底纠正之必要。

四、饮水管理

水之与病，息息相关，有识者，无不尽知之。我国工业落后，除少数都市以外，均不能有自来水之设备，乡人饮水，类皆仰给河滨池畔等处，流水来源,由于田野沟渠每次检验,不知包藏几许病菌。再就城乡井水以言,不究地址,不善设备,粪坑厕所,近在井侧,天雨时,污物随水流入,而一般妇女,洗涤井畔,污水傍井倾倒,立特入井;细菌虫卵,何可避免! 即有卫生机关,将溪河划分地段,指定上流取饮,下流洗用,并随时派员加药消毒,似可保安无危,然吾人应知溪流环山以行,长不可计,上流下流,究将如何划分,是成问题! 而土井构造,井上无盖,井面皆石块所成,污水污物随时流入,又岂用药消毒所能收效? 欲设置自来水,改良土井,则为经济所勿许,既如是,其改进办法,究如何也? 笔者意见应请地方政府就财力之可能,辟一水池,内贮水量,足为全城需要,池中设备,应合最低卫生条件,交由卫生机关管理,专供人民饮食之用。次在人民家庭方面,可备一桶,中分两隔,内贮石子细沙,使水过滤放入另一桶中,然后加入消毒药水(此种消毒药水应由卫生机关制赠人民备用),或用适量漂粉精,将水搅和加盖一二小时之后,取水煮沸,充为饮料,则疫病之患可以免矣!

五、饮水店管理

夏热之时,饮食店管理,亦不容一刻稍懈。盖吾人已知若干疫病,每藉食物饮料为媒介,而传递给人类,偶一不慎,即为疫病侵入之机会。以我国现时社会环境而论,市上食店设备,素欠卫生,而厨夫堂役,更乏卫生智识,尤以食摊走贩,叫唤街头,零星食点,敞露空气之中,尘土飘扬,飞蝇云集,无一不为疫病之来源,若不从严管理,何可以言防疫? 卫生主管机关,对于上项厨役夫贩,应予集中训练,教以卫生之道,对其餐具设备定一最低标准,令使改良;一面另派稽查人员,随时督查,务使久后成习,达到合理要求。次对民众家庭方面,应利用候诊教育、家庭访视、各种集会之时,对于食物之处置方法与其疾病之关系,多予解述,使民众深切了解,知所改进;此外,尤望地方民众,亦当以个人健康为前提,随时避免生冷饮食,如是疫病传染,自可日渐减少。

六、粪便处置

粪便无时不带虫卵菌毒,且为苍蝇出生之所,我国缺少科学肥料,乡人耕种无不以粪便施肥,自不能与欧美诸国并为一谈,且废物利用,亦无不可。

惜粪便足以传播疫病,故粪便一物,势必有适当之处置,而后可言安全。补救之道,应将与水源接近之厕所,尽数拆除,露天粪坑,严加取缔,容许保留之坑厕,予以必要改良;并在夏秋季节,不论私立厕所,或地方公厕,每周两次放入生石灰,如是,粪便内之细菌寄生虫及蝇之幼虫,可因热化作用而死灭。传染病源即无从传播,苍蝇亦无生长机会。厕所整理,既如上述,但粪便须充肥料,不可废弃,又须如何处理,方可无害? 关于此点,除少数都市别有设备以外,普通办法,卫生工程专家,尚未有具体建议,唯据李廷安氏意见"粪便贮存,宜用合式泥缸装置,随时密盖,不容苍蝇出入。一缸满后,先加密封,保留至二星期以上,然后运往施肥,如此,粪便所含病菌,可因氧化作用而死灭,不至再有传染疾病机能"。此法经济简便,且可安全,如能广加倡导,裨益民众,自非浅鲜。

七、病时紧急处置

疫病流行时,卫生主管机关,得行使以下各种措置,人民须有绝对接受之义务。

1. 疫病报告:病者是否为传染病,必先予以鉴别确定,然此事有专门智识之医学人员,不能达其目的,故不论平常住户,抑或学校团体,在疫季时节,遇有病人应立即报告卫生机关派员检视,以确定病者有无传染危险,此事极为重要,读者诸君,幸勿经忽。

2. 隔离:病经检视,断定确有传染性能之后,一面应将病人送入医院诊治,一面应将病人住宅暂时封闭,非经妥善消毒之后,不准人们往来,病人家属,应受个别检验,在未证实其确无带菌危险之先,亦应同样隔离,不可轻易与人接触。病人用具及分泌物,须妥慎消毒,非如是,虽一丝之微,亦不准由病区携带出外,以防扩大传染。

3. 设站检疫:疫病盛行时,卫生机关应派员至交通繁密之处,如车站、船埠等处,设一检疫站,藉以鉴别往来旅客,有无带菌传染者之存在,一有发现即施隔离,车辆船舶须即消毒,并须待带菌期间过后,方准放行。

4. 交通管制:若甲地疫病流行,邻村左县,必因交通往来之关系而遭传染,故卫生机关,得视实际之需要,呈请政府命令断绝他地与疫区之交通,不论舟车个人,一概不准往来,非至疫迹灭绝,不得恢复。

结论

防疫工作,关系国族前途至巨,卫生防疫人员应认清本身职责,平时须先作种种预防准备,绝不可坐待疫发之后,再作防御处置;若是,事倍功半,徒劳何益? 其贻误于人命之处,实不可以胜计! 疫发之后,更应发动社会力量,共相努力,然后方可济事。其次,笔者吁望社会有识之士,深知防疫工作之艰巨,与其关系之重大,各尽所能,为民族前途计,共起推进,使我全体民众对于疫防一事,均可彻底了解,接受疫防之种种措置,若如是,则事半功倍,民族健康,必可计日而待矣!

（《新福建》,1944 年第 5 卷第 6 期,第 26—28 页）

《闽政简报》关于根绝浦城鼠疫、防范各地霍乱的报道

（1944 年）

卫生处为谋根绝浦城鼠疫计,特饬防疫大队派员专送大量防疫药品赴浦城应用。另有一批赠送该县当地驻军。

迩来天气寒暖不常。榕延各地发生虎疫,省卫生处为防止蔓延计,特饬防疫大队及南平永安卫生院联络当地各有关机关在南平永安设立检疫站,开始检查行旅,同时严密管制饮用水及食品摊贩商店卫生,以杜疫源。

（《闽政简报》,1944 年第 21 期,第 6—7 页）

《新福建》刊载《福建省防疫工作之过去现在与将来》

（1944 年）

林保城

福建地居我国东南海滨,因气候及交通关系,疫病易于发生,急性传染病如鼠疫、霍乱、脑膜炎,慢性地方病如疟疾、麻风、肺痨不断流行,随地发生;他如别省所仅见或绝无之传染病,如血丝虫病、钩虫病、黑热病、回归热病、芝草热病等,本省亦应有尽有! 昔热带病鼻祖英国医学博士曼孙氏

(MAnson)在厦门海关任职时,即利用本省病材之丰富作热带病研究,首先发见蚊类传染疾病,奠定近世医学昆虫研究之基础。其后英国医学博士马雅各布(James Maxweu)先生周游本省各县作寄生虫病调查,称本省为研究热带病之"处女土壤"(Virgainsoil),意即未经开发之膏腴土地也,本省疾病之繁生,情形可想而知。抗战军兴,人民生活水平渐次降低,沿海民众又多向内地疏散,疫病更乘人体抵抗力减低及病源物播散之结果,而更形猖獗,故近年来疟疾、鼠疫、霍乱、脑膜炎、回归热等病益见流行,影响整个民众健康及抗战力量极大,吾人实不可等闲视之也!

　　福建疫病之严重情形既如上述,吾人不得不注意防疫工作,兹就本省防疫工作之过去历史、现在情形及将来设施分别略述梗概,藉供防疫当局参考。

　　一、本省防疫工作之过去历史

　　本省在民国廿五年以前,永无具体之防疫工作,每年夏季时疫发生时,由慈善机关各教会医院、地方社团等发药施棺,以资救济,有时亦由地方政府领导当地商绅组织防疫会,进行防疫工作。然以对疫病流行之原因无根本认识,一切设备更属临时性质,无全盘彻底计划,当时之防疫工作不过为一时之社会救济而已;对疫病之扑灭,毫无收效,故每年疫病流行自流行,防疫自防疫;年年如此,疫病并不减少,此为廿五年以前之情形也。廿五年闽西龙岩一带发生严重鼠疫,引起本省当局注意,驰电卫生署请求协助扑灭,卫生署接电即派专门防疫人员来省视察,并施行扑灭;不久疫势渐杀,省当局遂觉科学防疫之重要。中央派来防疫人员亦即建议设立省固定防疫机构,故遂有福建省防疫所之成立。该所成立之后,分设防疫分所及防疫队分驻于闽南、闽西、闽北各疫区,常川办理防疫工作,中央卫生署更协助供给防疫人员及器械药品。其后因人事之变迁,该防疫所几经改组,变换名称,最后遂改为今日之卫生处。防疫大队除以上省防疫机构外,最近数年来,中央防疫机关派来本省服务者颇多,如军医署防疫队、卫生署防疫队、红十字会防疫队等,不一而足,考过去八年(廿五年至卅二年),本省防疫工作成绩固多,而缺点亦复不少,最大缺点为人事变迁过繁。因人事之不断变迁而影响防疫机构不断改组，致防疫工作无一贯计划。其次则为省及县无确定之防疫预算，遇到疫病暴发时，临时筹措不特无补于缓急，而且每多浪费；常见某地瘟疫发生，地方政府呈请救济，防疫当局则临时编拟预算，请款几经辗转，俟款领到时而当地疫势已成过去；防疫费之用途，亦遂不切时宜，流为浪费。再其次则为中央派遣防疫机构，因无统一指挥，且设备亦每不完全，故对于实际防疫工作裨益甚小。以上种种原因，造成已过数年来本省防疫工作得不到民众信仰之理由！吾人体验过去，策励将来，诚宜加以警惕也！

二、本省防疫工作现在情形

本省现时防疫机构，在省为卫生处防疫大队与其南平、福州、龙岩分队及若干流动支队。在县则□县卫生院所亦分负防疫责任，中央驻闽防疫机关则有卫生署第四防疫大队、中华红十字会第三救护大队及军医署防疫队等，此外与防疫有关之机关则为制造防疫苗之省卫生试验所。省防疫大队有职员一百余人，每年经费约五十万元；各县防疫经费亦经省令筹划，每县自数千元至数万元不等。省卫生试验所每年防疫苗出产量约为一百五十万剂，此外省卫生处亦存有相当数量防疫药品之材料，此为本省目前防疫阵容与其实力之大概情形也。如遇疫病特别暴发，则政府及地方社团，临时尚可拨筹款项，动员人力以增强防疫工作。至目前本省防疫工作之内容，约可分为经常与临时两种，经常防疫工作包括各种防疫宣传、预防注射，由县卫生院及防疫队举行。防疫大队方面另择定地点举办灭鼠解剖及气候测量、跳蚤研究、疫情报告等工作，中央驻闽各防疫队，平时亦以防疫宣传及预防注射为此例行工作。至临时防疫工作则省防疫大队遇到疫病暴发时，临时派员携药到疫区举行检疫救治等工作，中央各防疫队亦每派员协助，至疫区当地士绅，亦每于疫势紧张时临时组织防疫委员会协助防疫，最近更以捕鼠换米为时髦之防疫工作，各地政府及社会团体提倡甚力，姑不论其是否合理，然其热心防疫则可钦佩。去年福州及闽南各地鼠疫流行，势甚凶猛；各地多组织防疫委员会励行防疫，预防注射；结果甚佳。于是民众得到对于防疫注射之信仰。故本年度各地团体多自动筹款购备各种防疫苗，福州市防疫委员会更有决定于本年举行全体市民预防注射之壮举,是诚为本省防疫史中一最可贵之事也。总之,本年中央及本省均以防疫为中心工作,在政府领导与民众努力之下,本省防疫工作将有光荣灿烂之表现也。

三、本省防疫工作之将来设施

吾人回顾本省已过及现在防疫工作成功之处固多,而应改进之处亦复不少;兹拟就应改进者逐条讨论,作为将来本省防疫设施之参考。

1. 民众防疫常识应积极灌输:疫病之发生,多由民众缺乏卫生常识而起,防疫应以已染疫及有染疫危险之民众为对象,使民众对疫病之起因、防治之方法无认识,则不特防疫工作不能得其协助,且将多方阻挠,例如——本编作者曾见卫生机关设预防注射站于乡间,以拉夫式之方式强迫民众接受天花预防接种,事后,被接种之乡人怨恨而退,并于路上随便拾污纸一方,揩拭接种之处,是该乡人不特得不到接种之益,而且反受污纸中毒之危险矣。防疫工作在本省已有多年历史,而疫势何以反见蔓延? 其中原因固多,而民众对疫病无常识,对防疫不发生兴趣,实其首要也! 今而后诚宜以特种方法,灌输防疫知识于大多数民众。举凡疫病之原因,传播之途径,个人预防及团体预防之方法,以及治疗之要点,均应使其彻底明了,而后不特疫病可以减少,而且发生流行时,亦得其有利之同情与协助也。所谓特种方法,并非普通分传单、贴标语,简易而难收效之卫生宣传,应编防疫课本教育学校儿童,使其从小即得到防疫知识。失学民众须用有效之宣传法,如电影或幻灯,演讲或实际讲授,始能深入人心;如能于人烟稠密之城市,选择适当地点设立防疫模范区,使民众有所观感,亦为有效宣传之一道,他如设防疫展览室或巡回防疫展览队,俾民众触目惊心,亦远胜口头之宣传也。

2. 防疫人材之应积极训练:防疫为一最艰苦工作,担任防疫工作者,不特须具有专门防疫技术,而且须富有莫大之热肠与勇敢精神,故防疫人员之选择实为防疫工作之第一要图。本省卫生人材缺少,防疫人材更少。廿五年虽由卫生署派专门人员数人来省服务,抗战之后该项人员已陆续他去,致目前人材极感缺乏。防疫人员应包括高级之设计人员,实地指挥人员,防疫检验人员,防疫苗制造人员以及训练有素之低级助理人员,此项人员高级者应请中央派遣或由本省保送国外实习;低级者可由本省自行积极训练,训练方法最好注重实地练习,前方执行防疫人员,不时抽调至防疫模范区实地练习,防疫检验人员亦轮流调至省卫生试验机关训练,防疫苗制造人员亦应由省卫生试验所抽选优秀者,保送中央生物学品制造机关练习。关于防疫人员之待遇,亦应予以特别鼓励与保障,俾能奋身工作,无所顾虑。

3. 防疫经费应统筹扩充:本省民众,每年因疟疾鼠疫及其他传染而死亡、而削弱健康者不知凡几。每年之人口消长情形虽无精确统计,惟据一般象征,如闽西北一带之荒地荒村逐年增加,吾人可以推测人口实每年减少;不特人口减少,而且生存者多半皆面黄肌瘦,衰弱无能,影响于整个国计民生与国防者极大,故政府对于防疫工作实应不吝巨帑以求彻底积极! 本省年来省库支出故感浩繁,惟对于防疫费用,实觉未尽最大努力,因之彻底防疫工作,无法进行。防疫机关遇到各方告急,无法应付时,则临时草拟预算,请求拨款;政府当局对此急如星火用款,不得不拨,惟因手续关系,防疫费拨到时,已越过瘟疫严重时间,俟防疫人员接款奔到疫区时,已事过境迁,只得草草奉行故事,以遮掩耳目而已! 此实为不经济之防疫设施也。故政府对于本省防疫费用,诚宜□有计划之预算,确定防疫年度总费用;何者应请国库补助;何者可由省库开支;何者应由地方筹拨。均应早为筹划,庶不致临渴掘井,如因抗战期间财源不易,亦可尽量利用民众捐款,并联络地方慈善团体与其合作,民众对防疫切身工作如能鼓其兴趣,必能踊跃解囊;地方士绅及慈善团体对防疫工作亦多乐于协助,过去福州之各界防疫委员会即其一例也。

4. 防疫药品材料应预为购备:近代科学进步,大多数疫病已有防治方法,此类防疫药品材料,多半来自西洋各国,抗战之后,此项药品材料来源更感困难,平时非广为存储,不足以应临时急用。本省抗战之初,省及县均购有救护药品材料,数年来裨益防疫工作不少。此外中央政府及盟邦侨胞亦时有捐赠大量防疫药品材料,故数年来本省防疫用品,尚不至匮乏。惟此后交通将益感不便,药品来源或有断绝之虞;故宜早为准备,凡省内可以自制之防疫用品,如防疫苗等,宜大量□□以求大量出产,省内无法制造须向省外或国外购买者,宜筹巨资预为采购,如省政府无法筹集巨资可向地方银行信用借款,即以购到之物品作为抵押,或于年度开始时饬令各县政府拟定防疫预算,将购买药品材料部分提前拨发,交省政府统筹购买。

5. 防疫工作范围与方法应改进:本省防疫工作,向只限于防治鼠疫,此因历史沿革之结果。最初之省防疫所,原为专门防治鼠疫机关,后虽名称数度更改,但工作之对象尚仍其旧,此狭义之防疫工作,实不足以应付全部防疫需要。因鼠疫虽为本省□严重疾病,但其杀人之多,实远不及疟疾及其他慢性地方病;但因其症象可怕,故使人戒惧耳。故防疫工作似宜将范围扩大,凡一切较为严重普遍之传染病,如疟疾、麻风、天花、霍乱、伤寒等,均为防治对象,分别设法处理,以减少死亡,增进健康。数年前本省曾有抗疟队及住血吸虫病防治队之设立,后因经费无着,次第取消;其工作亦即停顿。假定防疫队名符其实,则此项个别防疫机构不必分别设立,尽可归并于防疫队之内;其工作亦不至停顿,此防疫工作范围所以应加以扩大也。至于目前防疫工件,在方法上尚无可厚非之处。惟有数点,似应加以改进:一为缺少全盘具体工作进度计划,致流为头痛医头、足痛医足之弊,一切活动等于应付救急,此对于防疫工作不能收到继长增高之效。一为防疫人员调动过繁,现本省防疫大队虽有永安大队部及南平福州龙岩等分队,但疫区广大,人员不敷分配,时时有调动之必要;结果不特旅费开支过巨,且工作效力大受影响。以上二点皆显而易见,应加以改进者。总之,本省防疫工作在战时所表现之成绩已属难能可贵。此后如能扩充经费,增加人力,不难达到完满目的也。

（《新福建》,1944 年第 5 卷第 6 期,第 39—41 页）

《新福建》刊载《防治福建鼠疫的感想》

（1944 年）

钱家莹

福建为亚热地带,晴雨无常,气候不均,全省除滨海各地外,山脉纵横,崎岖不平,交通困难,自公路开辟,车辆频繁,得与其他各省相交通,无如文化水平落后,民众卫生常识幼稚,居屋建筑,对于空气、光线、鼠患及其他环境卫生状况,皆未深刻注意,热带病疫,一旦传入,遂成良好流行区;鼠族蕃殖丰富,蚤虱蚊蝇发育佳良,省内四境,疫疠流行,此仆彼兴,终年不绝。其中最堪注意者,厥惟鼠疫,于公历 1883 年自云南传至北海埠,1894 年传至广州,继传至香港,转传至厦门、汕头、福州,而入泉州、漳州福建诸滨海各县,与闽江流域闽北、闽西、闽南内地邑郡,几遍全省,于民国二十三年六月二十二日至七月九日距龙岩城十里之铁石阳村发见鼠疫,同年六月二十日于龙岩城附近之苏溪头亦发见鼠疫,是为福建注意治疫及于内地之动机。于民国二十四年中央派杨永年、兰雅度二氏来闽,在龙岩实验防疫,而龙岩鼠疫几至绝迹。二十六年杨氏复至闽,设全省防疫总所于泉州,二十九年杨氏离闽,防疫业务未竟全功,省内各县,疫势仍未敛迹,随波逐浪,此伏彼起;迄未稍戢,荏苒无已。二十九年浙之鄞县、衢县发见鼠疫,经专家研究,系福建所波及;至今闽浙相接之云和、浦城一带,疫症猖獗未已。赣省之光泽,亦曾由闽境传播鼠疫,而赣境遂有鼠疫流行,黑色恐怖,方兴未艾,亟待雄军痛剿,以拯民众于水深火热也。回忆公历 1910 年至 1912 年东三省鼠疫流行,死亡人数达六万余人,于民国九、十两年,亦曾流行。经伍连德氏之努力,而达扑灭之目的,至今未闻流行之传说,可见其防治有方,始能臻于美满之结果。是以防疫工作,必须先事调查疫病传染之途径,研究其种类,视察地方环境状况,交通孔道,民间习俗,然后倩拟具计划,配以财力物力人力;勿过偏尚空谈,或徒事宣传,不务实际,应实事求是,贯澈到底,不难达到将鼠疫逐渐消灭,而使黑色恐怖烟消云散,将闽省成为康乐无忧、卫生模范之省也。兹就感想所及,对于福建防疫实际上应行注意各端,分述于左:

一、福建防疫机构成立已久,何以不能歼灭疫魔? 福建防疫机构以民国二十四年中央派杨永年、兰雅度二氏至闽防疫,成立龙岩防疫实验区防疫所,是为嚆矢;二十六年七月,中央成立福建全省防疫总所于泉州,二十八年改组为福建全省防疫处,均以杨永年氏为主管;二十九年五月归并于卫生处,改组为防疫专员室;三十年八月一日扩充为防疫大队,则福建之防疫机构,已有九年悠久之历史。而至今对于鼠疫,仍难扑灭中止流行之目的,甚至曾经派员常驻防治之地，翌年仍猖獗如故，且疫势波及邻境，毫无阻遏之策，推原厥因，非工作人员之不努力，实由疫区带菌者，因战时生活发生艰难，物价暴涨如飞机腾空，物资缺乏，生产乏术，一般人士咸感民不聊生，无由实施隔离方策，与工作计划尚欠适合实际情况，地方自治人员对于鼠疫之认识未清。主持业务人员，必须认清防疫为辅助医疗人员执行保持民众健康，复兴民族之重要工作，务必有切合实际详尽之计划，躬身督率所属人员联合有关各方，切实工作，贯澈到底，始可有相当之成就，否则，不仅毫无成绩，虚縻公帑，于其内心抚心自问，亦难自安。故拟具防治计划，对于过去工作如何，必须详加观察，以纠正其缺点，传播途径必须仔细调查，杜绝其流行之线索，始能进行顺利，可歼灭疫魔，驱除疠病，而竟防疫之功焉。

　　二、过去工作，对于技术配备及行政设施，有无敷衍及不合实际况之缺点？（甲）检疫站之设置：于鼠疫流行地区或旧疫区与其他县市水陆交通孔道，必须设置检疫站，检查来往旅客；目的为禁止疫病传播他处，杜绝疫病由他处侵入，无论任何车辆船舶肩舆均须受防疫人员之检查。过去少数检疫者误认为不需要之工作，而视为宣传与预防注射之机构，实属大谬，今后对于斯种错误必须纠正，以利工作推行。陆上检疫除对公营客车开往他处时，由防疫人员于汽车船站或其他车场会同有关各方与宪警检查旅客，有无疫病患者混入，并施预防注射，其他车辆肩舆，应于交通要口检查之；外来车辆肩舆，亦于交通要口检查之，检查时必须联合军警，以防意外及困难情事，已经检查之车辆肩舆，均须粘以检查证以资识别。如遇有可疑病人，自疫区开出之日计算，隔离十日；如无疾病，予以预防注射，而准其自由。水上检疫，在船舶开出时于码头检查之，外来船舶于适当地点检查之，如遇有疾病者，予以隔离外，禁止船舶靠岸，施行船舶消毒，方许自由。如遇疫区开来之军队，应先通知其主管长官，得其同意后，依照手续检查之，并须为过境官兵，预防接种。（乙）疾病之认识：防疫人员对于疫病，必须注意鉴别，认识清楚；如鼠疫与丹毒、急性鼠蹊腺筋肉结核、乳腺炎乳结核、腋窝腺炎腋窝结核、恶性疟疾、伤寒、外伤性急性淋巴结炎，均须详细鉴别。肺鼠疫与其他热性病、肺结核、肺脓疡、肺坏疽，必须仔细鉴定。故防疫人员对于疑似患者之痰、肿内容,必须检验后,方可断定。平常球菌性大叶性肺炎,颇易误认为肺鼠疫,腹股沟淋巴肉肿易与腺鼠疫相混淆,故临床上必须注意鉴别,以免误诊,毋使失落病遗漏病之外,增加错误病,无故骚扰民众,殊足贲事。(丙)注意测候:气候不良,雨量不匀,与疫病之发生关系颇巨,故须随时将各地气候雨量,由各疫区所在地之防疫机构,指定专责人员测定,以资防范疫病流行,而保社会安全。(丁)菌液预防注射,为腺鼠疫预防有效处置,平常接种后,其免疫力之持续,为三至六个月,虽非绝对的,纵使传染,其病状较轻,死亡率低,故能由主持防疫机关自行制造菌液供给各县应用,免使卫生试验机关无辜忙碌,而公共卫生试验业务,反遭掣肘,进行迟滞也。(戊)中心消毒工作:凡有病者发见之疫区,须以病者所在地为中心,于其周围廿方丈之面积,均须普遍消毒。(己)加强鼠蚤检验:印度鼠蚤数增至与鼠数相当或较多时,则其区域成为潜伏性危险区,剖检鼠体内鼠疫杆菌之增减,可知疫病流行与息灭之预兆,调查死鼠之多少或有无,可预测鼠疫之发生与否,故捕杀或死亡之鼠体,无论于疫区及其附近,均须逐一检验,而鼠蚤之检查,亦与鼠体剖验同样紧要,不可忽视。(庚)灭鼠运动之外,须励行灭蚤运动。(辛)防疫工程之实施:凡疫区内之房屋须禁用天花板,夹层楼板,空心板壁,空心假墙,不能清除之地板下间隙,最好拆除地板,如认为必需时,地板须离地面一公尺,俾地板下层可以随时清除,其柱脚须高,架于砖石墩基上,或下填厚八公分之柏油与石砾,板壁墙基,均须密切,窗户门坎亦须密切,要用坚深之墙,不用木柱,可防鼠升窜屋顶,楼梯改用防鼠装置,更为可靠。米店杂粮,菜馆饼店货栈米仓菜场等,均易引鼠,必须改善;福建疫区燎原广阔,须由卫生主管机关订定新建房屋卫生法规,及疫区与其附近仓栈库场贮藏法之管理,由省府通饬各县市政府强制执行之。(壬)已经发见鼠疫各县市,须由各该县市卫生机关防疫委员会负责督导防治;平日注重改善环境卫生,改良建筑。灭鼠,灭蚤,房屋消毒,锁鼠穴,剖检鼠体,检查菌蚤测候,预防接种。疫病发生时,实行检疫,隔离患者与带菌者,封锁疫区交通线,庶可冀疫病早日消灭,策进社会安宁,否则,仅恃省属防疫机关少数技术人员防治,东奔西走,难免顾此失彼,欲期待根治扑灭,殊为难事。(癸)省属防疫机关能自制菌液血清供给各县市,研究防治方案供给各县市执行,分派技术人员协助各县市防治,则分工合作,疫区面积虽广,事有专责,不难达到早日扑灭之效果也。

上述诸端,近年来主持防疫业务者,已否计划及此;过去所定之计划与配备工作方案,执行后之效果如何? 工作有无障碍? 是否可达到可靠之扑灭鼠疫成绩? 现在福建鼠疫蔓延面积,愈趋愈大,已与邻省相接,其真实之原因安在? 有无与邻省联防之必要? 各县市防疫机构,有无加强组织之必要? 发见鼠疫之各县市应如何杜绝流行? 如何可使由来已久之鼠疫,根本铲除? 对于过去仅以打气筒用氰化钙消毒鼠穴,一般的预防注射,此外利用鼠笼机捕鼠,检验鼠尸鼠蚤疫菌外,有何其他改进工作方案? 过去工作,有无检讨纠正之必要? 均希主其事者,积极进行,详加考虑,正本清源,动员各县市,联络各有关方面,群策群力,分工合作,本标兼顾,贯彻到底,跳标疫疠,铲除无疑,坚定意志,克服困难,终能完成其使命也。

（《新福建》,1944 年第 5 卷第 6 期,第 37—38 页）

《新福建》刊载《福建的防疫行政》

（1944 年）

尤济华

一、意义

本年全国一致认为是胜利年,一切的行政设施,当然要和军事配合,加速达到胜利的目的,所以中央以公共卫生为行政,本省以防疫为中心工作,中央与地方上下一致。为什么要提倡公共卫生呢? 其目的不外乎在消极方面,要希望减少疾病、减少死亡,使人有健全的体魄和愉快的精神,发挥其个人的智能,来成就他们的事业,积极方面,要达到改良社会改良民族,使各级社会有完全的组织,良好的民风,集合群众的力量,来共同建设整个的国防,所谓"民为邦本,本固邦宁"这两句话,实在是先哲至理明言,亦就是讲求公共卫生最终的目标。所以世界各国多认为公共卫生是行政的主要部门,但是公共卫生包括的范围很大,概括起来,有环境卫生、保健、防疫、卫生教育和生命统计等五个主要的项目，必须要适应环境，因地制宜，因人制宜，因时制宜，来推行发展，实事求是。要是笼笼统统，马马虎虎，那么有名无实，政府费了千万金钱，且无补于事实的。所以在设立以前，必须要有精密的计划，遵照总裁所指示我们的行政三联制，切实去执行、认真去考核、检讨过去的得失，以为改进的张本，才可以贯澈原来的计划，收到无穷的效果。我国的疾病率，和各国比较，几乎要超过各国平均疾病率、死亡率的一倍，这种超格的疾病率底死亡，在学理上叫做超格疾病、超格死亡，因为超格疾病、超格死亡这样多，所以影响到个人事业的失败和金钱的损失，并且有形无形的影响到国力的衰弱，实在是很惊人很痛心的一件事。单就平日而论，尚且如此，其原因不外乎为人民缺乏卫生常识。战时因为受物资的限制，影响到人民一般的营养，增加得病的机会。将士用命疆场，亦增加伤亡的数字，自然更严重了。尤其是本省（福建）位在东南海疆，山岭重迭，气候比较温暖，气温比较重，气压比较低，这些条件在天时地利上正适合各种病原菌和寄生虫的发育繁殖，所以本省的传染病亦比较多。鼠疫年年流行，疟疾遍地蔓延，霍乱亦时常发现，所以防疫行政在我们福建比较其他一切行政更为重要。

二、特性

防疫行政因为在公共卫生项目里面占了顶重要的地位，所以也具有特殊的性质，这是什么呢？一般的行政方法多从哲学或历史来研究的，这是说，行政必须要配合人生和社会的活动，才可以算是合法的行政，譬如政治、经济、文化、家庭、宗教、艺术等种种生活，多是人生的目的。但有时代的不同。防疫行政亦是一样的，亦多含有哲学性和历史性，并且还有规律性的。不过防疫是一种技术，这就是防疫行政的特性，亦就是和普通行政不同的区别。所以防疫是一种技术的行政，必须要从三方面来研究，像下面所列的：

（一）理论

传染病的预防和管理是法律上所规定的，在行政上叫做法定传染病，一共有九种。因为这些传染病的毒力强，蔓延快，又可以叫做急性传染病。因为传染途径和侵袭部位的不同，由空气而侵袭呼吸气管的，叫做急性呼吸性传染病；有白喉、天花、猩红热、脑膜炎、鼠疫五种。由饮食物而侵袭消化器官的，叫做急性胃肠性传染病;有伤寒、斑疹伤寒、霍乱、赤痢四种。在军队上除掉上面的九种急性传染病以外,还有疟疾、破伤风、疥疮、回归热等四种。其他慢性传染病,如花柳病、沙眼等病症,各有不同的特殊病源细菌,病源寄生虫,所以在防疫行政实施以前,不得不充分研究有关防疫的各种科学,如细菌学、流行病学、免疫学、卫生工程学、气象学、统计学等,多是对于防疫行政应用的科学。防疫人员非但要有这些科学的知识,还要晓得应用的技术。

(二) 技术

运用技术必须要有经验,实在不是一件容易的事情。譬如:

1. 细菌检验

有病理检验和化学检验两种,非但要有完全的设备,还要明白怎样去采取菌种,怎样去培养孵卵,怎样去配制培养基,怎样去配制试药,怎样去涂片染色,怎样去用显微镜检查,怎样去摘记。

2. 设计防治

必先要调查研究传染病的流行状况、疫源所在、疫区大小,分别内在性、地方性或大流行性。

3. 应用细菌

实施预防注射,应用血清治疗,先要研究各种传染病的抗毒力量,怎样去制造,怎样去鉴定效用。

4. 消毒杀菌

一方面要晓得各种菌的抗热力量,和他固有毒力。一方面要研究各种药物的杀菌力,各种光热力的杀菌力,怎样去配制药剂,怎样去应用。

5. 测定气象

气象对于病菌的发育繁殖关系很大,测计雨量、气温、气湿、气流、气压,非但要有仪器的设备,还要明白怎样去测计,怎样去描写,怎样去纪录。

6. 研究结果

要明白怎样去调查,怎样去纪录,怎样去统计。

(三) 管理

管理传染病虽然有法律的规定,但有一定的管理方法,必先要有管理的原则。就是：

1. 传染源的肃清。

2. 传染道的遮断。

3. 传染波的遏止。

4. 传染物的处置。

5. 菌邮的监视。

6. 失察病的搜罗。

7. 遗漏病的搜查。

明白这些原则以后，应用种种科学方法来彻底实行管理，一面对于病人方面的管理，还要有几个步骤。就是：

1. 报告

无论何人都有报告的义务，如亲戚、朋友、家族、教师、医师、护士等。

2. 鉴别诊断

卫生或防疫机关接得报告后，立刻派医师随带应用器械前往病家诊视病人，采取材料交试验所检验，确定诊断。

3. 隔离治疗

经过鉴别诊断，如确定为传染病，立刻宣布隔离，其隔离时期自发病日起算，为二十八天；自诊断确定日起算，为二十一天。

4. 检疫

设立水陆检疫所或检疫站，凡经过疫区的车辆、船舶、旅客，应一律施行检疫；如有嫌疑或病人时，立刻给他治疗。留验的车辆船舶立刻施行消毒。留验日期以各病的潜伏期的长短而定。

5. 愈后检查

病人治愈后派医师前往再采材料试验，其试验结果必须验得三次阴性反应，才可证明无传染的危害。

6. 宣告释放

验得三次阴性后，准其自由。

（《新福建》，1944 年第 5 卷第 6 期，第 29—32 页）

《新福建》刊载《最近本省卫生工作——二十九年五月二十七日在省政府总理纪念周报告》

（1944 年）

陆涤寰

一、防治脑膜炎

自一月起，龙溪、海澄、同安等县首先发生脑膜炎，以后长汀、永定、古田、仙游、闽侯、晋江、建瓯、闽清、上杭、永泰、德化、长泰、安溪、建阳、平潭、浦城、龙岩、罗源、崇安、永安、连城、南靖、清流、漳浦、长乐、诏安、沙县、云霄、宁洋、顺昌、南平、政和、武平等三十六县，仁寿、周墩、水吉三特种区相继而起，病人之多约在二千人以上，经派员分头防治，现已肃清。

二、裁撤福建省防疫处并入卫生处设防疫专员室

本省过去为防治鼠疫，特设福建省防疫处，专办防治鼠疫事项，但是本省各项传染病甚多，不只鼠疫一项，疟疾亦极盛行，故名为防疫，而仅防鼠疫是不够的，为增加防疫效率及统一指挥起见，由五月一日起，将该处裁撤，并入卫生处，设立防疫专员室，除防治鼠疫外，兼办其他法定传染病、疟疾及麻风之防治事项。本室由五月起正式成立，现正通盘计划全省防疫事项。

三、筹设中心卫生院

本省县卫生院虽已普遍设立，惟因人力财力物力之不足，距离理想地步尚远，须改进之处甚多，但若普遍均有充足设备，良好人员，在此卫生人员极度缺乏之时，非但不可能，亦无必要，为改进计，先从设立中心卫生院入手，为切实充实及限制起见，每个中心卫生院必须筹有开办费一万元、经常费每月三千元，始可开办，现已确定应设立之中心卫生院地方，计有南安、建瓯、沙县、长汀四处，南安经临各费系就地方自筹，现已正式成立，其余三县除由县尽力筹措外，并由中央每县每月补助一千二百元，拟于最近即开始成立。

四、筹设公共卫生人员训练班

本省为训练助理医师起见，在政干团设有卫生系训练，现因与中央公共卫生人员训练所合作，划一正式卫生人员训练标准起见，另外又在政干团之下设公共卫生人员训练班，专办医师、护士、助产士及卫生稽查员等之公共

卫生训练事项,现正筹备一切,拟于本年七月开班。

(《新福建》,1944 年第 5 卷第 1 期,第 53 页)

五、云南

《实验卫生季刊》刊载《滇西鼠疫防制队环境卫生工作报告(三十四年四月至九月)》

(1945 年)

周葆珍

甲 工作情形

(一)腾冲区域

1. 熏蒸食米仓库工程:熏蒸食米仓库工程为美军中尉斯密士所设计,先由卫生署邓炳辉专员主持,招商承修,继由工程人员另觅工人自建,因仓库工程经费无着,遂多减省,大体完成。后即依戴委员面谕,移交腾冲县政府保管。

2. 鼠疫预防注射及其他工作:腾冲城区人民受鼠疫预防注射者,共计四千余人。腾冲公谊救护队医院拟添设由病房排泄污水系统及渗井等工程,由该院院长 Dr. John Perry 与周葆珍工程师接洽,并由周葆珍工程师详为设计。又编制关于预防鼠疫宣传品,计有鼠疫防制专刊一千份,施放毒饵时应注意之事项及怎样预防可怕的痒子病等项四千份,会同腾冲县政府印发。

(二)滇缅公路区域

1. 龙陵:在龙陵全城毒鼠三遍,龙陆城垣经大战之前,地方贫瘠,鼠类亦受饥馑,毒鼠工作成效甚著,毒死老鼠经发现者共 518 头,打破此次任何城乡毒鼠之记录,今将龙陵毒鼠任务栏表如后:

龙陵县城区灭鼠工作逐日报告表

日期	毒饵用量(公斤)		放置户数	死鼠只数				备注
	面粉	碳酸钡		沟鼠	家鼠	小鼠	总计	
27/4	1.5	0.5	104	40	50	19		
28	2.0	0.66	140	75	78	8		
29	2.0	0.66	153	78	64	10		金城区房屋共397间,四月廿七、廿八、廿九三日为全城第一周,五月一、二及九、十各二日为第二及第三周,最后一周未发现死鼠。
1/5	2.5	0.83	290	35	16	2		
2	1.0	0.83	107	21	22	0		
9	2.0	0.66	211	0	0	0	0	
10	2.0	0.66	183	0	0	0	0	
共计	13.0	4.1		249	230	39	518	

2. 勐戛:在勐戛作毒鼠二次,灭蚤一次,今将朱达工程员毒鼠灭蚤工作记录列下:

勐戛毒鼠灭蚤工作

月日	面粉用量(市斤)	碳酸钡用量(市斤)	牛肉用量(市斤)	放置户数	备注
六月四日	10	3		320	全区共590户作灭蚤一次,毒鼠结果未发现死鼠
五日	10	3		270	
八日		5	15	290	
九日		5	15	300	
共计	20	16	30	1180	

（三）腾冲和顺乡及明朗乡区域

腾冲和顺乡及明朗乡区域由常礼与蔡昌曜二工程员分别作鼠疫预防注射、卫生宣传及普通医疗等工作。

（四）干崖区域

工程员常礼、白余华、蔡昌曜均先后派赴干崖区域;蛮允、弄璋街、小辛街、蛮璋街、大平街一带及附近村寨作鼠疫医疗及预防注射工作。

（五）陇川区域

蔡昌曜、白余华二工程员于七月十四日由干崖区域弄璋街去陇川作鼠疫医疗及鼠疫预防注射工作。

乙　工作后记

本年四至九月滇西防制鼠疫工作如上述，然欲根绝疫患，须解决下列各项问题：

1. 交通：疫区偏处国边，交通困难，工作人员往来调动及器材之补给等甚感不易，而邮电困难，消息阻碍，亦感同样严重。

2. 民情：地方政府士绅对防疫工作之认识，尚感不足。至人民对鼠疫流行均感恐惧，不遇任何流行病（疟疾、回归热等）人民均以鼠疫报告，致防疫人员时感不敷。

3. 治安：边区夷人有山头人者常喜抢旅客，治安堪虞，而干崖疫区之摆夷山头人等，显有仇视汉人态度，致工作人员深感恐惧，而当地政府及土司则并不十分尽保护责任。

4. 人员：此次工作人员无护士，而医师只一人，不敷分配，工程人员仍须兼理疫区之医护工作，如能增派医护人员，则工程人员可能集中力量，于环境卫生之改善，当更有裨益。

5. 经济：因昆明防疫委员会与腾冲滇西鼠疫防制队之联络，素来脱节，致经费方面时生问题，影响工作不浅也。

丙　附录
腾冲环境卫生改善计划

（一）序言

腾冲为滇西重镇，自保密路开辟以来，已成中外人士往来经过之城市。惟该城在战后，地方糜烂不堪，本大战之后，必有疫疠之说，腾冲各界人士宜早未雨绸缪，防患于未然。现本队草拟腾冲环境卫生改善计划数则，希望留腾各中央机关与地方政府及当地市民均能热心协助施行，俾便预防传染病之发生为幸！

（二）计划

此计划仅限于环境卫生部份,关于普通医疗及预防注射方面则不在论列之内,现分(甲)垃圾处置,(乙)厕所改良,(丙)饭店、食摊、点心铺及茶馆、咖啡馆管理,(丁)理发馆管理,(戊)排水沟及马路整理,(己)饮水消毒,(庚)清洁运动,(辛)环境卫生宣传,(壬)防鼠房屋建筑等九项,列述于下:

（甲）垃圾处理:现腾冲街巷两侧及旁边空地多积存垃圾,蚊蝇飞集,污秽不堪,宜由各保负责移运至郊外指定地点掩埋之。在各保地区内设置垃圾箱,收集住户垃圾,并严禁随地倾倒垃圾,违则处罚等,各保组织清洁队负责监督人民及扫除街道移运垃圾等工作。

（乙）厕所改良:现拟在街市内适当地点建设三个公共厕所,设备较旧式者,则加以改良。(因限于建筑材料,恐不能建设理想之厕所)学校,政府各机关及市民家内有愿改良厕所者,本队亦必代为设计改良之。公共厕所建好后,必须专有工人负责管理,始能保持永久清洁。

（丙）饭馆、食摊、点心铺及茶馆、咖啡馆管理:

1. 饭馆:饭馆内厨房,膳堂均须清洁,必须备有纱窗纱门(或竹帘子亦可),膳堂内桌凳每日必须洗刷干净,侍役均不准留发,指甲,须戴白布帽,着白布长袖套及白布围裙并须永久保持洁白,所着衣服亦必须整洁,膳堂内不准用毛巾给顾客擦面,餐台须盖白布,酱油壶等均必须用纱罩盖起,所用杯,碗,筷箸等于顾客使用前后均须在沸水内煮五分钟,平时用具均须藏在纱柜内,或纱罩内,膳堂与厨房内均不准有苍蝇,有时须立即扑杀之。厨房内用具须洗刷干净,每日在沸水内蒸或煮半小时,所有厨房用具及菜、肉食料等均须置在纱罩内,厨房内污水及垃圾必须专有器具收集,不随掷满地。

2. 食摊:食摊小贩衣着与饭馆同,所用器具必须清洁,并须在沸水内煮五分钟始能供顾客使用,所有食物与用具均必须藏在纱柜或纱罩内。

3. 点心铺:备制点心室与营业室必须备有纱窗纱门(或竹帘),室内不应有苍蝇,有时须即扑灭之,所有点心必须藏于玻璃柜或玻璃匣内,作点心工人与营业人衣着均同于饭馆内工人。

4. 茶馆及咖啡馆：馆内必须整洁，桌面须用白布盖起，并永远保持洁白，设备纱窗纱门（或竹帘），室内不应有苍蝇，有时须即扑灭之，侍役衣着同于饭馆，所有饮茶用具及其食品均须藏于纱柜内，用具须于顾客使用前后，在沸水内煮过五分钟，不准给顾客毛巾洗用。

（丁）理发馆管理：理发店必须整洁，备有纱窗，纱门，（或竹帘）室内不应有苍蝇，有时应即扑灭之，理发用具均须清洁，并须于每次应用之前后，在酒精内消毒（白酒内亦可），工作人员须带口罩，并须戴白帽，穿白布衣，所用毛巾于顾客使用前后，均须蒸或煮十分钟。

（戊）排水沟及马路整理：所有沿街及旧有水沟均重新疏浚，并将破坏处修整之，务使排水能以畅通，所有石板路破坏及塌陷处务须修补齐平。

（己）饮水消毒：腾冲市民皆饮用井水，在夏季如发现传染病时（如霍乱，伤寒，痢疾等病均由于饮食不洁所致，尤以饮水为甚），必须并施用漂白粉溶液消毒。

（庚）清洁运动：举办清洁比赛，清洁大扫除等，均由腾冲各界会同举行，并由地方政府发给奖状以示提倡。

（辛）环境卫生宣传：举行宣传周，由曾经受过训练之男女中学生在街头演讲，并办墙报，张贴标语，漫画等使市民得有环境卫生常识，明了其与疾病之关系及重要。

（壬）防鼠房屋建筑：所有腾冲新建筑之房屋均须按照防鼠建筑法规修建，使老鼠无法入市民屋内，灭除老鼠接近机会，为防制鼠疫传染之根本良策。（防鼠建筑法规另有详细规定）

（三）结论

以上九项计划，为腾冲目前所急宜举办者，至于实施时如何组织与管理，及经费等项均须集合有关各机关共同讨论，以谋顺利推行，俾得早收效果。

（《实验卫生季刊》，1945 年第 3 卷第 3 期，第 21—24 页）

六、广东

《广东政治》关于广东发生鼠疫及防疫情况并经费等事宜的报道

(1942 年)

　　粤省廉江县一带惯有鼠疫发生。历年来经省卫生处派员防治,疫势渐渐减少。但万一防范不周,便会有蔓延的可能。为及早预防计,实有设立经常机关专责办理的必要。卫生处有见及此,洽巧中央卫生署又拨到鼠疫防治费五千元,便即拟定防治的计划书,在廉江安铺成立南路鼠疫防治所,将这批款项拨充开办费和十一、十二两个月经费,由第三卫生区负筹备的责任。现该所已于十一月二十日成立。

　　此次敌人对英美宣战,香港、九龙突被侵袭;我国侨胞,于饱受困苦之余,很多由新界元朗和澳门逃出。他们旅途艰苦,医药缺乏。卫生处为救护这些义民,特组织"港澳归国侨民救护医疗防疫大队"两队,分赴惠州、三埠等地方工作。闻俟预算核定后,便可派队出发。

　　粤省三十年度行政时,潮安县长洪之政提议请省政府发给战地县份监狱药品。这案通过后,卫生处以为囚犯健康,不单纯是医药问题,与环境卫生、运动和营养都有关系,特呈请省政府提高各县监狱囚犯的医药费,并由各县的卫生院负责供应一部分。

　　又各县卫生院所的组织不健全,卫生的业务便不能开展。卫生处迭据各方报告,关于各县卫生院所的原定计划和编制,经费之急待修订,已成为普遍而且迫切的要求;并且县设卫生院,区设卫生分院,乡镇设卫生所,保设保健药箱,若仍照过去所订百分之五的比率划拨,便更感不敷。现卫生处已拟定《改订县各级卫生组织编制经费表》呈省政府通饬施行。

(《广东政治》,1942 年第 2 卷第 1 期,第 56 页)

七、华中

《中华健康杂志》刊载伯力士医师关于华中霍乱问题的报告

（1940 年）

伯力士医师

防制霍乱，一方面有赖于医学卫生人员的努力及有系统的组织；同时必须由全体民众，同心合作，方有成效。

谈到华中的霍乱问题，我们先得对霍乱病的本身，有一个概念。

霍乱是霍乱弧菌所致的一种急性肠胃传染病。这种弧菌侵入肠内之后，就很快的繁殖。因繁殖的直接或间接影响而发生剧烈的疾病。其最显著的症状，是上吐下泻，继续不止。到了后来，病人体内的水份和盐类，消失过多，更兼霍乱菌体内所含毒质的作用，因而引起极度的缺水与衰竭。病人表皮变冷，脉搏微弱，手足皮肤萎缩，更因血流不畅之故，皮肤现紫黑色。病人到了这个时期，实际上已经是个"活死人"，然而倘使施以适当的治疗，却还有起死还生的希望。

霍乱病人得病不久，他的大便就变成像米汤的样子，里面含有很多的霍乱弧菌，成为传播霍乱最危险的源泉。护理病人的人，如不小心，常易将细菌由手指传入肠胃。苍蝇也是传播霍乱的一个重要的媒介，它把含菌的粪便，带到我们的饮食物或是饮食用具上来。然而归根结蒂，霍乱流行最大的原因，还是因为饮水的来源——如河流或水井——为病人粪便所沾污的缘故。

细心的观察和实验，证明霍乱弧菌，在人体以外，不能长久生存。所以河水或井水，只在继续不断地受粪便沾污的时候，方能传播疫病。所以霍乱的流行，可说是一个周而复始的循环；霍乱菌由病人的粪便，传入水源，再转而传染于人而致病。

在有几种肠胃传染病中，像伤寒和痢疾，病人复元之后，往往于粪便之中，继续排菌。这种"慢性带菌人"，常是传染病持续流行的重要原因。但是，侥幸得很，霍乱病人复元后，肠里的霍乱菌，于短时间内便无形的消灭了。

观上述诸点,便知道霍乱所以能够在一个地域内流行,总是因为这个地域内,有真性的霍乱病人存在的缘故。据在印度观察所得,在恒河(Ganges)流域内,一年四季,都有霍乱病人发现。所以印度恒河流域可以说是霍乱的一个发源地了。

这种"整年有霍乱病人的地点",在中国是否存在呢?这个问题,全国的医学卫生界研究了多年,直到最近才证实在湖南的沅江流域,的确有这样的一个地点。沿沅江一带,如常德和沅陵等处,差不多一年四季,都有类似霍乱的流行症。奇异得很,这病在冬天尤其猖獗。一九三八年时,我们已经证实从一九三七年十二月起,在常德流行的一种疾病,确是真性的霍乱。直到现今,在这个区域内,霍乱尚在继续出现,有时病势稍杀,仅有几个零散的病例而已。一九三八年,沅陵卫生实验所成立之后,沅陵的霍乱病也经证实了。在这两处地方,我们都能在沅江的水内,找出霍乱弧菌来。

我们设想除了上述的沅江流域之外,华南尚另有一个"传染区域"(Endemic Focus),或者就在汕头附近。最近我们怀疑在扬子江上游重庆以西,还有这样一个区域。

说明了以上诸点之后,我们就要谈到怎样防制霍乱这个问题了。

解决这个问题最理想的办法,当然是在沅江流域诸城中,设置自来水,以代替现在的河水水源。从前马来半岛也是霍乱盛行的区域,自从该处卫生当局在各重要城市设置自来水后,霍乱就此灭迹。但是,在中国目前情况之下,这个计划一时不易实现。幸而一九三八年霍乱流行时,我们就拟具了一个对付的方法,经过一九三九年试行之后,颇着成效。

在任何战争中间,一个指挥得力的总司令部和消息灵通的情报部,是最重要的两部份。人类和霍乱间的战争,也是如此。讲到总司令部,中央已在各省设立卫生实验处,都在有训练有能力的人员指导之下,进行工作。并在各交通要点设立卫生站,各重要市镇设立卫生院。但是,在乡僻之区,没有卫生机关的所在,又怎么办呢?目前我们只能尽量派遣巡回医防队去应付了。

　　情报部的工作，又可分作两部来讲。第一，总司令部必须先能迅速地获得霍乱的蔓延状况，各处疫症发展情形的情报，方才能够指挥灵活，把力量集中到最重要的几个据点上去。一九三八年，各省的卫生实验处，就担任了这个收发情报的任务。自一九三九年起，卫生署设立一个中央情报机关于贵阳，半年以来，颇着功绩，将来或能成为永久性的机关。

　　情报工作的第二部分，就是各地的局部调查机关。它的工作内容，实在并不限于统计病例和死亡数目；最重要的任务，是在研究该地的霍乱情形，并追踪霍乱病人，以求知疫病的来源和传播的方法。最近，为求获得灵活的情报和一致的结果起见，上述中央情报机关，特印就调查表格数种，分发各地备用。

　　防制霍乱最重要的一点，就在要使人民和政府通力合作。政府的推动，当然是不可缺少的。譬如迅速的疾病报告——这一步工作，除了当地的医院、开业医生之外，警察局、旅馆主人、地方父老均应负责。环境卫生的改良、病人的隔离等工作，亦都非获得官方的协助不可。此外，还应向人民广作卫生宣传，使之明了防疫的目的和方法，俾能充分合作。人民除受疫苗注射外，应能避喝生水，避食未经煮透的食物，参加灭蝇工作，并遵守一般的卫生原则。

　　关于环境卫生方面，卫生机关，应力求保护水源，俾免沾染病菌；管理饮食店摊，禁止出售不清洁的饮食物；设法处理粪便垃圾，改良厕所等。为求推动进行上述各工作起见，最好组织一个"防疫委员会"，由县长任主，而由医学卫生人员、警察局长，及其他地方长官士绅等任委员，并与当地的军队充分合作。

　　至于防制霍乱的特殊方法，改良水源，当为首要。改良河水的饮料，最简单而有效的方法，是在每个挑夫的水桶内，加入适量的漂白粉，以求消毒。同时在各河流取水的地点，设法改善其环境卫生；如禁止在河流附近洗涤东西及堆积或倾倒垃圾粪污，改良附近的阴沟厕所等。在离岸较远的中流地点，设立给水码头，是一个切实的办法。在可能情形之下，则还当建设自来水、沙滤及氯化设备，作根本改良办法。

井水的保护及消毒，亦应积极进行。

对于霍乱，我们有有效的疫苗可供注射。这种疫苗，是将霍乱弧菌培养后，用生理食盐水洗下菌种，用热将霍乱菌杀死而制成。普通的疫苗，每公撮中含死菌二十万万个，须经三次注射，每次间隔一星期，方能有效。在中国目前情况之下，除了学校、军队、机关、团体之外，事实上很少人能按规定受三次注射的。所以现在中央防疫处所制疫苗，将菌种数量加高，每公撮含菌六十万万个，以备一般的注射之用。用一公撮的剂量注射一次，亦可获得相当的免疫力。注射此疫苗后的反应极轻微，不过局部略有肿痛而已。

据近两年来多次的经验，在同一生活环境之中，未受防疫注射的民众中往往有好几个发生了霍乱，而受过注射的民众中，没有一个得病的。

欲求收防疫注射的最大功效，注射的工作，必须在有计划的方法下进行；一方面要顾到地方的情形，同时也要顾到工作人员和设备。注射的首要，在于保护与病人接触，或直接冒受传染的危险的人。所以卫生机关获得霍乱病例的报告后，应当立即派遣防疫队往发病地点。这防疫队的任务，除了监督隔离病人，举行消毒之外，并须替病人家属及左右邻居，施行防疫注射。同样地，在处理一个整个的乡村城镇时，首先要注射的，当然是感受传染危险性最大的地点的居民，然后再把范围扩大到整个乡村或城镇的居民身上去。防疫注射工作，当然不限于已有霍乱发现的区域；在事实可能时，最好能将这个区域周围地带的居民，完全加以注射，使之成为一个大包围的免疫圈，而防止霍乱向四方传播。在没有正式卫生机关的所在，就应当尽力设法，派遣巡回医防队，去从事上述工作。

前面已经讲过宣传的重要，它应当和防疫注射一同进行。最好由工作人员，挨家逐户的去举行访视。"赶集"的日子，是替左近人民施行注射的好机会。人民在等候注射的时间，便可乘机宣传预防霍乱的简单方法。

霍乱由一个区域传播到另一个区域的活动媒介，便是来往的旅客。他们有的刚巧在潜伏期中，有的在旅途中发病，到处散布霍乱菌。所以过路的旅客，尤其是在行途中的军队，都应当受霍乱疫苗注射；在沿公路各要点，都应当设立检疫站。控制公路交通还是比较易行的事，最困难的，便是偏僻小道和水路交通了,而霍乱偏常常经由这些道路而传播。

迅速地把霍乱病人,送入时疫医院,施行隔离,是很重要的一个步骤。对社会方面说来,这样可避免传播的危险;对病人个人方面说来,也可以使得到适当治疗的机会。最新的霍乱治法,是注射与体温同一温度的生理食盐水。有时为防治并发症或续发症起见,盐水内可加入适量的小苏打。医治的效果,全视施行治疗的早迟而定。病人开始吐泻后,立即入院求治,则复元的希望极大,差不多个个都可以治愈;时间多过去一分钟,治愈的希望也随着减少一分。所以在卫生宣传中,最重要的一点,便是要劝告病人于得病之初,立即到可靠的医院或卫生机关中求治;切勿自行用药,或请教庸医,因循自误。

在没有可靠的医药设备的地方,只得勉强设法,以求挽救病人于万一。一九三八年间,我们曾试行推用白瓷土(Kaolin)和过锰酸钾(Potassium Permanganate)。瓷土须巨量吞服方有效力;但是来源不易,并且使病人大量吞服,也很困难。过锰酸钾,据试用结果,并不灵效。一九三九年间,各卫生机关曾发出大量的精油制剂(Tomb's Mixture)。此种制剂,在印度使用,颇有成效;然在中国则因试用过迟,是时疫症大半已消失,所得试用报告有限,尚不能十分确定其功用。据我们在昆明试用的结果,倘在病起时立即服用,成绩还算不错。倘能大批推广使用,则将来乡僻之地,霍乱的死亡,或可因此而见减低。

从上述各点看来,防制霍乱病的成功与否,不但有赖于医学卫生人员的努力及有系统的组织,且必须获得全体民众的合作。无论从人道或是国家的立场上来看,我们都应当以身作则,谨遵卫生信条,并且应当劝导亲友,大家和卫生机关合作,来扑灭这个万恶的疾病。

注:本篇系国际联盟驻华防疫专家伯力士医师(Robert Pollitzer)应本刊之请而作,由编者译成中文。

(《中华健康杂志》,1940 年第 2 卷第 3 期,第 8—12 页)

《实验卫生季刊》关于河南卫生情况的报道

(1943年)

一、成立预防鼠疫委员会。敌机于去年八月,曾在南阳近郊散布谷叶,经化验虽无鼠疫毒菌,然为防患于未然计,河南省卫生处特拟具河南省卫生处预防鼠疫委员会组织简章,聘请委员十五人,成立预防鼠疫委员会。于本年二月十八日召开首次会议,推定秘书及各股主任,筹备防鼠疫事宜。并呈请卫生署及省政府备案。

二、调整省立医院及省立临时医院。河南省立临时医院,原为三十二年度成立省立第二医院之前身,前经省府第九八六次委员会议通过在案。现省卫生处,为工作进行便利起见,拟即将该院改称"河南省立第二医院",现驻洛阳之省立医院即改称"河南省立第一医院",业经报请省府委员会议备案,令饬各该院遵照,并呈报卫生署备查。各该院名称改变后,内部人事,亦因事实需要略有调整,以期充实。

三、各县卫生技术人员遵期来省受训。省卫生处为增进各县现任卫生技术人员各项知能起见,前经拟定调训办法,呈经省府会议通过,令饬各县卫生院长及卫生院筹备主任(计四十名)遵照,于二月二十六日前径赴本省地方行政干部训练团报到受训。其中有因病不能前来者,省卫生处调派资力较优之职员,递补受训,以期造就健全之工作干部。三月一日开始授课。课目为卫生行政、民族卫生、心理卫生、公文处理、中国卫生行政组织、营养学、学校卫生、妇婴卫生、细菌及检查、防毒救护、战时卫生勤务、卫生法规、医学统计、流行病学及传染病管理、环境卫生、实习等十六门。

四、扩大春季种痘。时届春季种痘之期,省卫生处特派所属第一、二、三各卫生所,携带痘苗,分别前往各机关、学校、团体,免费接种;并扩大鲁山县春季种痘,组织种痘队五队,由省立第二医院、本处第一卫生所、鲁山县卫生院分别担任,到达指定地点,沿门挨户强迫接种。事先函请各学校举行种痘宣传周,届时由警察协助推进,以期避免天花之发生。

五、拟订省立第一、二医院组织规程。河南省立临时医院及现洛阳之省立医院,业经省府委员会议通过分别改称为省立第一、第二医院,所有该院原有之组织规程,自失效用。省卫生处为工作推进便利计,重行拟订"河南省立第一、第二医院组织规程"一则,呈请省府核示,颁布施行。

六、成立邓县彭桥区卫生分院。河南邓县彭桥镇地当要冲,商业繁盛,该县前为适应环境需要,曾拟具办法呈请省府于该地设立区卫生分院一处,业经省卫生处签请主席批准,令饬照办。现该分院业于三月一日正式组织成立。

七、举办卫生展览会。省卫生处为推行卫生教育起见,特举办卫生展览会,于三月十五日起在鲁山城内箭道街展览十日,展览内容计分:一、妇婴卫生图表,二、学校卫生图表,三、环境卫生图表,四、传染病之预防图表,五、花柳病之防治图表,六、眼科图表,七、人体解剖图表,八、显微镜检查及爱克斯光图表,九、各种药品器械及医学卫生图表,十、各种卫生模型与标本,十一、健身运动与健康美画片,十二、营养图表及医事统计等十二部门。参观者颇为踊跃。每一部门均有招待员,对观众之对各种卫生图表模型标本之不能理解者,详为解释。并散发简明切要之小型卫生传单。

(《实验卫生季刊》,1943 年第 1 卷第 2 期,第 54—55 页)

八、东北

《西南医学杂志》关于绥远省发生鼠疫的报道

(1942 年)

(本刊驻兰州记者通讯)卫生署接绥远省傅主席作义电称,东胜城东十五里庄家稽一带,发生鼠疫死十七人;马总司令占山电,暖水死三人;朱师长巨林电称,拔骨壕百尔合少齐家壕等地死五人,而伊盟疫势更是猖獗,盛德西疫情亦甚猛烈死八九人等;又据宁夏马主席电,绥西鼠疫严重,已由军事委员会第八战区司令长官司令部、军政部军医署第六防疫大队、宁夏省卫生实验处、卫生署蒙古卫生院、卫生署西北卫生专员办事处,暨卫生署西北防疫处等六机关,组织绥宁临时防疫委员会,拟有组织大纲及详细工作步骤。中央对于西北鼠疫更形关怀,特拨专款一百五十

万元组织绥宁临时防疫处,任国内防疫专家杨永年氏为处长,召致医防
人员都一百五十人,分三批向绥宁疫区挺进,第一批已于三月八日首途,
第二三两批于十二十六两日分别出发,杨氏定于十九日专程飞宁转绥刻已
到达疫区,切实努力防治云。

(《西南医学杂志》,1942 年第 2 卷第 3 期,第 34 页)

后 记

《中国藏细菌战与防疫卫生档案》是国家社会科学基金抗日战争研究专项工程项目"日军细菌战海内外史料整理与研究"成果之一。近年来中外学界聚焦日本细菌战研究,已整理、编辑出版相当品种和数量的档案资料,其中中方资料的作用日益凸显。作为"抗日战争时期细菌战与防疫战文献集"的开篇卷,《中国藏细菌战与防疫卫生档案》内容丰富、翔实有据,依托两岸相关机构典藏的丰富史料,特加以整理分类编排,以惠学界。

在收集、编书的过程中,我们得到了中国第二历史档案馆马振犊、杨智友、管辉等专家的诸多帮助;此外,南京市档案馆夏蓓研究馆员在全书框架结构、史料甄选等方面,给予了细致指导。向他们表示深深的谢意!

由于课题需要到访档案馆众多、查阅档案历时较长,因此召集了相当多的同学参与其中的工作,具体名单如下,感谢他们的辛苦付出!

搜集整理:

熊慧林、彭　茜、孙　锐、陈腾宇、白纪洋、梁　哲、朱昊楠、潘建建、陈　是、贺海霞、冯　翠、马建凯、王　晨、郑池慧

录入校对:

南京大学　韩新艺、夏琅俊、龚颖成、宋政烨、涂诗曼、闵宣良、刘思柏、卓　越、胡琛婧、胡敏盈、李德政、赵雨萌、郭健音、桂语琪、金　怡、孙亚楠、于小双、朱　淼

浙江大学　邹郑寅、姚　瑶、马竹青、孙傲雪、樊世豪、简睿明、赵心仪、

齐馨仪、黄昊天、胡宇宗、吴　萍、蓝寅梦、陈　怡、鲍炜刚

　　南开大学　杨雅丽

　　华中师范大学　何沐阳

　　南京师范大学　刘克剑、吴妙研

　　编辑翻译：

　　汪　沛、刘诗纯、刘昊阳、杨雅琴、韦方宁、刘锦豪、沈斌清、李若凡

编　者

2024 年 10 月